華夏英才基金學術文庫

农民专业合作社之法理探究与实践

王玉梅 著

科学出版社
北京

内 容 简 介

作为农民合作社的一种，农民专业合作社在组织农民进入市场、发展产业化经营、增加农民收入等方面，发挥着重要作用。但是，作为一个新型的商事主体，农村专业合作社甚至还不为多数商法学者们所知，因而商法学界对此领域的研究少之又少。本书运用比较分析、系统法学分析、历史分析方法，立足于中国宏观的政策背景，关注国家的政策导向，考察中国农村发展的历史和现状，注重基础的法理研究，即解决商法理论上这一新型的商事主体的法律地位的基本问题，并试图通过各项具体制度的完善促进农民专业合作社的发展。

本书适合高校等相关研究机构从事农民专业合作社理论研究的科研人员阅读，可供农民专业合作社领域的从业者参考，可为相关决策部门提供技术支持。

图书在版编目（CIP）数据

农民专业合作社之法理探究与实践／王玉梅著．—北京：科学出版社，2012. 3

ISBN 978-7-03-033483-1

Ⅰ．①农…　Ⅱ．①王…　Ⅲ．①农业合作社：专业合作社-法理学-研究-中国

Ⅳ．①D922. 41

中国版本图书馆 CIP 数据核字（2012）第 017469 号

责任编辑：侯俊琳　杨婵娟　王昌凤／责任校对：宋玲玲

责任印制：徐晓晨／封面设计：无极书装

编辑部电话：010-64035853

E-mail：houjunlin@ mail. sciencep. com

科 学 出 版 社出版

北京东黄城根北街 16 号

邮政编码：100717

http://www.sciencep.com

北京凌奇印刷有限责任公司印刷

科学出版社发行　各地新华书店经销

*

2012 年 3 月第　一　版　开本：B5（720×1000）

2020 年 5 月第三次印刷　印张：15 1/4

字数：300 000

定价：78. 00 元

（如有印装质量问题，我社负责调换）

前　言

农民专业合作社是培育农民作为市场主体、实现农业产业化经营的重要载体，是建设社会主义新农村、推进城乡统筹、构建和谐社会的必要手段。一家一户的小生产经营是工农二元结构的经济基础，是农民增收难的机制性原因。农民通过农民专业合作社进入市场，联合购买生产资料以降低成本，直接与经销商、加工企业进行贸易以减少销售环节，自行初加工和深加工以增加农产品的附加值，破除二元结构，实现收入的快速增长。

近几年来，一波又一波的农产品涨价潮迫使人们思考。一方面，农民们并没有从涨价潮中获益，却因为农资不断涨价而降低了收入；另一方面，消费者面对飞涨的农产品价格不得不一再压缩自己的饮食开支。人们发现，过多的流通环节是造成农产品涨价的最主要的原因。于是，“农超对接”便成为解决问题的方法之一。而实现“农超对接”，更呼唤农民专业合作社的发展。难以想象，单个农户如何与市场地位超出自己百倍甚至千倍的超市进行谈判，但可以想象的是这样的方式带来的交易成本将如何巨大，令人不可接受。因此，组建农民专业合作社以及合作社的联合社，作为减少农产品流通环节、实现农户与市场直接对接的主体，成为当务之急。

2006 年，《中华人民共和国农民专业合作社法》（以下简称《农民专业合作社法》）应运而生，确立了农民专业合作社的法人地位，并力图规范农民专业合作社的设立和运营，加强政府对农民专业合作社发展的政策扶植。该法实施以来，全国农民专业合作社总量迅速增长，带动面稳步扩大，正在成为带领农民参与市场竞争、发展现代农业的重要载体。通过农民专业合作社，引导农户实施专业化、标准化生产，开展规模化、品牌化经营，组织农民发展优势产业，开发特色产品，积极参与农业产业化经营，推进了现代农业建设。

农民专业合作社是一种特定的互助性经济组织，它既不同于公司性企业，也有别于社团类的协会。《农民专业合作社法》实施以后，国务院《农民专业合作社登记管理条例》、《农民专业合作社示范章程》和《农民专业合作社财务会计制度》也相继出台。这些法规的出台，为引导和支持农民专业合作社健康发展创造了法制环境的基础。

在上述法规实施过程中，一些具体的现实问题逐渐显现出来。例如，在农民整建制农转居后仍在当地从事农业生产的人员是否仍能够以农民成员身份入社？合作社的专业合作领域是否应当有所拓宽？合作社内部应当如何加强管理以切实保护农户的利益？合作社联合社的法律地位如何？地方政府应当如何有效地扶持合作社的发展？面对这些问题，需要有针对性地研究支持、规范和促进农民专业合作社发展的具体政策性措施，并将这些政策措施规范化、法制化，既保证国家法规的全面落实，又能解决发展中遇到的实际问题，为农民专业合作社的发展创造更好的法制环境。

为此，一些地方政府开始了地方立法研究，以解决各地所面临的特殊问题，并为上位法的进一步完善提供依据。北京市也从 2008 年起开始了有关农民专业合作社的地方性立法前期调研工作。笔者作为现任的北京市人大代表、市人大常委会农村委员会的委员，参与了部分立法调研、论证工作，包括对北京市密云县、怀柔区、昌平区、延庆县等地的调研及相关的研讨。在调研、论证过程中，作为一名法律工作者，笔者深感对农民专业合作社法领域的基础研究之重要。唯有从确定农民专业合作组织的根本属性出发，立足中国农村、农业、农民的实际，借鉴国外合作社立法的经验，才能准确、合理、有效地解决农民专业合作社发展中所面临的问题。

笔者沿着新中国成立后农村经济组织的发展脉络，试图发现农民专业合作组织存在与发展的历史和现实原因，进而揭示农民专业合作组织特有的法律特征和应遵循的基本法律原则；通过介绍国外合作社相关理论和主要的立法例，研究其制度背景及其对我国的借鉴意义。在此基础上，笔者重点研究了我国农民专业合作社法律方面的几个关键问题，包括合作社社员资格的限制、合作社的登记、合作社的产权制度、合作社的责任形式、土地承包经营权入股合作社等，以期解决相关立法及法律实施中的主要问题。最后，笔者还特别讨论了农民专业合作社运作中的政府定位问题。与我国已有的任何一项商事主体组织法和行为法都不同，《农民专业合作社法》专设“扶持政策”一章，彰显政府在发展农民合作组织中的突出地位和作用。如何促使政府相关部门履行扶持合作社发展的义务，又避免政府对合作社的过度干预，同时维护市场的公平竞争环境，是立法者及相关的法学研究应该解决的问题。

笔者对上述问题的研究还很疏浅，有些问题尚无清晰的结论，而对解决一些现存问题解决办法的建议，也只是提出基本的路径，未能给出具体的方案。因此，本书只是抛砖引玉的一次尝试，期待更多的学者对农民专业合作社法的理论与实践研究给予重视。

作 者

2011 年 12 月

目 录

第一章

概　　论

我国农业发展的历史源远流长，时至今日，农业作为第一产业依然是整个国民经济的基础和支撑，而农民也依然是我国人数最多的社会群体，“三农”问题始终是关系到国家生存和发展的重要课题。新中国成立以来，党和国家对农村的发展高度重视，农业制度历经改革发展，逐步形成了一条以家庭联产承包责任制为基础并向现代化农业不断发展迈进的农村经济发展道路，农业、农民在国民经济中的地位不断提升。自20世纪90年代以来，中国农业和农村经济发生了深刻的变化，这种变化不仅源于我国农产品市场格局由卖方市场向买方市场急剧转变，更因加入世界贸易组织（WTO）以后我国农业正逐步与世界农业全面接轨而日显紧迫。在此背景下，农民生产经营的风险性和不确定性进一步加大，农民对联合起来增强市场竞争力的需求更为迫切，以合作社为主要形式的农民专业合作经济组织应运而生。农民专业合作社在巩固农业基础地位、提高农民的组织化程度、促进农业产业化、增强农产品国际竞争力等方面均发挥着重要作用。因此，了解农民专业合作社的历史、现状和发展趋势，分析现阶段我国农民专业合作社发展的制约因素，合理借鉴国外的先进制度，对促进农民专业合作社的健康发展具有重要的现实意义。本章从对新中国成立以来各阶段农村经济组织形式的回顾入手，梳理我国农村经济组织的发展历程，总结农民专业合作经济组织出现的必然趋势，分析农民专业合作社的发展现状及现存问题，以期对相关问题的解决有所裨益。

第一节　我国农村经济组织形式的回顾

农村经济的发展，与农村经济组织发展状况紧密相连，而农村经济组织的发展，又直接受农村经济组织发展的内在机制约束。自新中国成立以来，我国走过了一条从封建小农经济向现代化农业产业化不断发展迈进的曲折道路，农村经济组织的形式发生了多次重大的变化，对农村经济以及整个国民经济产生了重大而深刻的影响。[①] 分析我国农村经济组织的发展历程，重构农村经济组织的发展机制，对促进我国农村未来经济及社会的发展具有重要的现实意义。

① 中共中央文献研究室：《建国以来重要文献选编》（第八册），中共中央文献出版社，1994 年。

一、新中国成立初期的农村经济组织形式

（一）从土地改革到互助组（1949~1952 年）

新中国成立初期，为彻底完成新民主主义革命，为社会主义革命和建设创造条件，我国在华东、中南、西南及西北等新近解放的地区（即“新区”，所涉农业人口数和土地面积都占全国总数的2/3 以上）继续开展土地改革运动。① 土地改革推翻了封建地主土地所有制，构建了农民个体土地所有制，为国家的民主化、工业化、独立、统一和富强扫除了主要障碍，并提供了基本前提。然而，这种农民的个体所有权是通过组织大规模的农村阶级斗争的方式直接重新分配原有土地产权的结果，并不是土地产权市场长期自发交易的产物。

新中国成立初期的互助合作组织与土地改革具有密切的联系，土地改革之后开始的互助合作运动的一个重要目的是调剂劳动力和生产工具的余缺，抵御自然灾害对农业的破坏以发展农业生产。土地改革后，耕畜和农具的严重缺乏，农田水利失修，战争的破坏和劳动力伤亡，加上自然灾害，严重束缚了农业生产发展。因此，1951 年 12 月颁布的《中共中央关于农业生产互助合作的决议(草案)》中明确提出：“要克服很多农民在分散经营中所发生的困难，要使广大贫困的农民能够迅速地增加生产而走上丰衣足食的道路，要使国家得到比现在更多的商品粮食及其他工业原料，就必须提倡‘组织起来’，按照自愿互利的原则，发挥农民劳动互助的积极性。”② 该决议强调互助“是建立在个体经济基础上的集体劳动”，并提出引导农民走上互助合作道路的三种形式是临时互助组、常年互助组和初级农业生产合作社。然而，从国家规划和社会变迁的角度来看，互助合作进行农业生产劳动只是国家进行农业合作化过程的开端。互助合作开启了中国农村历史上最有特色的组织创新——集体及新型的财产所属方式的创新。

概言之，互助组是 1953 年之前建立在农民个体土地所有制基础上的一种松散的劳动互助合作组织，是在废除封建地主土地所有制的同时建立起来的个体农民对土地等生产资料的个体所有形式，是农民在生产过程中的劳动互助和部分生产资料的互惠交流，并不涉及所有制关系的改变。这说明，虽然农民进行了一种社会主义性质的共同劳动，形成了一种社会主义性质的共同利益，但在最根本的制度及财产制度上，它是建立在以家庭为单位的农民个体私有产权基

① 卢惠：“建国初期的土地改革运动研究综述”，《宜宾学院学报》，2009 年第 10 期，第 12～15 页。

② 国家农业委员会办公厅：《农业集体化重要文件汇编》（上），中共中央党校出版社，1981 年，第 39 页。

础之上的互助合作。它并没有改变土地改革后所形成的农民对土地等生产资料的私人所有权和以家庭为单位的经营形式。所以，互助组内的产权制度实际上是以农民为主体的个体私有产权。

（二）从互助组到初级社（1953~1955 年）

按照中共中央的农业合作化计划，在实行互助组之后，接下来就是引导农业互助组向合作社迈进。互助组实行自由结合，贫下中农先进入，但到初级社时，农民几乎全部进入。初级农业合作化的基本做法是：在允许社员有小块自留地的情况下，社员的土地必须交给农业生产合作社统一使用，合作社按照社员入社土地的数量和质量，从每年的收入中付给社员以适当的报酬。其直接后果是推动了农村土地制度的再一次变革，土地由农民所有、农民经营转变为农民所有、集体经营。[①] 这次变革是在不改变土地所有权基础上的土地使用权制度变革，它使农村土地制度具有了半社会主义的性质。

土地入股、统一经营是初级合作社的基本特征。从土地等生产资料的所有权来看，农民仍然是土地的所有权人，农民让出合作社土地的使用权，土地之外的其他主要生产资料的所有权仍然以农民的私人所有为主。因此，拥有所有权的农民可以按入社后生产资料的数量和质量而享有不同的收益。在此基础上，农户个人收入也由两部分构成，即来自土地所有权的土地报酬与来自劳动所得的劳动报酬。这样的产权与分配制度，不仅照顾了农户对土地的所有权并获得所有权收益，又体现着建立在劳动差别上的收入差距，实际上对农户的经济行为有一种正面的激励效应。

（三）从初级社到高级社（1956~1957 年）

1955 年 10 月以前，农业社会主义改造的重点主要还是放在发展初级社方面，高级社只是试点。[②] 1955 年 10 月 11 日，中共七届六中全会通过的《关于农业合作化问题的决议》提出：要重点试办农业生产合作社；在有些已经基本实现半社会主义合作化的地方，根据生产需要、群众觉悟和经济条件，从个别试办，由少到多，分批分期地由初级社转变为高级社。此次会议过后，高级社就由个别试办转向重点试办，农业合作化运动的中心转向建设社会主义性质的高级农业生产合作社。

从 1956 年初开始，高级合作社在全国范围内就进入了大规模的发展阶段。

---

① 苏星：《新中国经济史（修订本）》，中共中央党校出版社，2007 年，第 110~119 页。

② 陈海秋："建国以来农村土地制度的历史变迁"，《南都学坛》，2002 年第 5 期，第 70~79 页。

许多地方出现整村、整乡的农民加入高级社的情况。有的新建立初级社随即转入高级社；有的互助组超越初级社的阶段直接成立或并入高级社；有的甚至没有经过互助组，也没有经过初级社，在个体农民的基础上直接建立高级社。高级合作化的速度不断加快，兴办的高级社也不断增多。这表明，农业的社会主义改造已基本完成，由农民的个体经济改造成了社会主义的集体经济，我国农村建立起了社会主义集体所有制的农业。

高级农业合作化是农村土地所有制度的又一次重大革命，它废除了土地私有制，使土地由农民所有转变为农业合作社集体所有，这也标志着农民土地私有制改造的完成和农村集体土地所有制的确立。与初级社相比，高级社最重要的特征就是土地所有权的变动，土地无偿转归公有，并取消土地报酬。在初级社内，虽然土地折价入股，由合作社统一经营，但农民拥有土地私有权，并根据其所有土地的情况而得到相应报酬。而进入高级社后，所有一切因土地私有而获得的土地收益都一律不能归农民所有。高级社时期的主要特征是按劳付酬，土地和农具都不参与分配，由集体管理、集体使用，并以劳动力付出的劳动多少为年终最终分配的唯一标准。[①] 由此来看，农民个体失去了对土地的所有权、直接占有权、自主经营使用权甚至是排他性的收益权。

从新中国成立到1953年建立的互助合作组织，是比较健康的。这一阶段将分得土地的农民组织起来进行生产合作，避免了当时小农户经济有可能出现的两极分化现象，有效地保护了处于恢复时期的生产力；同时，为农村供销社掌握农村资源、巩固工农联盟提供了保证。但从1953年开始，党和政府发动与组织广大农民开展互助组、初级社、高级社运动，经过短短几年时间，于1958年就全面实施了人民公社体制，其进程过快过急，导致在实践中出现了很多问题。

二、人民公社的建立与废止

在普遍建立了高级社后，受“左倾”思想的支配，片面追求组织规模，扩大所有制的公有化程度，同时也为了快速实现国家的工业化以及满足大规模的水利工程等群众性生产运动动员劳动力的需求，1958年8月29日中央发布了《中共中央关于在农村建立人民公社问题的决议》。从1958年夏季开始，只经过了几个月时间，全国74万多个农业生产合作社改组成了2.6万多个人民公社，

① 国家农业委员会办公厅：《农业集体化重要文件汇编》（上），中共中央党校出版社，1981年，第145页。

参加公社的农户有约1.2亿户，已经占全国农户总数的99%以上[①]，从而高速度地在全国完成了人民公社化。

1962年确立的人民公社制度强调：①生产资料所有制制度，实行“三级所有，队为基础”，即人民公社、生产大队和生产队所有，生产队为基本核算单位；②经营管理制度，生产队在生产经营、财力管理、收益分配等方面拥有法律上的自主权；③收益分配制度，实行评工记分，按工分分配的制度。[②] 人民公社的制度安排彻底取消了农民对私有财产的占有差别。公社与农民个人在公有制经济中的权益关系十分模糊。农民名义上为公社集体财产的天然的所有者，但其既不清楚自己在集体财产中所占的份额，当户籍关系脱离所在公社集体时，也无法拿走任何一份集体财产。人民公社的这种所有权及利益机制，既无法激发广大社员对集体财产增值的起码关心，又严重扼杀了广大农民的生产积极性，更无法避免权力的侵吞。

人民公社的基本特征是“一大二公”和“政社合一”。“公”指公有化的程度高；而“大”则是就人民公社的规模而言，从公社组织的规模看，在全国2.6万多个人民公社组织中，平均每个公社将近5600户，这一规模比1957年高级社的规模扩大了35倍以上。[③]“政社合一”是指人民公社既是一个组织和管理生产生活的经济组织，同时又是一个组织和管理社会、政治和组织生活的农村基层政权，这一组织真正实现了国家政治体制和乡村社会的经济体制的合二为一。在人民公社组织内部严重地存在着政企不分的现象。与高级社相比，国家通过无限地扩张公社组织的规模，企图实现在高级合作社时期难以真正实现的对农村社会的控制。

在人民公社体制下，农村集体经济组织形式完全取代了家庭经营的方式，家庭经济功能基本上被消灭。“割尾巴”运动又把此种境况推向了极端，延伸到对生产领域和经营项目上的限制上来。人民公社本质上属于一种“政社合一”的组织，不仅把经济活动政治化，同时把生产经营和社会政治活动混合化。这种经营体制使生产关系脱离生产力发展水平，不仅忽视了农村经济以手工劳动为主的生产力基础，挫伤了劳动者的积极性，而且使经营管理脱离经济运作和生产活动，同时使经济分配脱离了产权和劳动贡献，“低效率”和“对公有财产侵蚀”的现象必然产生。到了20世纪70年代末，其产生的矛盾积累到极点，而解决矛盾的关键首先就在于农村经济组织形式上的突破。十一届三中全会后，

---

① 国家农业委员会办公厅：《农业集体化重要文件汇编》（下），中共中央党校出版社，1982年，第110页。

② 安贞元：《人民公社化运动研究》，中央文献出版社，2003年，第220~237页。

③ 陈吉元等：《中国农村社会经济变迁》，山西经济出版社，1993年，第310页。

国家在农村推行家庭联产承包责任制，恢复以家庭经营为主体的经济组织形式，通过政社的分开，建立以家庭承包经营为基础的统分结合的双重经营体制，家庭经济组织又成为我国农村中基本的经济组织形式。

三、改革开放初期的家庭联产承包责任制

邓小平同志曾经把“废除人民公社，实行家庭联产承包为主的责任制”，称为“中国社会主义农业的改革和发展”的“第一个飞跃”。[①] 家庭联产承包为主的责任制作为中国农民的伟大创举在全国范围内经历了由不联产到联产、从包工到包产再到包干、从“不要包产到户”到“包产到户”再到“包干到户”的变化过程。从历史的角度来看，责任制类型的变换过程，实际上也就是农户经营主体的形成过程。

1978 年 12 月，中共十一届三中全会制定了《中共中央关于加快农业发展若干问题的决定（草案）》和《农村人民公社工作条例（试行草案）》，这两个文件的试行，推动了各种形式的农业生产责任制的恢复和发展。到 1979 年底，全国 1/4 的生产队实行了包产到组，尤其是安徽、四川、贵州 3 省中，实行包产到组的分别占到了生产队总数的 61.6%、57.6%、52%。[②] 到 1982 年 6 月，实行包干到户的生产队占总数的 67%，1984 年底，全国实行联产承包责任制的生产队达到 100%，其中实行大包干[③]的占总数的 99.1%。[④] 至此，全国农村绝大部分生产队都形成了统分结合、以家庭经营为基础的模式。农村家庭联产承包责任制是在不改变土地集体所有的前提下，革新土地经营方式和生产组织形式，把集体所有的土地长期包给各家农户使用，农业生产基本上变为分户经营、自负盈亏，农民生产的东西在“保证国家的，留足集体的”情况下，“剩下的都是自己的”。这种家庭联产承包责任制，是建立在土地公有制基础上的，集体和农户保持着发包方和承包方的关系，既发挥集体经济的优越性，又发挥农民家庭经营的积极性，集体统一管理公共提留，统一经营集体企业，有统有分，统分结合，因而不同于农业合作化以前的小农私有经济，而是社会主义集体经济中的一种经营模式。

家庭联产承包责任制的推行，调动了农民生产的积极性，使陷于崩溃边缘

① 邓小平：《邓小平文选》，第三卷，人民出版社，1993 年，第 355 页。

② 周太和：《当代中国的经济体制改革》，中国社会科学出版社，1984 年，第 173 页。

③ 大包干，也叫包干到户，一般以农户为单位，在集体经济组织统一组织和经营下，根据统一计划，承包一季或全年以至更长时间的生产任务，由农户自行安排各项生产活动，收益归承包者所有。

④ 郭书田：《中国农村改革与发展十年》，农业出版社，1990 年，第 10 页。

的农村经济摆脱困境，促进了农业生产力的不断提升。有的学者估计，1979~1984年农作物产值增长42.23%，其中家庭承包制改革带来的增长达19.8%，贡献率为46.89%。[①] 作为一项制度创新的家庭联产承包责任制最大的成效还在于突破了计划经济模式，将亿万农民从人民公社制度下解放出来，拥有独立的生产经营决策权，农户和家庭成为具有经济学意义上的"厂商组织"，实现了权责的统一。如果说20世纪50年代土地改革是土地所有权的第一次革命，使土地从封建社会生产关系的束缚中解放出来，那么，家庭联产承包责任制改革则使土地从计划经济体制的束缚中解放出来，是土地所有制的第二次革命，是土地使用权的革命。

家庭联产承包责任制的推行，带来了农村经济的飞跃发展。农林牧渔业总产值由1978年的1018.4亿元，增加到1984年的2295.5亿元；农业劳动生产率迅速提高，由1979年的378.6元/人，增加到1995年的1980.8元/人；农村人均收入从1979年的179.8元/人，增加到1995年的2337.9元/人，增长了12倍。农业劳动力占社会劳动力的比重由1979年的70.5%下降到1995年的52.2%。在农村社会总产值的构成方面，农业产值所占比重由69.5%下降到23.1%，而非农业产值所占比重则由30.5%上升到76.9%。[②]

改革开放以来我国农业取得了巨大成就，充分证明了以家庭为单位的农户经营和小农耕作制度基本适应现阶段中国农业生产力的发展水平，因而必须继续坚持在家庭经营为基础的前提下发展壮大农村集体经济，坚持家庭联产承包责任制长期不变。但家庭联产承包责任制终究还不是完善的农业制度，这一制度本身的一些缺陷在实际运行中不断地反映出来。

第一，没有涉及土地集体所有权的界定。1959年初，在纠正人民公社错误时，确立了"三级所有，队为基础"的体制，但是，对人民公社、生产大队和生产队的土地所有权范围没有作严格区分与界定，并在以后的20年中发生了多次升级过渡。可见，人民公社遗留下来的土地所有权关系相当混乱。家庭承包制起初是在人民公社体制内部中产生、推广的，没有涉及土地所有权关系。人民公社解体后新组建的社区性合作经济组织职能不清，多数形同虚设。1998年修订通过的《土地管理法》与1986年的《土地管理法》相比较，土地所有者代表增加了"村民小组"，但并没有对乡镇农民集体、村农民集体和村民小组（村内农民集体经济组）之间的所有权边界进行界定，因此，土地所有权关系仍然是模糊的。土地所有权主体不清，集体土地无法得到有效的保护。

---

① 林毅夫：《制度、技术与中国农业发展》，上海三联书店，1992年，第94页。
② 农业部：《中国农业发展报告（1996）》，中国农业出版社，1996年，第175页。

第二，土地使用权的权能不明确，权属不清晰。农民承包的土地并没有法律层面的保障，不断地调整土地承包关系，使农户的承包权难以稳定，乡、村与土地承包者之间的权责关系也不十分明确，因而经常出现前两者对后者横加干预的情况，乡、村干部在土地问题上往往为所欲为。农户对土地使用权的这种不确定性，还表现在非农业占用耕地的经济补偿太少，助长了非农业建设项目过量占用耕地的现象，农民的负担被随意加重，且长期得不到解决。由于土地使用权权能不明确，权属不清晰，所以虽然政策上允许转让土地使用权，但实际转让的情况不多。据统计，1993 年全国发生转包、转让土地的比重只有 0.9%。① 与土地使用权属不清晰、权能不明确相联系的另一个问题是，土地所有权与使用权关系的内容不明确。土地所有权归集体，分户承包，但对所有者和承包者的权利与义务缺乏具体的规定。一方面，集体作为土地所有者对土地使用的管理和监督没有明确的程序和形式；另一方面，土地承包者拥有的使用权权利、义务不明确。

第三，“双层经营”结构在绝大多数地区很不完善。家庭承包制的真实含义是家庭分户承包经营，而农村集体组织为农业生产提供产前、产中和产后服务。但是，集体服务的实践发展很不尽如人意。造成这种状况的原因是多方面的：一是缺乏恰当和有效的服务组织。现有的乡镇农业服务组织，具有浓厚的行政色彩，为农民服务的意识较差，因此，在一定程度上并不受农民欢迎。基于相同的原因，乡镇或村通过集资从事一些必不可少的统一经营项目或者公共服务设施的难度较大，效果差。二是一些集体组织在经济利益的驱动下，热衷于非农产业的投资，经营的项目与农业生产没有直接的关联。这种现象在实践中推动了乡镇企业的繁荣和发展，但不属于双层经营体制的范畴。三是不少社区性合作经济组织和乡镇政府、村委会实行“两块牌子，一套人马”的体制。乡镇政府和村委会承担了基层组织的社会服务职能，缺乏人力和物力来完善为农业服务的职能。

家庭联产承包责任制存在的上述缺陷，正是农业制度再创新的主要动因之一。

四、农村经济组织的发展创新

（一）农村经济组织发展创新的背景

自 20 世纪 70 年代以来，我国农业和农村经济经历了两次重大的历史性变

① 农业部：《中国农业发展报告（1995）》，中国农业出版社，1995 年，第 178 页。

革：一是1978年以家庭联产承包责任制为基本特征的农村经济体制改革，确立了农民的独立利益主体和经营主体地位，取消了统购统派，乡镇企业异军突起，农村社会经济面貌大为改观；二是1992年以党的十四大为标志，随着市场经济体制的确立，农村经济全面面向市场经济的轨道，农副产品市场化改革进一步推进。前者重新奠定了农户家庭作为农业生产组织基本单位的地位，从而调动了微观经济主体的积极性，促进了农业生产的发展。后者在经历了农副产品价格的逐步放开过程后，到20世纪90年代初，90%以上的农副产品实现了市场交换。①

然而，20世纪90年代以来，我国农业和农村经济发生了深刻变化，农产品由卖方市场转向买方市场，农业由受自然约束转向受自然和市场双重制约，农产品竞争由国内市场转向日趋全球化的市场，农业发展已进入一个新的历史阶段。千家万户的小生产与千变万化的大市场之间的矛盾，成为农业增效、农民增收的主要矛盾。具体而言，这些矛盾表现在如下方面：①分散的农户小生产与大市场之间的矛盾。②农户经营规模狭小与现代化农业要求之间的矛盾。③农业生产利益低下与社会对农产品需求之间的矛盾。④农业专业化生产与社会化服务之间的矛盾。⑤大量的农业剩余劳动力需要转移与就业门路狭小之间的矛盾。②

面对新形势，势单力薄的农民渴望技术、信息等社会化服务，期待有一种全新的经济组织带领他们闯市场。而以上矛盾的发展，要求对农业产业化组织形式、农业经营方式和管理体制进行改革，建立一种能够保护农民切身利益的互助合作组织。农村经济发展呼唤农村经济组织形态的创新。农业产业化以及农村经济组织的发展创新，在这样的背景下产生了。

（二）我国现有的农村经济组织创新形式

1. “公司（企业）+农户”形式

在新的市场经济条件下，随着我国农产品购销途径与价格空/区间的放开，农业行业内部分工不断细化，要获得一个内在的稳定机制，把农产品市场与价格风险控制在一个较低的限度内，在农户与市场之间形成一个“中介组织”进行连接和协调是十分重要的。实行农业产业化的最终目的也就是要从根本上解

① 余咏梅：“浅析农村经济组织形态的演变与创新”，《重庆三峡学院学报》，2002年第3期，第60页。

② 陈亚军、张耕田：“革新经营模式 大力推进农业产业化经营”，《经济改革与发展》，1996年第2期，第50页。

决农民与市场有效联系的问题。

“公司（企业）+农户”组织形式的特点是：农户家庭生产农副产品，企业专门从事农副产品的加工和销售。除此以外，企业还可能为农户提供一些产前和产中的服务。从各地实践看，主要有以下几种模式：龙头企业带动型、专业市场带动型、主导产业带动型、经济能人带动型、科技带动型、服务组织带动型。龙头企业带动型主要是以加工、冷藏、运销企业或公司为“龙头”，建立农产品生产基地，带动农户生产经营，把企业（公司）与基地和农户联系起来；专业市场带动型主要是通过培育农产品市场，特别是农业批发市场，带动产业化生产，把市场、企业、农户联结起来；主导产业带动型主要是围绕当前资源优势，从发展“一村一品”、“一乡一业”入手，逐步形成区域性主导产业，联结、带动农民从事生产经营活动；经济能人带动型主要是由专业大户牵头，外联销售客户、内联广大农户，把产、供、销各环节紧密结合起来；科技带动型主要是以科技部门为龙头，用先进的科学技术指导农户发展生产，以提高农产品科技含量，发展农业、科技、教育相结合的“公司+农户”的经营形式；服务组织带动型主要是以中介服务组织为依托，建立农产品生产基地和销售网点，使生产服务与产品、销售紧密相连。①

以上这些组织形式的优越性在于：一是有利于小生产与大规模的结合。它适应我国现阶段农业生产的特点，公司或者企业通过产前、产中、产后的系列化服务，将千家万户的农民紧紧地吸引到自己身旁，既发挥了规模经营的优势，弥补了小生产的缺陷，又吸纳了家庭分散经营的优点，克服了大规模生产的不足。二是投资少、见效快，摆脱了现阶段我国资金短缺的困境，将投资和风险分散到千家万户。三是技术上能实行“土”“洋”结合，既有利于引进世界先进技术、设备和经营管理经验，又能挖掘传统技术的潜力。四是通过公司和专业户的示范效应，激发农民对采纳新技术的热情，有利于农业生产先进技术的扩散和推广。② 所以，它是现阶段我国推进农业产业化较有效的途径。

然而，这种形式也有其不足之处。从利益机制的角度来看，企业与农户的权利义务关系完全由契约界定。双方通过签订完善和平等的合同来约定双方的权利义务，包括农户向“龙头”企业提供农产品的时间、地点、数量、质量等，企业按照双方商定的价格和数量收购符合约定品质的农产品并提供贴息贷款，以及违约责任条款等。但是合同约束并不足以保障双方的利益：在外部条件如自然条件和经济状况发生变化的情况下，双方在履行合同时总会有一方不能或

① 邹庆：“广西农业产业化起步良好”，《新华社经济信息》，1997 年 7 月 15 日。
② 谭静：“农业产业化研究进展综述”，《中国农村经济》，1996 年第 10 期，第 33～39 页。

是不愿履行合同所约定的义务。这就要求双方在缔约之初就能够大体预见到未来农副产品的价格，而这基本上是不现实的。而违约情况一旦发生，双方通过法院解决纠纷时，又面临成本-收益的权衡。通常，这种成本无论对农户还是对企业来说都是高昂的，尤其是对单个农户而言，由于其交易标的相对较小，通过胜诉而获得的收益并不能弥补成本。因此，在这种情况下，通过合同约束双方的形式会使“公司（企业）+农户”的组织形式极不稳定。或者说，这种合作形式并未成为一种相对稳定的组织形式，而仅限于一种比较紧密的合作关系。

2. 股份合作制

自20世纪80年代中后期以来，一种新型农村经济组织——股份合作经济形式在河北沧州、广东吴川、浙江温州、山东淄博、安徽阜阳、广东深圳宝安等地首先发展起来并逐步向全国推广。[①] 这种股份合作经济在性质上兼有股份制的所有权结构与合作劳动经营的双重属性，融合了股份制和合作制各自的组织特点，构造出一种新型的经济组织形态，尽管理论和法律对其关系尚未作出清晰界定，但实际运行已经证明其生命力和现实性。它与股份制的最大区别是，存在着一种“共同共有”的积累财产。农村股份合作制因加入了合作经济的成分，使得它在承认资本个人所有的前提下，更注重劳动联合、劳动贡献与职工权益的平等性。目前我国农村城镇兴办的股份合作制企业中，有很大一部分企业留有职工分红股，这部分分红股永远留在企业中作为集体资产，但可以根据每个职工的工龄、能力、贡献等因素给职工以相应的股份分红。另外，农村股份合作制企业都留有不可分割的公共积累资产，这些都体现了农村股份合作制企业的“共有性”原则。与之相比，股份制则较明显强调股权的重要性与资本的个体联合，强调资本个体在企业中的地位与作用。它与合作制的最大区别是，在组织结构和管理原则上已从合作制的平等向股份制的平等演变。合作社的最高权力机构为社员大会，但由于我国的合作社受行政干预较大，因此，在我国合作经济的经营管理中，社员大会的作用远远没有发挥出来，合作制原则难以真正落实。农村股份合作制企业的最高权力机构为股东大会，下设董事会为经营决策机构，而由经理实施经营管理，机构设置完备，政企分离相对彻底，决策民主化程度也较高。

作为我国农村一种新的经济组织形式，股份合作制的产生有其客观的社会经济基础。首先，它是农民扩大再生产的需要。在浙江温州、安徽阜阳等地，农村家庭产业经过几年的发展后，亟待扩大规模并实现利润的最大化，这使得

① 杨坚争：“中国农村股份合作制企业探源”，《中国农史》，1996年第12期，第86、87页。

原有的一家一户的经济组织与外部急速扩张的市场需求不适应。同时，在农村个体工业需要扩大发展的同时，迫使农村工业开辟新的融（投）资渠道。于是，通过股份合作制形式，吸收外部资金来扩大经营规模，也成为股份合作制产生的重要原因。其次，它是明晰产权、完善企业经营机制的需要。股份合作制采用“谁投资，谁所有，谁受益”的原则，将权、责、利、风险四者紧密结合起来，适合市场经济的运行要求，避免了乡镇企业政企不分、产权不清的弊端。最后，它是由我国特定的制度因素和经济利益的双重导向决定的。一是在20世纪80年代中期农民开始以资产入股，受我国实行社会主义公有制的影响，这在政治上尚不容易被接受，容易被视为与私有制等同，因此需要引用合作制的集体主义形象，以便与我国经济制度导向相衔接。二是经济组织本身发展规律及经济利益的导向，不论合作制或股份制，抛开其产权方面的特点，始终具有突破家庭经营的局限性、趋向社会化生产和规模经济的特点，这是经济组织形式演变的内在动因，其实质也是生产关系（生产组织）对生产力的适应。

3. 农村专业合作社

党的十一届三中全会以后，我国农村逐步确立了以家庭联产承包责任制为基础、统分结合的双层经营体制，这是党和国家根据农村生产力发展水平作出的重大政策调整，符合生产关系适应生产力发展水平的客观要求。家庭联产承包责任制的确立，激发了广大农民群众的积极性，极大地提高了劳动生产率。随着社会主义市场经济的不断发展，农业的专业化、商品化、规模化水平不断提高。适应形势发展的要求，进一步完善农村经营体制，成为我们面临的重大课题。1993年颁布的《中共中央、国务院关于当前农业和农村经济发展的若干政策措施》明确提出，以家庭联产承包为主的责任制和统分结合的双层经营体制，是我国农村经济的一项基本制度，要长期稳定并不断完善。农民专业合作社正是在“长期稳定”的基础上“不断完善”的产物。

随着农业生产力水平和农产品商品率的提高，农民与市场的关系更加紧密，农民对生产资料、实用技术、市场信息等方面的需求不断增加，市场机制对农民的资金实力、文化素质等也提出了更高要求。家庭经营规模小、资金实力弱等问题，严重制约了农业生产经营活动的开展。因此，扩大农业生产和经营规模，提高农民的组织化程度，实现农户与市场的连接，就成为发展农业生产、增加农民收入的当务之急。扩大生产和经营规模主要有两条途径：一是通过增加土地面积实现生产规模的扩大；二是通过广大农户的联合与合作实现经营规模的扩大。我国人多地少的国情，使增加土地面积十分困难，更现实、更有效的办法就是走合作生产经营的道路。农民专业合作社就是开展生产经营合作的重要组织形式。①

此外，发展农村专业合作社，还是实现我国农产品贸易与国际接轨的重要渠道。2006年，我国正式颁布实施《中华人民共和国农产品质量安全法》，将农村专业合作社作为确保国家农产品质量安全的重要主体和载体，以提高农产品的质量标准。同时，发展农村专业合作社有助于农产品的出口创汇以及参与国际交流，提高我国农业、农民在国际上的地位。

农村专业合作社的主要形式包括以下几类。

（1）农民自发组织的专业合作社。农民在自愿基础上，为增强抵御市场风险的能力，由从事相同产业的农民自发组建成立农民专业合作社。此种模式下专业合作社一般由当地农村能人（如农村经纪人、生产大户）牵头，利用他们的专业技术或销售渠道优势，联合农户成立。这类合作社营销网络广、专业优势明显、社员联系紧密、效益好，具有较好的发展前景，如水果合作社、蔬菜合作社等。

（2）涉农部门创办的专业合作社。国家有关单位，尤其是乡镇中的一些涉农部门，根据自己管辖区内农、林、牧、副、渔业的发展情况创办各种专业合作社，适时为农户生产提供生产技术支持，以促进相关产业增产、增收。该种模式依托基层乡镇的人才、技术、场地、信息和设施，围绕当地的优势产业，组建成立专业合作社或协会，其优势在于合作社经营条件好，各项制度全，办公条件优越，信息渠道畅通，与基层政府部门联系紧密。

（3）供销社创办的专业合作社。供销社在我国计划经济时期承担了许多社会责任，在农药、化肥等物资供应、技术服务、产品加工销售以及人员、场地、仓储方面具有独特优势。此种专业合作模式依托供销基层社或农业协会等组织的资源优势，由基层供销人员或协会带头人领办，组织相关农户参与成立，具有合作社领办人素质较高、实力雄厚、营销网络较广等特点。因此，供销社创办专业合作社具有很多优势，同时又可为农民提供多种专业服务而发展自己。

（4）由专业协会、龙头企业和专业大户等组建而成的农民专业合作社。近几年来，许多地方兴起了由专业协会、龙头企业和专业大户等组建而成的农民专业合作社，合作社为农户提供产前、产中、产后全程服务。此种模式以农业产业化企业为龙头，组织基地农户共同参与，实行“公司+合作社+农户”的组织结构。这类合作社规模较大、成员联系紧密、产业化特点明显，对农户的带动能力强。

① 刘明祖：“对农民专业合作社的几点认识”，人民网，http：//theory.people.com.cn/GB/49154/49369/5933969.html，2011年1月13日。

农村专业合作社多年来的实践，在推进农业标准化生产、提高农产品质量、促进农产品增产与农民增收等方面发挥了重要作用，具体而言，表现为以下几个方面：

（1）提高了农业产业化经营水平。建立农村专业合作社，实行农业生产、加工和销售各环节的有机衔接，解决了农民买难、卖难的问题，解决了农村存在的小生产与大市场的矛盾、分散经营与社会化服务的矛盾，实现了资源的合理流动和优化配置，进一步夯实了农业产业化的基础。在合作社的示范带动和辐射下，农业主导产业初步实现了区域化布局、专业化生产、集约化经营，使农业产业化水平得到全面的发展。

（2）实现了农业增效和农民增收。专业合作社为农民提供产前、产中、产后一条龙服务，为农民提供生产、经营、管理、科技等方面的服务，进一步提高了农民的科学文化素质。

（3）增强了农产品市场竞争力。农村专业合作社把千家万户的农民组织起来统一行动，实行统一的生产标准、统一的操作规程、统一的产品质量标准、统一的农资供应，统一注册产品商标，便于打造优质品牌，推行绿色农产品生产，极大地提高了农产品质量安全水平，同时推进了农业产业化进程。

（4）密切了社农关系。组建农村专业合作社避免了农民之间、农户与加工企业之间的无序竞争，密切了社农关系，维护了农民利益，促进了农业生产的健康发展。

4. 现代化的农业企业集团①

农业企业集团是采用现代化经营手段和管理方法组织农业生产经营的一种经济组织形式。其特点是：第一，农业企业集团是一个具有法人资格的自负盈亏的经济实体，企业经营以营利为目的；第二，企业与农户的关系相当于工业生产中的企业与工人的关系，农户相当于农业工人；第三，集团一般实行产销一体化经营，集团内部各产业及企业间有很强的相关性、互补性。农业企业集团吸纳农户入股的方式一般有两种，即反租倒包和股份合作。反租倒包是农业企业以租赁的方式将农民的土地集中起来，建立大规模的生产基地，再与农户签订耕地转包合同，雇佣农户劳动力进行生产。股份合作则是通过吸纳农户为其股东，获得农地和农业劳动力的使用权，农户则能够获得相应股本的收益权。

尽管这种企业集团集加工、贸易、出口等环节于一体，拥有先进的技术和设备并且规模大，经营过程中实行集约化管理，且适应国际市场竞争和农业现

① 张琼："三种农业经济组织形式的比较运用"，《农业经济问题研究》，2007年第6期，第8页。

代化的需要，却受到我国国力、国情的限制。目前我国个别地区、个别行业虽已经出现这种模式，但要在全国推广，条件仍不成熟。它主要受以下条件的制约：①短期的经营效益难以确定，经营风险不能分散；②投资需求量大与资金普遍短缺的矛盾难以克服；③大规模经营难以消除土地资源的大量需求与土地面积有限的矛盾。

五、我国农村经济组织发展演变的特征及趋势

构建农村经济发展中真正的经济主体，回归农村经济组织以农民为主体、以农村为活动区域、以经济利益为目标的原有之意，是增加农民收入、发展农业生产、发展农村经济必不可少的重要环节。

（一）农村经济组织形式不断向多元化方向发展

我国农村经济组织形式的演变，经历了一元—双元—多元这样一个不断发展进步的过程。土地改革使得土地所有权的属性发生了根本性的变化，实现了农民所有权与经营权的统一，但在家庭经营方式上没有实质性的变化；从农业合作化运动到人民公社，农村集体经济组织形式取代了农村家庭经济组织形式，不过是用一种单一的组织形式去替代另一种单一的组织形式；家庭联产承包责任制试图把家庭和集体经济组织的优势兼收并蓄，用两元代替一元，这是一种进步，但与市场经济对农业生产的要求还存在着差距。农村经济组织形式的多元化，成为市场经济条件下农业生产发展的必然选择。

在今后我国农村经济组织的发展过程中，家庭仍将是我国农村经济组织发展的基本形式。因为世界各国农村、农业的发展历史告诉我们，以婚姻关系和血缘关系为基础的家庭，能够在一定限度内自我维持、自我调节、自我发展，家庭生产在很长一段时期内是适合农村经济发展的一种较好的组织形式。①

农村集体经济组织和农业企业，今后仍是我国农村经济组织中的重要类型之一。在市场经济条件下，农村集体经济组织将以农村社区合作经济组织的形式出现，它的实质是以村民为服务对象，以规模经济为特征，满足成员共同经济需求的合作经济组织。农业企业是我国未来农村经济组织中的一类代表。按照现代企业制度组建的农村企业，使农业从传统的小农经营方式向高度商品化的农业企业经营方式转变，使传统农民向具有市场意识、风险意识、投资意识、科技意识的市场经济主体方向转变。

---

① 林毅夫：《制度、技术与中国农业发展》，上海三联书店，1992年。

农民合作经济将成为我国农村经济组织发展的主导形式。国际经验表明：农业是合作经济最活跃的一个领域，农民合作社是当今世界合作社的主体。[①] 合作经济和合作经济组织在发达国家已经取得了丰富的经验，并为我们改变单个农业生产者和大市场之间不对等交易的状况提供了一种制度安排。我国现实存在的各项条件，也为农业和农村中合作经济的发展提供了巨大的空间。农民合作经济组织通过实现农民在生产要素上的联合，各种服务要求上的联合，各个生产领域上的联合，将推动我国农村生产力的再一次解放和再一次大的提高。它能使农村生产关系与农村生产力水平在动态中不断调整、相互适应，是实现农民走共同富裕道路的最好形式，因而也是我国今后农村经济组织形式的主导形式。

（二）农村经济组织以农民为主体

关于农民在农村经济组织中的主体地位，在理论与实践中有三项基本的考察标准：一是组织成员中农民的数量，这里的农民指的是以从事农业生产为主要收益来源的劳动者。二是农民成员对自我劳动和以土地为主的生产资料的支配权，它体现了组织成员进退出入组织的自由度。三是农民成员对组织收益的剩余索取权，剩余索取权的大小体现了组织成员在组织管理和经济收益上的民主权利。

据此衡量我国农村经济组织的各种形式，可以看出农民家庭这一组织形式具备上述要件中的所有条件，而农村集体经济组织中农民不仅缺少个体关怀，也缺少对自我劳动与生产资料的支配权和对收益的剩余索取权；农业企业具备优于其他组织形式的规模优势，并且组织成员具有对劳动成果和以土地为主的生产资料的支配权和剩余索取权，但最为关键的是，在我国目前特定的历史条件下，我国农业企业的组织成员是广义上的而非以从事农业生产为主要收益来源的农民。与上述经济组织不同，农村合作经济组织，和家庭组织形式一样具备要件中的所有条件，同时能够克服家庭组织在规模上的缺陷，较充分地体现了“民办、民管、民受益”的原则，可以极大地调动农民作为组织成员的积极性和主动性。可见，无论在理论上还是在实践中，在我国农村经济发展历程中，农民家庭这一组织形式必将长期存在和发展，并在我国农村经济组织中扮演重要角色。

（三）农村经济组织以经济效益为目标

组织目标，不仅为组织发展指明了发展方向，同时对组织成员也具有或强

① 刘健：“合作经济组织——我国农村经济组织的一种新选择”，《西南科技大学学报》，2006 年第 2 期，第 76 页。

或弱、或正面或负面的作用。我国农村经济组织的目标取向，经历了政治意义—社会意义—经济意义—经济效益的曲折发展过程。在计划经济时期，农村经济组织的目标彻底地以政治为中心；改革开放以后，经济体制、政治环境和文化氛围的变化，带动和影响了组织形式与组织目标的变化，从家庭联产承包责任制初期的宏观上的社会发展，到目前以经济效益为中心，我国农村经济组织的发展目标体现出曲折上升的变化趋势。农民合作经济中的农民专业合作社正朝着这个组织目标不断迈进。

第二节　农民专业合作社的发展概况

自20世纪90年代以来，中国农业和农村经济发生了深刻的变化，这种变化不仅源于我国农产品市场格局由卖方市场向买方市场的急剧转变，更因加入WTO以后我国农业受到来自国际市场的不断挑战。在此背景下，农民生产经营的风险和不确定性进一步加大，农民对联合起来增强市场竞争力的需求更为迫切；以合作社为主要形式的农民专业合作经济组织应运而生，并且在市场经济的大潮中迅猛发展。

《中华人民共和国农民专业合作社法》（以下简称《农民专业合作社法》）于2006年10月31日在第十届全国人大常委会第二十四次会议上通过，并于2007年7月1日正式实施。该法明确规定了农民专业合作社的性质和任务：农民专业合作社就是在家庭承包经营的基础上，同类农产品的生产、经营者，同类服务的提供者和利用者，自愿联合、民主管理的互助性经济组织。成员以农民为主体；以服务成员为宗旨；入社自愿，退社自由；社员地位平等，实行民主管理；盈余主要按照成员与农民专业合作社的交易量（额）比例返还。

《农民专业合作社法》明确了农民专业合作社的法人地位及运行规则，为农民专业合作社的进一步规范化发展奠定了良好的基础，全国各地正在抓住这一机遇，大力发展农民专业合作经济组织，为农民获益、农村发展和农业现代化建设服务。

一、农民专业合作社的运行机制和模式

（一）农民专业合作社的运行机制

《农民专业合作社法》的颁布和实施，使得我国的农业法制建设在依法规范和保护农民专业合作社的合法权益上取得了重大突破，标志着我国农民专业合

作社将进入依法发展的新阶段。

1. 农民专业合作社的法律地位

农民专业合作社的法人资格，是指农民专业合作社依法具有拟制的法律人格，具备相应的民事行为能力——民事权利能力和民事责任能力，独立享有民事权利，承担民事义务。

改革开放以来，广大农民在家庭联产承包经营的基础上创办的农民专业合作社已成为农业产业化经营的重要组织载体。实践表明，农民专业合作社已成为我国市场经济中一支不可忽视的力量，在组织农民发展农业生产、进入市场、促进增收等方面体现出强大的生命力。

在《农民专业合作社法》颁布之前，农民专业合作社的法律地位问题是其设立和运行中的最大障碍。根据“商主体法定”这一商事法律基本原则，没有相应的法律确立农民专业合作组织的法律地位，导致农民专业合作社难以得到管理部门的认可，无法在工商管理部门登记取得经营资格、进行商标注册，也无法获得质量认证和信贷支持等优惠措施，同时也使其难以得到其他市场主体的认可，影响其正常经营活动的进行。此外，由于没有基本的法律规范，许多合作社内部运行机制不健全，不能真正实行民主管理，不利于保护农民成员的民主权利和经济利益。因此，农民专业合作社法律主体资格的问题是《农民专业合作社法》需要解决的首要问题。

《农民专业合作社法》明确规定：农民专业合作社依照《农民专业合作社法》登记，取得法人资格。由于农民专业合作社在设立目的、社会功能、治理结构、交易方式和盈余分配等方面有其自身的法律特征，因此它属于特殊类型的法人。对此类法人与其他商事主体的区别、与其他类型的法人之间的区别的进一步研究、探讨，将有助于更清晰地确定农民专业合作社的法律地位。

2. 农民专业合作社设立与登记

农民专业合作社符合法定的设立条件是其成立的前提。按照《农民专业合作社法》规定，设立农民专业合作社应当具备下列条件：

（1）有5名以上符合《农民专业合作社法》第14条、第15条规定的成员；

（2）有符合《农民专业合作社法》规定的章程；

（3）有符合《农民专业合作社法》规定的组织机构；

（4）有符合法律、行政法规规定的名称和章程确定的住所；

（5）有符合章程规定的成员出资。

除需满足农民专业合作社成立的上述实质要件外，自愿成为合作社成员的设立人应召开由全体设立人参加的设立大会，确定合作社设立事宜。之后，向工商行政管理部门提出设立合作社的申请，并提交如下文件：

（1）登记申请书；

（2）全体设立人签名、盖章的设立大会纪要；

（3）全体设立人签名、盖章的章程；

（4）法定代表人、理事的任职文件及身份证明；

（5）出资成员签名、盖章的出资清单；

（6）住所使用证明；

（7）法律、行政法规规定的其他文件。

登记机关应当自受理登记申请之日起20日内办理完毕。

与《农民专业合作社法》相配套，国务院于2007年5月28日颁布了《农民专业合作社登记管理条例》，分六章对农民专业合作社登记管理进行了规范，内容包括登记事项、登记机关、登记条件和登记程序、法律责任等方面。《农民专业合作社法》和相关条例的规定为农民专业合作社的设立与登记提供了法律依据。

3. 农民专业合作社的成员

按照《农民专业合作社法》规定，具有民事行为能力的公民，以及从事与农民专业合作社业务直接有关的生产经营活动的企业、事业单位或者社会团体，能够利用农民专业合作社提供的服务，承认并遵守农民专业合作社章程，履行章程规定的入社手续的，可以成为农民专业合作社的成员。但是，具有管理公共事务职能的单位不得加入农民专业合作社。因此，公民、企业、事业单位或者社会团体都可以成为农民专业合作社的成员。但是，《农民专业合作社法》对自然人和法人及其他组织成员加入合作社的资格进行了不同的规定。

（1）自然人。根据《农民专业合作社法》规定，农民专业合作社的自然人成员要符合两个条件：一是须为中国公民，这是对自然人成员国籍身份的要求；二是须具有民事行为能力，即符合法定条件，并能以自己的名义在合作社中享有权利、承担义务。《农民专业合作社法》对自然人成员的民事行为能力的要求，是根据我国农村和农业生产的实际情况作出的，即在保障生产顺利进行的条件下，保证自然人成员许可资格的广泛性和适用性。农民专业合作社可以根据经营业务情况和自身的实际需要，对成员的民事行为能力作出不同的要求。

（2）企业、事业单位或者社会团体。对于企业、事业单位和社会团体，《农民专业合作社法》要求其必须从事与农民专业合作社业务直接有关的生产经营活动。“直接有关的生产经营活动”包括合作社从事的农产品生产、运输、储藏、加工、销售及相关服务活动。这一规定首先肯定了企业、事业单位和社会团体等组织形态，可以以组织成员的身份加入农民专业合作社，同时针对法人及有关非法人组织成员又强调了经营业务的相关性。允许多种形式的组织成为农民专业合作社的成员，既可以增强合作社的经营实力，又可以使各种组织通过合作提高自身的竞争力，实现双赢。龙头企业、科研院所或者科技协会等单位都可以以组织的身份加入农民专业合作社，参与合作社的生产经营。需要说明的是，企业、事业单位或者社会团体成为农民专业合作社的成员后，也应当坚持“以服务成员为宗旨，谋求全体成员的共同利益”的原则，而不能只追求自身利益的最大化。

（3）具有管理公共事务职能的单位不得加入农民专业合作社。具有管理公共事务职能的单位，不仅包括各级政府及其有关部门等行政机关，还包括根据法律、法规授权具有管理公共事务职能的其他组织，即国家机关以外的组织。对于具有管理公共事务职能的单位已经以组织身份加入农民专业合作社的，应当根据《农民专业合作社法》的规定退出合作社。

企业、事业单位或者社会团体成员对农民专业合作社开拓市场、提高市场竞争力等可以发挥重要作用，适当吸收他们加入农民专业合作社是十分必要的。但是，实践中由于合作社内部组织管理机制不健全，在价格和利润分配等重大问题上，农民成员的发言权和决策参加权极易受到侵害。因此，在允许非农民成员参加合作社的同时，也要保证农民成员的主体地位，防止合作社被少数人操纵、利用，《农民专业合作社法》对农民专业合作社中的成员比例作了限定：

（1）农民专业合作社的成员中，农民至少应当占成员总数的80%。

（2）成员总数20人以下的，可以有一个企业、事业单位或者社会团体成员。

（3）成员总数超过20人的，企业、事业单位和社会团体成员不得超过成员总数的5%。

4. 农民专业合作社的组织机构

组织机构是农民专业合作社的运行基础，《农民专业合作社法》第四章专章规范了组织机构。根据法律规定，农民专业合作社通常可以根据不同的规模设立以下机构：成员大会、成员代表大会、理事长或者理事会、执行监事或者监事会、经理等。因为农民专业合作社的规模不同、经营内容不同，设立的组织机构也不完全相同，《农民专业合作社法》对某些机构的设置不作强制性规定，而是由合作社根据需要自己决定。《农民专业合作社法》为农民专业合作社设计了类似于公司制的内部组织机构。

农民专业合作社的权力机构是成员大会。成员大会由全体成员组成，行使修改章程、人事任免、听取和批准报告以及对重大事务作出决议等职权。成员大会以会议的形式行使权力，而不采取常设机构或者日常办公的方式。参加成员大会是法律赋予所有成员的权利，也是合作社“成员地位平等，实行民主管理”原则的体现，所有成员都可以通过成员大会参与合作社事务的决策和管理。

农民专业合作社的执行机构是理事长或者理事会。按照《农民专业合作社法》

规定，农民专业合作社设理事长一名，可以设理事会。理事会（理事长）负责执行成员大会的决策，包括生产经营活动如何进行。经理不是农民专业合作社的法定机构，合作社可以聘任经理，也可以不聘任经理；经理可以由本社成员担任，也可以聘请合作社成员以外的其他人担任。是否需要聘任经理，由合作社根据自身的经营规模和具体情况而定。聘任经理或者由理事长、理事兼任经理的，由经理按照章程规定和理事长或者理事会授权，负责农民专业合作社的具体生产经营活动；否则，由理事长或者理事会直接管理农民专业合作社的具体生产经营活动。

代表机构是法人的意思表示机关，对外代表法人的意思表示。代表机构必须由单个的自然人担任，一般是执行机构的主要负责人。农民专业合作社作为法人进行工商登记后从事生产经营活动，必须从设立起就明确合作社的法定代表人。按照《农民专业合作社法》规定，农民专业合作社的理事长为本社的法定代表人。

监督机构是根据法人章程和权力机构的决议对法人执行机构、代表机构实施监督的机构。执行监事或监事会是农民专业合作社的监督机构，对合作社的财务和业务执行情况进行监督。按照《农民专业合作社法》规定，农民专业合作社可以设执行监事或者监事会。农民专业合作社的监督是由全体成员进行的监督，强调的是成员的直接监督。因此，执行监事或者监事会不是农民专业合作社的必设机构。如果成员大会认为需要，可以根据实际情况选择设执行监事或者监事会。是否设执行监事和监事会由合作社在章程中规定。

5. 农民专业合作社的财务管理

《农业专业合作社法》在财务管理方面最大的亮点在于通过一系列规定克服了传统合作社推行公共积累制度的弊端，形成了合作社内部明晰的产权关系。这些规定主要表现在公积金和盈余分配两个方面。

公积金是农民专业合作社为了巩固自身的财产基础，提高本组织的对外信用和预防意外亏损，依照法律和章程的规定，从利润中积存的资金。根据《农民专业合作社法》规定，农民专业合作社可以按照章程规定或者成员大会决议从当年盈余中提取公积金。公积金用于弥补亏损、扩大生产经营或者转为成员出资。

（1）公积金提取的方式。农民专业合作社是否提取公积金，由其章程或者成员大会决定，不是强制性的规定。这是因为不同种类的农民专业合作社对资金的需求不同，不同种类的农民专业合作社的盈利状况也不一样，因此不能强求每个农民专业合作社都提取公积金，而是要根据合作社自身对资金的需要和盈利状况，由章程或者成员大会自主决定。

（2）公积金提取的比例。公积金从农民专业合作社的当年盈余中提取，比例由章程或者合作社成员大会决定。只有当年合作社有了盈余，即合作社的收入在扣除各种费用后还有剩余时，才可以提取公积金。

（3）公积金的用途。公积金主要应用在以下三个方面：一是弥补亏损。在合作社经营状况好的年份，在盈余中提取公积金以弥补以往的亏损或者防备未来的亏损，从而维持合作社的正常经营和健康发展。二是扩大生产经营。为了给成员提供更好的服务，合作社需要扩大生产经营，如购买更多的农业机械、加工设备，建设储藏农产品的设施、购买运输车辆等，这些都需要增加合作社的资金实力。在没有成员增加新投资的情况下，在当年盈余中提取公积金，可以积累扩大生产经营所需要的资金。三是转为成员的出资。提取的公积金按照章程规定量化为成员份额，可将成员所占份额转为成员出资。

（4）公积金的量化。《农民专业合作社法》还规定，合作社每年提取的公积金，应按照章程规定量化为每个成员的份额，这是合作社在财务核算中的一个突出特点。农民专业合作社的公积金的产生，来源于成员对合作社的利用，本质上是属于合作社的成员所有的，为了明晰合作社与成员的财产关系，保护成员的合法权益，公积金必须量化为每个成员的份额。

合作社经营所产生的剩余为其盈余。《农民专业合作社法》明确规定了农民专业合作社可分配盈余的计算方法和分配办法。

（1）可分配盈余的计算方法。《农民专业合作社法》规定，农民专业合作社的可分配盈余是在弥补亏损、提取公积金后，可供当年分配的那部分盈余。

（2）可分配盈余的分配，主要应根据交易量（额）的比例进行返还。《农民专业合作社法》规定，按交易量（额）比例返还的盈余不得低于可分配盈余的60%。农民专业合作社是从事同类农业生产的农民组建的互助性经济组织，成员利用合作社的服务是合作社生存和发展的基础。因此，成员享受合作社服务的量（即与合作社的交易量）就是衡量成员对合作社贡献的最重要的依据。成员与合作社的交易量也就是产生合作社盈余的最重要来源。因此，《农民专业合作社法》规定，按交易量（额）比例返还的盈余不得低于可分配盈余的60%。除此之外，成员出资也扮演了重要角色。[①]

6. 农民专业合作社的合并、分立、解散和清算

农民专业合作社的合并，是指两个或者两个以上的农民专业合作社通过订立合并协议，合并为一个农民专业合作社的法律行为。合并各方的债权、债务应当由合并后存续或者新设的组织承继，即合并后存续的合作社或者新设立的合作社，必须无条件地接受因合并而消灭的合作社的对外债权与债务。同时，为保护债权人的利益，《农民专业合作社法》还要求，农民专业合作社合并的，

① 参见《农民专业合作社法》第37条。

应当自合并决议作出之日起10日内通知债权人。

农民专业合作社的分立，是指一个农民专业合作社分成两个或者两个以上的农民专业合作社的法律行为。按照《农民专业合作社法》第40条规定，农民专业合作社分立，其财产作相应的分割，分立前的债务由分立后的组织承担连带责任。但是，在分立前与债权人就债务清偿达成的书面协议另有约定的除外。

《农民专业合作社法》第42条列举了农民专业合作社解散的情形，包括：①章程规定的解散事由出现；②成员大会决议解散；③因合并或者分立需要解散；④依法被吊销营业执照或者被撤销。

基于农民专业合作社的特殊性以及在我国的实践，《农民专业合作社法》对其解散和清算作出了与其他法律不同的规定，主要表现在：①在清算时，如果清算组已经就清算事项通知其所有成员和债权人，则免除其公告义务；②接受国家财政补助形成的财产在解散、破产清算时，不得作为可分配剩余财产分配给成员，而应当按照国务院规定的办法处置；③农民专业合作社破产时，其破产财产在清偿破产费用和共益债务后，应当优先清偿破产前与农民成员已发生交易但尚未结清的款项，该规定说明农民成员与本组织交易而形成的债权不同于一般债权，具有优先受偿的性质。

7. 对农民专业合作社的扶持政策

为了明确国家扶持农民专业合作经济组织的基本政策，为其发展创造良好的政策环境，《农民专业合作社法》规定，国家通过财政支持、税收优惠和金融、科技、人才的扶持以及产业政策引导等措施，促进农民专业合作社的发展。同时，国家鼓励和支持农业企业、农业科技服务组织、科研教学单位等社会各方面力量，为农民专业合作社提供政策、技术、信息、市场营销等服务。

（1）产业政策倾斜。《农民专业合作社法》规定，国家支持发展农业和农村经济的建设项目，可以委托和安排有条件的农民专业合作社实施。农民专业合作社作为市场经营主体，由于竞争实力较弱，应当给予产业政策支持，把合作社作为国家农业支持保护体系的重要方面。符合条件的农民专业合作社可以按照政府有关部门项目指南的要求，向项目主管部门提出承担项目申请，经项目主管部门批准后实施。

（2）财政扶持。目前，我国农民专业合作社经济实力还不强，自我积累能力较弱，给予专业合作社财政资金扶持，就是直接扶持农民、扶持农业、扶持农村。《农民专业合作社法》规定，中央和地方财政应当分别安排资金，支持农民专业合作社开展信息、培训、农产品质量标准与认证、农业生产基础设施建设、市场营销和技术推广等服务。对民族地区、边远地区与贫困地区的农民专业合作社和生产国家与社会急需的重要农产品的农民专业合作社给予优先扶持。

(3) 金融支持。《农民专业合作社法》在金融支持上作了两方面的规定：其一，国家政策性金融机构应当采取多种形式，为农民专业合作社提供多渠道的资金支持，具体支持政策由国务院规定；其二，国家鼓励商业性金融机构采取多种形式，为农民专业合作社提供金融服务。

(4) 税收优惠。农民专业合作社作为独立的农村生产经营组织，可以享受国家现有的支持农业发展的税收优惠政策。按照《农民专业合作社法》规定，农民专业合作社享受国家规定的对农业生产、加工、流通、服务和其他涉农经济活动相应的税收优惠。支持农民专业合作社发展的其他税收优惠政策，由国务院规定。

(二) 农民专业合作社的运行模式

从组织形式看，实践中的农民专业合作社主要有以下五种运行模式①：

(1) 政府部门扶持、指导型。这是指由政府相关部门牵头，把相应的机构或团体与农民组合到一起而组建的农民专业合作社。该种模式依托基层乡镇的人才、技术、场地、信息和设施，围绕当地的优势产业，组建成立专业合作社或协会，其优势在于合作社经营条件好，各项制度全，办公条件优越，信息渠道畅通，与基层政府部门联系紧密。

(2) 企业带动型。这是指由加工或销售企业发起，把相关产业内的农户组合到一起成立的农民专业合作社。此种模式以农业产业化企业为"龙头"，组织基地农户共同参与，实行"公司+合作社+农户"的组织结构。这类合作社规模较大，成员联系紧密，产业化特点明显，对农户的带动能力强。

(3) 村委监管型。此即由村委会发起、带动村民组建的合作社。此种合作社由行政村两委干部围绕当地主导产业，把分散的农户组织起来，开展产前、产中、产后服务，促进主导产业进一步发展。这种专业合作社产业规模发展迅速，带动能力强，社员联系紧密，民主化程度相对比较高，合作社的工作便于得到村委支持，容易形成政府倡导的"一村一品"；缺点是合作社与村委的有关事项容易混淆。

(4) 基层供销社或农业协会转办型。此即由原来的基层供销社或者农业协会联合农民成立的合作社。此种专业合作模式依托基层供销社或农业协会等组

① 本部分运行模式的归纳是根据学界的调研数据和报告进行综合整理而成的。南京审计学院课题组："农村专业合作经济组织发展状况的调研报告"，《市场周刊·理论研究》，2007年第12期，第8～10页；张晓山："促进以农产品生产专业户为主体的合作社的发展——以浙江省农民专业合作社的发展为例"，《中国农村经济》，2004年第11期，第4～23页；韩淑明："进一步发展农村合作经济组织——对山东省潍坊市发展农村合作经济组织的调查"，《红旗文稿》，2007年第9期，第34～37页；包景慧、根锁："农民专业合作经济组织发展模式的比较分析——以内蒙古奈曼旗为例"，《北方经济》，2008年第7期，第68～69页。

织的资源优势，由基层供销人员或协会带头人领办，联合相关农户参与成立，具有合作社领办人素质较高、实力雄厚、营销网络较广等优势。

（5）农民自发兴办型。这是指在农产品生产和经营活动中，为增强抵御市场风险的能力，由从事相同产业的农民自发组建成立的农民专业合作社。此种模式下的专业合作社一般由当地农村能人（如农村经纪人、生产大户）牵头，利用他们的专业技术或销售渠道优势，联合农户成立。这类合作社营销网络广、专业优势明显、社员联系紧密、效益好，具有较好的发展前景。

二、农民专业合作社的现状

（一）农民专业合作社的规模

进入21世纪以来，全国农民专业合作社蓬勃发展，呈现出数量增长快、带动农户多、产业分布广、服务内容多等特征。根据农业部农村经济体制与经营管理司的数据，到2010年上半年，全国在工商部门登记的农民专业合作社有31.17万多家，实有入社农户2600万户左右，约占全国农户总数的10%。①

近年来，农民专业合作社的不断推广，有效促进了农业生产的快速发展和农业整体素质的大幅提升。农民专业合作社在推动农业结构调整中成为挖掘农业内部增收潜力的重要组织资源，在衔接农产品产销中成为“农资下乡、农产品进城”的重要桥梁，在传播信息技术中成为农村实用人才培养的摇篮，在提升农产品质量安全水平中成为农业标准化生产的生力军。合作社的发展趋势呈现出向种植业、畜牧业两大产业的产加销全程经营服务上集中的特点，确保了农民收入中家庭经营性收入的不断增长并成为近年来农民增收的重要部分。同时，合作社的经营越来越专业化，服务水平越来越高，截至2009年12月底，从事产加销综合服务的合作社占总数的52.8%，这标志着合作社的经营能力的提升成为增产增收的潜力所在。同时，全国已有4万多家合作社执行了各类农产品质量安全标准，有1.8万多家合作社取得了“三品”认证，约1.5万家合作社拥有自主注册商标。22个省（区、市）的6800多家农民专业合作社参与了“农超对接”，直接进入第二、第三产业经营，赚到距市场最近的钱，为农户获得了更多的增值利润。据调查，农民专业合作社成员收入普遍比当地未入社农户收入高出20%以上，有的甚至高出一倍以上。②

---

① 2010年11月3日向农业部申请政府信息公开获得。

② 孙鲁威：“截止2009年12月底，全国农民专业合作社24.64万家”，中国农民合作组织研究网，http://www.ccfc.zju.edu.cn/a/shujucaiji/20100321/792.html，2010年10月15日。

以目前农民专业合作社数量最多的山东省为例①，其农民专业合作社的发展情况呈现出如下特征。

（1）数量迅速增长。自《农民专业合作社法》颁布实施以来，山东省农民专业合作社自2007年7月1日开始登记，到2008年6月底，已发展到4323户，出资总额27.1亿元，涉及成员5.7万个。2008年上半年，山东省新登记农民专业合作社2524户，占实有户数的58.4%，平均每月登记421户，新登记出资额17亿元，拥有成员3万个，分别占期末实有数据的62.8%和53.5%，农民专业合作社表现出跨越式发展的趋势。

（2）合作领域相对集中。2008年，山东省农民专业合作社从业范围涉及种养殖、农产品加工销售运输储藏、生产资料购买、技术信息服务等国家允许的各个领域。但合作专业主要集中在种植、养殖领域，分别实有1854户和1537户，占总户数的42.9%和35.6%；其次是为农业生产提供技术信息、销售和生产资料购买业务领域，分别实有878户、692户和578户，分别占总户数的20.3%、16.0%和13.4%。农产品加工、运输、储藏领域合作较少，所占比重分别只有3%～4%。

（3）出资规模较为合理。从出资总额来看，2008年山东省实有农民专业合作社户均出资62.7万元，略高于全国60万元的平均水平；2008年上半年新登记农民专业合作社户均出资额67.4万元，略高于实有户均水平，说明户均出资额呈增长趋势。到2008年6月底，山东省实有出资额在100万元以上的农民专业合作社929户，占总户数的21.5%；出资额在1000万元以上的16户。诸城市得利斯生猪专业合作社，由山东得利斯畜牧科技有限公司和4个农民成员构成，出资额为1亿元，是该省出资额最大的农民专业合作社。虽然《农民专业合作社法》规定，农民专业合作社成员可以用实物、知识产权等非货币财产作价出资，但从登记情况看，山东省绝大多数成员以货币出资。截至2008年6月底，山东省农民专业合作社成员货币出资额达22.3亿元，占出资总额的82.2%。

（4）以农民成员为主。农民是兴办专业合作经济组织的主体，到2008年6月底，山东省农民专业合作社共吸纳农民成员5.5万户，占成员总数的96.3%，远高于《农民专业合作社法》要求的80%的比重。一批农村种养大户、技术能人、经纪人等成为兴办农民专业合作社的领头人，特别是一些有威信、有专长的农村党员干部发挥了重要作用。

① 佚名："山东省2008年上半年农民专业合作社发展情况统计分析"，山东红盾信息网，http://218.57.139.18/bgstjzl/ShowNews.asp?id=356，2010年10月17日。

(5) 区域特色鲜明。山东省农民专业合作社主要依托当地已形成的主导产业、优势产品组建而成，具有较强的带动能力和比较优势，促进了农业生产的区域化布局和规模化生产。如2008年，潍坊市农民专业合作社涉及寿光蔬菜、潍县萝卜、昌乐西瓜、临朐板栗、诸城绿茶、青州花卉和动物养殖等多项优势农产品；济南市历城区展家蔬菜合作社扩建两万亩[①]优质蔬菜生产基地、张而草莓合作社2100个草莓大棚的连片种植；昌乐潘家辛瓜菜合作社，有占地100亩的瓜菜市场，4000多亩瓜菜生产基地；淄博思远蔬菜专业合作社拥有成员833名，蔬菜种植面积2000亩，年销售额6000余万元。

（二）农民专业合作社的分布情况

农民专业合作社广泛分布在种植、畜牧、农机、渔业、林业、民间传统手工编织等各个产业，其中种植业占40.4%，畜牧业占30.9%。从地域分布的情况来看，根据农业部网站公布的数据，截至2009年9月底，我国基本上已经达到了平均每三个村就有一个农民专业合作社的水平。山东、江苏、山西、浙江、河南、河北、辽宁、安徽、四川、黑龙江等现代农业发展较快的省份，也正是农民专业合作社数量增长较多的地区，这10个省的农民专业合作社总数占到全国总数的66.23%。这10个省的农民专业合作社涉及种植、养殖、农机、林业、植保、技术信息、手工编织、农家乐等农村各个产业，主要分布在种植业、畜牧业，种植业大体占近一半，为45.2%，畜牧业约占1/3，为30.2%。[②] 农民专业合作社逐渐从起步时的技术互助、信息传播，扩展到资金、技术、劳动等多方面的合作，从生产领域逐步向生产、流通、加工一体化经营发展。

从农民专业合作社的区域分布情况来看，农业合作经济组织在各地区之间的发展不平衡。现代农业产业较为发达的东部和中部省区农民专业合作社发展较快，而西部地区和边远省份则发展较慢。农民合作经济组织的发展情况与地区的经济发展水平、农业人口数量、农业在区域经济中的重要性有密切的关系。农民专业合作经济组织在我国东、中、西部地区的分布情况如表1-1所示。

表1-1　农民专业合作经济组织在我国东、中、西部地区的分布情况

地区	组织数/个	会员数/万个	平均会员数/个	会员数占乡村总户数的比重/%	乡村总户数/万户
东部地区（不含上海）	29 837	376.50	126	4.84	7 777.60
中部地区（不含江西）	40 249	567.77	141	6.47	8 781

① 1亩≈666.7平方米。

② 农业部新闻办公室："我国农民专业合作社发展快速成效显著"，中越农资网，http://www.cvnz.com/info/detail.php?id=37330，2011年7月24日。

续表

地区	组织数/个	会员数/万个	平均会员数/个	会员数占乡村总户数的比重/%	乡村总户数/万户
西部地区（不含云南、广西、西藏）	22 594	209.58	93	3.94	5 316.50
合计	92 680	1 153.85	124	5.27	21 875.10

资料来源：全国人大农业与农村委员会课题组：“农民合作经济组织法立法专题研究报告（一）”，《农村经营管理》，2004年第9期，第16～21页。

从农民专业合作社主要涉及的产业来看，农民合作经济组织的发展具有行业性。一般而言，合作社分布较多的行业主要具有以下特征：

（1）大部分产品都用于销售。由于这些行业产品的商品率较高，农户单独承担的市场风险较大，为了使产品有稳定的销路以便尽快在市场上流通，由此便产生了对产品的共同运输和进行销售合作的要求。

（2）产品难以长期保存、极易损耗。这类产品必须尽快包装销售以免变质造成损失。稳定的销售渠道以及对产品快速的储藏、加工和包装，引发了从业者组成合作社的愿望。

（3）行业自身对技术、资金要求较高。由于受资金、技术等因素的制约，单个的生产经营者只有通过联合起来，才能以较低的成本进入这些门槛较高的行业。

（4）产品交易频率较高。其中最典型的是奶业和食品加工行业。

以辽宁省为例，2005年农民专业合作经济组织在省内各行业的分布情况如表1-2所示。

表1-2　2005年辽宁省农民专业合作经济组织在省内各行业分布

行业	种植业	畜牧业	渔业	农机	其他	合计
数量/个	983	807	66	40	401	2297
比例/%	42.79	35.13	2.87	1.74	17.46	100

注：因比例为约数，故总和不一定为1。

资料来源：参见“辽宁省农村经济委员会统计资料”，转引自刘丽：“辽宁省农民专业合作经济组织的发展模式分析”，《沈阳农业大学学报（社会科学版）》，2006年第3期，第440页。

三、农民专业合作社的服务范围

农民专业合作社的组建和发展推动了农民的集体行动，整合了有限的农村社会服务资源。它通过为成员提供系列化服务，在促进农民发展产业、搞活经济、致富增收方面的作用越来越强，推动了农村生产力的发展。

各地农民专业合作社的服务范围因其具体情况的不同而有所差别。例如，

2005年国务院发展研究中心组织专家对四川省井研县农民专业合作社的情况进行了调查，关于农民专业合作社提供服务的情况如表1-3所示。

表1-3　2004年井研县合作社提供服务的情况

	技术支持	市场信息	统一销售	管理知识	生产资料	资金支持	信贷支持	提供土地
合作社个数/个	73	73	55	29	26	15	11	6
占样本总数的比重/%	97.5	97.5	73.3	38.7	34.7	20.0	14.7	8.0

资料来源：国务院发展研究中心：《中国农民专业合作社调查》，上海远东出版社，2007年，第97页。

一般而言，农民专业合作社对其成员的服务范围主要包括如下方面。

（一）统一组织销售，降低农户市场风险

收购和销售产品是合作组织的中心环节，也是农户参加合作社的最初动力。大部分合作组织和成员之间有比较密切的销售关系。在所有的农民专业合作社中，有八成以上为会员提供销售服务。合作组织通过保价收购，降低了农户的市场风险。保价收购就是合作组织和农户商议好一个收购价格成为保护价，当市场价高于保护价时按市场价收购，当市场价低于保护价时按保护价收购，许多合作组织都制定了最低价格。保价收购一般通过两种方式进行：一是订单收购，即合作组织（或企业通过合作组织）与农户签订购销订单，订单规定最低价格；二是设立风险基金，当市场价格下滑幅度较大时，利用风险基金确定最低收购价格。如河北辛集市优质果品产业协会，其会员和企业签订包销协议，当市场价下降太大时，企业用风险基金以不低于当年投资成本的价格合理收购，将果农的风险尽可能降到最低。①

相当一部分组织依托龙头企业销售产品，与非成员交易额逐渐扩大。龙头企业不仅是部分合作组织的发起人，而且大多数合作组织与龙头企业有着比较稳定的购销关系。2005年国务院发展研究中心专家对全国9省140家合作社进行调研获得的资料显示，在103家合作组织中，龙头企业是本组织成员的占40.78%，龙头企业作为非组织成员与组织有稳定购销关系的占28.16%；在对73个组织的调查中，2004年组织会员卖给龙头企业的产品占会员全部产品的比例超过60%的组织占53.43%，说明合作组织成员产品的销售很大程度上依赖龙头企业。②

① 国务院发展研究中心：《中国农民专业合作社调查》，上海远东出版社，2007年，第97页。

② 国务院发展研究中心：《中国农民专业合作社调查》，上海远东出版社，2007年，第196页。

大部分合作组织对产品进行统一加工、统一包装、统一商标销售，增强了产品的附加值和竞争力。调查显示，72.41%的合作社对收购的产品进行加工和分级包装，73.77%的合作社采取统一商标销售产品，64.96%的合作社的商标经过注册，62.62%的合作社进行过无公害、绿色产品、有机食品等质量认证。由此可见，合作社不仅保证了农产品的销路，而且间接促进了农产品生产过程的规范化和标准化，提高了农产品的品质，对农业生产朝着“精品农业”、“绿色农业”方向发展起到了一定的推动作用。

（二）普遍为农户统一提供生产资料

合作社普遍统一采购生产资料并以优惠的价格提供给会员，提供的生产资料种类繁多，包括良种、种畜、燃料、肥料、饲料、农药、兽药、机械等。对140个合作组织的调查显示，108个组织为会员提供生产资料，占总数的77.14%。合作组织以低于市场价格或者赊购的方式提供生产资料，为成员节约了大量成本。调查显示，约50%的合作组织提供的生产资料价格比市场低15%以上，约50%的合作组织对成员的生产资料供应率都在80%以上。①

（三）推动科技普及，组织标准化生产

调查显示，合作社提供技术服务的成员覆盖率平均为91.69%。对131个组织的调查显示，2004年平均每个组织提供22次技术培训，平均每个组织培训7880.8人次，绝大部分组织培训是免费的。培训内容主要是动植物疫病防治技术和生产技术。合作社进行科技普及和培训有几点好处：一是利用集中的资金进行新技术试验，试验成功后在成员中推广，避免成员走弯路。二是组织标准化生产，提高科技含量。农民专业合作社对成员实行统一的技术标准，提供统一的技术服务，促进了标准化生产的推广，提高了农产品的质量安全水平。对140个合作社的调查显示，有114家组织提供了无公害生产技术、有机农业生产技术方面的培训，占81.43%；有81家组织对成员生产过程强制实行无公害生产标准，占58%。②

（四）提供信贷支持，解决农户资金紧缺问题

农民专业合作社为其成员提供承贷承还或信贷担保服务，是扩展其服务功

---

① 国务院发展研究中心：《中国农民专业合作社调查》，上海远东出版社，2007年，第103页、第105～108页。

② 国务院发展研究中心：《中国农民专业合作社调查》，上海远东出版社，2007年，第103页、第105～108页。

能的应有之义，可以解决成员生产经营中的资金短缺问题，是从金融方面支持农民专业合作社及其成员的生产经营以实现发展的重要路径之一。信贷服务主要有两种方式：一是合作社直接为成员提供贷款，二是合作组织为成员担保，从外部机构如信用社、银行等获得贷款。例如，山西省榆社县以农民专业合作社的信用担保给农民贷款，参加合作社的农户信用好可以贷到50万元。同时，榆社县政府拨专款成立担保公司，专门为农民专业合作社提供再担保，并实行农民贷款贴息的政策。榆社县通过对农民专业合作社实施金融支持，促进了农民专业合作社的发展，也增强了其还贷能力。2007年全县各类农民专业合作社实现纯利润720万元，累计归还信用社的贷款4000多万元，不良贷款率几乎为零。这一金融服务新模式开始在山西省的56个县进行推广，近40万农民受益。

四、农民专业合作社的作用与典型实例

（一）农民专业合作社的作用

大力发展农民专业合作社，不仅能在市场经济条件下提升农业产业发展水平，促进先进农业科技推广，增强农民市场竞争能力，也是培养农民民主意识和合作意识、提高农民组织化程度、增加农民收入的重要手段。

1. 农民专业合作社对推动农业产业发展的作用

1）农民专业合作社是农业产业化经营的重要组织形式

各类农民专业合作经济组织，是以农业技术人员或其他“农村能人”为骨干，联合千家万户组成的民办、民营、民受益的经营实体，集生产、加工、销售于一体，不断拉长产业链，扩大产业规模，实现农业生产效益的最大化。

2）农民专业合作社是调整农业产业结构的有效载体

调整和优化农业产业结构是党和政府的一项长期任务。产业结构调整的主体是农民，农民专业合作社是载体，通过农业组织围绕市场调整产业结构、优化品种结构、整合生产和流通资源，组织农民生产适销对路的优良品种，以达到增加农民收入的目的。

近年来，许多基层政府为了加快农业产业结构调整的步伐，往往采取行政措施进行统一规划、统一实施，农民作为主体在产业结构调整中是被动的、不自觉的。而政府职能决定了政府不可能参与或完全参与到市场经济中，难免出现决策滞后甚至失误。由于农民是被动接受政府的决策，在出现风险后往往消极对待，甚至逃避，将风险转嫁给政府，这会造成政府经济损失并使其形象受到负面影响。

农民专业合作社在组织农业生产和销售过程中发挥了十分重要的作用。通过加入农民专业合作社，成员主动地成为产业结构调整主体，既承担自然风险，又承担市场风险。在有风险出现时，易于组织起来采取挽救措施，同时易于组织农民分担风险，减少或免除政府承担的风险，便于政府在引导、促进和推动产业结构的调整方面发挥更大的作用。

3）农民专业合作社是实现农业标准化生产的重要途径

当前，农产品品质问题成为限制农业发展的重要因素，农业生产必须向无害化方向发展。要实现农业安全生产的目标，就必须实现农业生产的标准化。我国现行农业生产主要是家庭的、分散的形式，难以实现生产技术、生产品种、农业投入品和产品包装等的统一。要全面提高农产品质量和安全水平，就必须实现种植（养殖）品种、生产技术、市场销售的标准化和统一化，而这些措施的实施，单靠技术推广单位或行政手段执行难度大，农民是被动应付，若由农民专业合作社来落实，使之成为组织成员自己的事，则能充分发挥成员的积极性和主动性，相对来讲就要更灵活、更容易。

4）农民专业合作社是农产品参与国际、国内竞争的桥梁

我国农业以家庭联产承包为基本单位，农民专业合作社是促进分散生产经营向标准化、产业化、规模化、社会化发展的有效途径。

我国加入WTO后，农产品贸易日益国际化。通过合作经济组织的形式，把一家一户的农民在自愿、合作、互助、民主管理的基础上组织起来，形成有一定生产规模、具有相当经济实力、能够参与市场竞争的新的农业经济组织，搭起生产与科研和生产与市场、推广之间的桥梁，组织各方面的力量进行更有效、更便捷的工作机制，形成名优农产品的规模化、产业化种植，打造优质农产品品牌，增强农产品在国内外的优势，产生规模效益，为更有效地参与国际贸易、应对加入WTO后国外农产品的竞争提供技术依据和可靠渠道。

2. 农民专业合作社在增进农民福祉方面的作用

（1）农民专业合作社是促进农民增收致富、提高农民组织化水平的重要途径。发展农村生产力，增加农民收入是农民提高生活水平、生活质量，改善村容村貌，促进乡风文明的物质基础，也是建设社会主义新农村的关键。然而在市场经济条件下，农民单家独户的小规模分散经营，种养面积小、产量低、农业生产成本高，难以形成规模优势；加上信息渠道窄、科技含量低、经济实力弱，农业经济效益并不明显，导致农业作为弱势产业、农民作为弱势群体的现象更加突出。农民专业合作社作为一种由农民互助合作性质的经济组织，通过联合生产、规模经营，可以有效地将分散的资金、劳动力、土地和市场组织起来，以较低的交易成本进入市场，降低交易费用，提高农副产品的附加值，解

决市场“小农户”和“大市场”的对接和适应问题，实现农民持续增收、生活富裕的目的；同时，也有利于解决稳定家庭联产承包责任经营与扩大规模经营的矛盾、农户与龙头企业之间的矛盾，促进农业产业化经营，增强农户和农业的市场竞争能力，逐步提高农户和农业在市场竞争中的谈判地位及参与权重。

（2）农民专业合作社是培养新型农民、提高农民素质以及促进农业科技推广的重要渠道。农民是农村的主人，是社会主义新农村建设的主要力量。建设新农村，应当重视农村人力资源的开发利用，强化农村劳动力的科学技术和职业技能培训，提高农民科技文化素质，培养造就一批有文化、懂技术、会经营的新型农民。而搞好农业科技培训，提高农民专业合作社成员的科技文化技能，则是农民专业合作社为成员提供的主要服务之一。农民专业合作社的培训，往往结合合作社经营的项目，根据实际生产的需要和农时的特点，通过室内讲授、科学示范与现场指导等方式，传播新技术、新信息、新成果，解决生产经营中的现实问题，有很强的针对性和时效性，容易引起农民浓厚的学习兴趣，既有效地提高农民的生产技能和综合素质，也促进了农业科技新成果的普及、推广和应用。同时，农民专业合作社也为广大农民学习市场营销、经营管理、法律等方面知识提供了平台，可以使农民在科技推广、分工协作、组织管理、市场营销、对外联系等方面得到锻炼，有利于增强农民的科技意识和合作精神，提高他们适应市场经济、接受新事物的能力。

（3）农民专业合作社是实行民主管理、民主监督，培养农民民主及合作意识的有效场所。农民专业合作社是在农村家庭承包经营的基础上，由同类农产品的生产经营者或者同类农业生产经营服务的提供者、利用者，自愿联合、民主管理的互助性经济组织，其最大的特点是“民办、民管、民受益”，实行自愿加入、民主管理。每个专业合作社都要求根据自身情况制定合作社章程，章程须对社员代表大会、理事会、监事会的职责，以及培训、财务管理、分配等制度作出明确规定，从而起到规范社员行为、实行民主集体管理的作用。特别是农民专业合作社与社员的经济利益密切相关，每个农民都有根据自己的经济利益及经济要求参与民主决策、进行民主监督的主观愿望和内在积极性，广大社员在直接参与合作经济组织的生产、经营、管理和监督实践中，得到民主管理的锻炼，逐步增强参与意识、民主意识和监督意识。因此，可以说农民专业合作社是农民进行自我教育、加强民主管理、实行民主自治的学校，是提高农民素质的有效途径。

（4）发展农民专业合作社，还有利于建立农民的意愿表达和利益维护机制，化解矛盾冲突，推动农村综合改革。农民是我国最大的社会群体，但分布比较散、组织化程度不高，其意愿的充分表达和利益的有效维护较为困难。农民专业合作社作为代表和维护社员权益的组织，能及时向政府及有关部门反映行业的要求、建议和意见，积极争取相关政策。专业合作社通过集中“过滤”原来分散的农业生产经营者的个体意愿，在一定的法律框架内形成和维护行业整体利益。因此，在与政府的关系方面，一方面，政府是帮扶农民专业合作社的主体；另一方面，借助农民专业合作社，政府既可以通过较少的投入获取决策所需要的比较全面、真实的信息，又可以通过专业合作社的帮助促进政府政策的顺利推行。同时，专业合作社还能够通过规范和约束农民、农业企业的行为和农产品市场，化解行业内外的矛盾，维护农业市场秩序和相关市场主体的经济利益。

（二）农民专业合作社在实践中的典型实例

1. 农民专业合作社促进八达岭农村经济发展①

近几年来，八达岭镇先后建成5家农民专业合作社，包括果品、蔬菜种植等的合作社，各项建设稳步推进，规模不断扩大，管理逐步规范。各专业合作社在促进农村经济发展方面，一是大力塑造品牌，优化农业产业结构。里炮村果品合作社在种植优质有机苹果的基础上，结合设施农业发展趋势，尝试在大棚里种植葡萄、蝴蝶兰等，进一步推动了该村农产品结构的优化升级。帮水峪村种植专业合作社发展特色香槟果种植等，恢复濒临灭绝的小果经济。小浮坨村蔬菜专业合作社除种植蔬菜外，还新增了杂粮等品种。这些农民专业合作社的发展，促进全镇初步形成种植水果、花卉、蔬菜、杂粮等新的特色农业产业格局，同时使全镇特色农业产业结构更趋向规模化。二是发挥中介作用，形成特色农产品产业链。随着农民专业合作社的陆续建立，八达岭镇形成了苹果、蔬菜、花卉、杂粮等特色农产品的产业链，通过实行“企业+合作社+农户”的经营模式，充分发挥农民专业合作社的中介作用，提高了农业产业化经营的总体水平，保证了农产品的销售和价格，实现了企业和农民的双赢。2010年，里炮村出产的200多万斤（1斤=0.5公斤）的里炮红苹果下树仅二十几天不用摆到市场上就全部卖完；在合作社的统一运作下，村里的葡萄，一个月销售3万多斤，收益达120万元。截至当年9月份，小浮坨村蔬菜专业合作社蔬菜已销售600多万公斤，成员户均增收5000多元。

依靠着村里合作社的不断发展和壮大，村民们的生活水平大幅度提高，农

① 佚名：“农民专业合作社领跑八达岭农副产品增收”，北京市延庆县人民政府网站，http://www.bjyq.gov.cn/zwgk/nwdt/jcdt/2c9d9d852ae6b40c012af585dc2a0080.html，2010年12月20日。

民专业合作社成了八达岭农副产品增收的领跑者。

2. 武川县农户种植和经营马铃薯得实惠①

2004 年 3 月，武川县成立了哈乐镇马铃薯种薯协会，协会采取“科技站+种薯协会+会员”的运作模式，哈乐镇科技站负责为种薯协会提供原种，马铃薯种薯协会根据每个会员的种植面积将原种分发到各会员手中。会员将所产原种自己储藏，所产一级种薯由种薯协会统一商标、统一包装、统一销售。剩余部分一级种薯，由种薯协会统一收购、储藏，实行反季节销售。由于协会合理选用优质马铃薯品种，参加协会的会员每亩可增产 400 斤，农户积极性提高，协会带动的农户由最初的 35 户发展到 2005 年的 315 户。除提供优质种薯原种以外，协会还为会员提供技术和信息指导、统一商标和销售、科技知识的普及等。这种模式正逐步向武川县其他乡镇推开，全县的种薯种植组织化网络正在形成。

种薯种植协会选择的利益结合点好，充分调动了参与者的积极性。马铃薯种薯协会以科技站为依托向农户提供优质脱毒种薯原种，农户生产的种薯由协会统购统销，对农户而言，每亩可增产 400 斤，收购价格比市场价高 0.08～0.12 元/斤，两项加起来每户每亩平均增收 120 元；对协会而言，协会统一销售农户的马铃薯可获得 0.05～0.1 元/斤的利润，加上协会自己有一个 400 亩的基地，因此 2004 年利润达 13 万元，为组织的可持续发展提供了保证。

3. 台州农民专业合作社依靠互助合作力量，战胜灾害、恢复生产②

2004 年第 14 号台风“云娜”正面袭击台州，给当地农业生产造成了直接经济损失 26.69 亿元。在自然灾害面前，当地的农民合作社充分发挥了组织互助性，依靠合作的力量，共渡难关。台风来临前，合作社迅速制订紧急预案，发动社员做好防台风准备：仙居县仙黄鸡产销合作社，组织 30 多名技术人员深入到 5 个乡镇的饲养基地，指导抗灾工作；临海市涌泉柑橘合作社紧急发放 5 万元救灾资金，132 名社员都领到了 200～800 元不等的救灾补助；临海市洞林果蔬合作社在第一时间组织社员开展自救技术培训；路桥区大红袍果业合作社，紧急下拨了 160 吨化肥补给给 400 多名社员进行复土施肥……在自然灾害面前合作社显示了抗灾救灾能力。与此同时，各级政府把各种社会救助、政府支援资金通过合作社渠道及时输送到位，增强了合作社的生产自救能力。农民专业合作

---

① 案例参考国务院发展研究中心：《中国农民专业合作社调查》，上海远东出版社，2007 年，第 135、136 页。

② 案例参考国务院发展研究中心：《中国农民专业合作社调查》，上海远东出版社，2007 年，第 71 页。

社成为台州农民抵御自然灾害和恢复生产的新的得力主体。

4. 扩大合作社规模，提高农民的市场竞争能力①

北京市密云县从2004年开始农民专业合作社试点工作。据不完全统计，2007年全县农民专业合作社销售总收入达3.9亿元，全县全部糯玉米、90%的肉鸡、80%的板栗和红薯、70%的鲜奶和柴鸡蛋、50%的鲜果和生猪由农民专业合作社组织销售。

合作社发展初期，多数合作社规模小、资金少、服务能力弱，势单力薄。2005年全县104个农民专业合作社仅有资产130万元（不含社员资产，下同），平均每社仅1.3万元。由于政府扶持力度不断加大及社员的积极投入，合作社的资本迅速扩张。至2007年，全县合作社资产已达到8000万元，平均每社近30万元。合作社的规模也迅速扩大，从2005年的平均每个合作社120户增加到2007年的154户，超过1000户的合作社有5个。并且，跨村、跨乡镇的合作社及合作社联合社越来越多，先后成立了板栗联社、奶牛联社、红薯联社、蘑菇联社等，实现规模化经营，大大提高了农民应对市场竞争的能力。以密云奶业为例，密云的牛奶质量上乘，但在发展奶牛合作社及联社之前，奶农直接面对强势的乳品加工企业，这些企业对收购的牛奶不合理地压级压价，甚至无故拒收，奶农深受其害，导致长期亏损，全县奶业生产处于难以为继的状况。2006年下半年，由一个奶牛合作社发起、14个奶牛合作社参加的奶牛合作社联社设立，联社拥有成年母牛存栏7000头，占全县的70%，建设了自己的奶站和100吨的保鲜罐，购置了3辆25吨级的保鲜运输车和世界上最先进的检验设备，成功开发了廊坊、北京、天津市场。如此强大的实力使其拥有了与乳品加工企业平等协商的地位，获得了可观的商业机会，全县奶业也由此重现生机。

第三节 农民合作社发展中存在的问题

近年来农民专业合作社的发展如火如荼，不仅直接提高了农产品销售水平、实现产业化增收，更显现出其对农村经济发展和“三农”问题的解决的良好推动作用，尤其是《农民专业合作社法》的出台使其运作更加规范、合理。但是在良好的发展机遇下，农民专业合作社也面临挑战，实践中产生了诸多问题。受中国传统的农业经营方式和传统思想的影响，加之农民专业合作社发展历史

① 徐仁发：“密云县农民专业合作社发展情况”，《京郊调研》，2008年第4期。

不长、农业专业化程度不高，农民专业合作社在农村中的普及受阻，导致其总体上数量不多、发展速度较为缓慢、地区和产业之间发展不平衡。[①] 另外，法律制度的缺陷导致农民专业合作社在实践运行中产生了诸如产权不清、内部制度不健全等很多问题。总的来说，目前农民专业合作社发展中遇到的问题存在于外部条件和内部运作两个方面：外部发展条件不成熟，内部制度规范不健全。内部问题的解决是农民专业合作社健康发展的关键，而内部制度规范依赖于外部条件的不断改善，外部条件的欠缺如果不能加以改进，农民专业合作社的发展无异于缘木求鱼。

我国农民专业合作社若要发展成为农村经济力量中的主力军，任重而道远，尚需探索和努力。

一、外部环境引发的障碍与困难

从历史上看，农民专业合作社作为“外来品”[②]，必然会与我国特定的经济、文化和政治背景产生一定的摩擦。新中国成立后，由于思想认识的偏差、外部条件的扭曲，农村合作经济走了许多弯路。现阶段虽然农民专业合作社的发展遇到了良好的机遇，宽松的经济市场条件、政府的推动与扶持也在很大程度上促进了农民专业合作社的推广，但是在外部条件方面依然存在一些问题，亟待改进。

（一）中国农业发展的历史带来的负面影响

1. 历史上合作化运动遗留的不良影响

发端于20世纪50～60年代初的农业合作化以及后来的人民公社化运动给我国当时农村经济的发展造成了相当巨大的损失，在合作化的道路上我们走了很多弯路、经历了一些曲折。同时，这一不良的社会记忆也影响着现今农民专业合作社的推广和应用。

首先，合作化运动的负面效应使得农民专业合作社受到农民本能的抵触。农民专业合作社作为与历史上的合作化运动不同的经济组织形式，其运行规则并不被大众熟知，很多地方的农民并不了解二者之间的区别。在合作化运动和

---

① 刘雅静、张荣林：“我国农民专业合作经济组织发展问题研究”，《山东大学学报》，2007年第3期，第156～159页；陈昭颖、张鑫：“农村经济合作组织发展状况的调查研究——以宜昌市点军区为例”，《法制与社会》，2008年第2期，第253页。

② 对于国外农民专业合作社的比较研究详见本书第三章。

人民公社化运动带给国人负面印象的环境下，农民本能地产生对农民专业合作社的反感，并误认为此举是历史的倒退，没有什么前景。加之，历史上或者现在仍然存在的初级社、高级社、人民公社、供销合作社以及合作基金会、信用合作社等组织给农村大众以纷繁混杂之感，并使之产生混淆。这种环境导致了农民专业合作社的普及受阻，影响到农民专业合作社的数量、规模和发展速度。这也表明合作社知识的普及和教育工作仍然不够，农民专业合作社的辅导和培训需要进一步加强。

其次，合作化运动使得国家的行政势力渗透到农村基层，基层政府的行政势力惯性在人民公社被撤销后的很长一段时间里依然很强，行政权力思想的影响一直未曾消除。农民经营主体地位基本丧失，对政府政策和权力的屈从非常明显，使得农业合作经济组织发展受到一些体制上的约束。合作化运动以来，基层政府相关干部的工作方式和对合作社的认识也亟待转变。

2. 我国农业经济发展制度路径的特殊性

改革开放以来，我国农业经济发展就呈现出与欧美国家（先合作化/横向一体化，而后产业化/纵向一体化）不同的路径（先产业化/纵向一体化，而后合作化/横向一体化）。① 事实上，这种独特的制度演化路径，使得我国农民专业合作社从一开始就与经典的农民专业合作社模式有所不同，也导致我国在引进这一制度时更加关注中国的地域特征。

3. 传统小农经济思想的束缚

中国农村传统的价值观念和文化规范中，比较缺乏市场机制下那种经常要求人们以“平等关系”、“一般信任”为最大“道德保障”的文化资源。受中国传统的小农意识、圈子意识的影响，农民普遍缺乏民主意识、团结互助观念和奉献精神，而这些正是合作社发展的基本文化需要。

（二）农村文化、农村经济和政策环境方面的不利因素

1. 农村文化方面的不利因素

从当前农村的文化氛围来看，存在着不利于农民专业合作社建立的因素。专业合作社不仅是一个单纯的经济组织，更具有特定的内在价值观和道德观。合作社的发展需要一个相对适宜的文化氛围。家庭联产承包责任制实施后，农村主流的价值观念是个人主义，加之中国传统的小农意识的影响，农民普遍缺乏合作社发展的基本文化要求。另外，从目前实践中的农民专业合作社的情况

① 徐旭初：“合作社文化：概念、图景与思考”，《农业经济问题》，2009 年第 11 期，第 90～97 页。

来看，各地方均注重和宣传的是其在农民增收、农业产业化和解决“三农”问题方面的作用，很少有地方重视基本的价值观念的普及，合作社的道德观被忽视甚至是人为回避的现象普遍存在。在当前城乡收入差距较大和农民经济状况恶劣的情况下，真正意义上的、以农民为主体的合作社应当成为保证农民利益的最基本的经济组织形式，没有这一点的保障，合作社很可能成为盘剥农民的新工具，结果将适得其反。逐步发展农民集体行动文化，对塑造合作社的社会环境，尤其是在合作社发展的初期，具有重要作用。农民专业合作社不仅能通过自助、互助的方式保障弱势群体的经济利益，更有助于维护社会的公平与正义、促进农村的精神文明建设，这是社会主义和谐社会的题中应有之义。因此，建立有助于合作社发展的文化氛围和交流沟通机制是一项基础性和长远性的工作。

2. 农村经济方面的不利因素

从当前农村经济状况来看，农民专业合作社受到以下阻碍。

第一，农业与农村发展尚处于较低水平，经济落后地区众多，农民利益和收入分化显著，这些因素决定了我国农民专业合作社在经济实力上的弱小，各地区经济发展的不平衡性加剧了农民专业合作社的形式复杂性。

第二，经营规模的限制是当前农民专业合作社所受到的最大约束。我国单个农户的土地经营规模平均只有0.5公顷，人均和劳均耕地面积与其他国家相比较，不但远小于欧美国家，也远小于日韩等小农国度。① 农民经营规模过小，使得农民财力有限，没有动力为某一特定交易进行耐久性投资。经营规模过小导致农民的交易频率不高，这进一步降低了农民进行专业性投资的可能性。此外，经营规模较小使农民专业合作社陷入两难境地。要想增加自己的市场实力，农民专业合作社就需要扩大规模，而在现有的小农格局下，要扩大规模就意味着增加成员数量，这势必会增加组织和管理上的成本。这一问题使合作社的发展面临一个矛盾：要想降低外部交易成本，增强农民专业合作社的市场实力就要扩大组织规模，吸纳更多的小农户加入，但这又会增加组织的内部交易成本。最为严重的是，农业规模过小导致了发展合作经济组织的交易成本过大，这样一来合作经济组织对农民的吸引力就大大降低。

第三，农村的要素市场，即资本、劳动、土地，特别是土地市场的发育还不完备，生产要素自由组合的条件还不具备。这势必给农民专业合作社的规模和资金实力带来负面影响。

---

① 冯道杰：“我国新型农民合作经济组织发展障碍研究”，《农业经济》，2006年第1期，第47、48页。

第四，农村社区成员的差异性，对农民专业合作社的规模化和稳定性造成威胁。合作社社员的同质性对于农民专业合作社至关重要，合作社成员的异质性使合作社社员的目标难以一致。而改革开放以后中国农村传统的社区结构发生了变化，农民之间的差异性明显，主要表现在：成员之间的年龄、文化程度等个人特性不同引发的差异性；职业和收入来源的多元化引发的经营规模、资本实力、社会关系等不同；成员处于农业产业链的不同环节导致不同成员在合作社创建和发展过程中的角色不同等。这一方面说明农村社会出现分化的现象，另一方面对农民专业合作社而言，意味着成员参与合作社的动机、利益偏好、成员的地位作用、风险承担能力以及由此决定的生产经营策略的不同。农村社区成员的异质性加之经营规模过小，一方面使得人们对农民专业合作社的态度和认知不一致，难以形成共同的意识形态，不利于合作社文化的建立；另一方面使得成员之间的相互依赖程度不对称，使得集体行动的不确定性增强。农民专业合作社是一种农民自建、自享和自营的组织，具有较高的运行成本，人员素质分化表现为很多农户难以承担起运营农业合作经济组织的责任。此外，这种农民分化的情势在很大程度上决定着农村产权主体的异质性，而正是这种产权主体的异质性深刻影响着合作社产生和发展中的文化取向、产权结构及治理决策等。① 如果农民专业合作社不能处理好合作社社员之间的关系，社员对农民专业合作社的信任度就会降低，合作社的决策难度会加大，从而导致合作社的运营成本增加、效率受损并最终影响其良性发展。

总之，尽管农民单独面对市场使其交易具有很大的不确定性，但是他们参加农民专业合作社也面临着各种经济条件的约束。这些约束使得农民自己发展农民专业合作社的交易成本过大，经营结果不确定，导致很多农民依然选择单独面对市场风险这种经营方式。

3. 政策环境方面的制约性因素

扶持农民专业合作社的发展是世界各国的普遍做法和经验总结，政府一般在税收和信贷等方面给予合作社优惠。我国的农民专业合作社目前处在起步阶段，规模较小、发展不平衡、资金和人才技术处于欠缺状态，并呈现出多样性和不规范的特点，客观上也离不开政府的支持和指导。近年来，为了支持农民专业合作社的发展，中央和地方陆续出台了一些扶植和优惠政策且成效显著。但是，农民专业合作社实践中依然存在贷款难、公共服务缺位、技术供给不足等问题，原因在于政府的角色定位和政策干预存在问题，概括来讲主要有以下

① 林坚、黄胜忠："成员异质性与农民专业合作社的所有权分析"，《农业经济问题》，2007 年第 10 期，第 12~17 页。

三种类型。

第一，有些地方政府对农民专业合作社具有排斥心理。农民专业合作社是农民自建、自管、自享的经济组织，对内实行民主管理，对外形成一定的市场效应。在历史上，农民组织曾经在政治上发挥过很大作用，一些基层领导怕新的农业合作经济组织演化为政治力量，对其抱有警惕和排斥心理。此外，农业合作经济组织在很大程度上替代了原有的农业服务组织，即所谓的“七站八所”，这势必会受到相关体制内人员的抵制。农业合作经济组织的本质是和涉农单位争夺农民的利益，而这些涉农单位大多是乡镇集体所有制企业，作为企业的所有者，一些基层人民政策也倾向于集体所有制企业而排斥农民合作经济组织。

第二，政府支持缺位。根据调查[①]，有些地方政府在政策扶植上缺位，对农民专业合作社指导欠缺。具体而言，政策支持的缺位突出表现在以下几个方面：一是融资渠道少，合作社运转困难。我国现有的农民专业合作社大多综合实力不强，缺乏资金支持，而资金是农民专业合作社开展正常的业务活动和发展新产业、扩大经营规模的基本条件。我国现阶段还不具备社会融资的条件，只能依赖金融部门和财政投入。从金融部门的贷款情况来看，目前金融部门提供的金融业务主要有信用贷款和担保贷款，信用贷款的额度有限，对于农民专业合作社来讲杯水车薪，无法满足其基本需要；担保贷款需用抵押，合作社大多数又缺乏有效担保物，很难获得贷款。农村专业合作经济组织若要发展壮大，需要国家金融政策的支持。从政府的财政投入情况来看，财政扶持资金有限且难以落实，财政投入不足。从近几年的各级财政对农民专业合作社的投入来看，政府的投入不断加大，但农民专业合作社接受的投入依然不足，且渠道分散，很难充分发挥作用。二是税收优惠缺乏。目前法律明确规定的扶持措施只有国家税务总局 2007 年 12 月 20 日制定的《关于农民专业合作社有关税收政策的通知》中有关减免增值税、印花税的优惠政策，其他配套法规、规章仍未出台。税收优惠政策的具体和系统执行没有得到落实。三是农业保险投保困难，农民专业合作社的风险难以化解。对于企业化运作的保险公司来说，农产品保险的回报率较低，而亏损的风险却很大，所以保险公司通常不愿为农产品提供保险服务。四是用地困难，制约了农民专业合作社的发展。农民专业合作社要组织集约化、专业化、规范化、规模化的生产，土地流转是关键。但一方面我国土地流转制度在很多方面受到严格限制，另一方面中国农民对土地具有特殊的情感，固守传统思想，守着“一亩三分地”不放，不愿流转出来，这都影响了农

① 南京审计学院课题组：“农村专业合作经济组织发展状况的调研报告”，《市场周刊》，2007 年第 12 期，第 8~10 页。

民专业合作社的产业化和规模化的生产。即使在土地流转的规模越来越大、范围越来越广、形式越来越多样的地区，土地流转的纠纷也大量存在而无法顺畅解决。

第三，政策支持但是干预不当。政策支持从根本上来讲是要平衡好政府的扶持与合作社自我发展的关系。如果合作社一味地依赖政策支持，一旦该政策随着市场化的进程而失效或者政策存在重大失误，合作社就会立即受损，难以为继。因此政府政策应保持适合的度，政府政策有助于合作社节省组织成本，但其过分参与也会成为个人权利最危险的侵犯者。此外，政策介入应有时间限制，在我国合作社发展的初期需要政府大力扶持，但当其进入稳定发展时期，政府就必须适时地退出，转而从外部环境方面为合作社的发展创造条件，提供服务，最终建立政府与合作社之间的平衡关系。从二者目前关系来看，政策调节主要的问题在于我国各级政府对我国农民专业合作社发展期望日重，介入颇深，影响甚大，导致合作社必然地承载某些政府的经济或社会功能，甚至破坏合作社应有的独立性。

（三）农民专业合作社立法方面存在的问题

《农民专业合作社法》作为我国首部专门规范农民专业合作经济组织的法律，在实践中对农民专业合作社的发展起到了巨大的推动作用，在新中国农业发展史上具有重要地位。但仍应看到，《农民专业合作社法》颁布实施后，相关的配套规范和地方实施细则却并未全面跟进，我国农民专业合作社全面的法制化进程依然任重而道远。从《农民专业合作社法》自身来看，亦有不完善之处。

（1）产权制度方面的问题。《农民专业合作社法》对合作社的产权制度作出了较为合理的安排。在所有制形式上，规定农民专业合作社对由成员出资、公积金、国家财政直接补助、他人捐赠以及合法取得的其他资产所形成的财产，享有占有、使用和处分的权利，并以上述财产对合作社的债务承担责任；在资金来源和产权结构上，确定了以社员入股为主的多途径的合法性来源；规定了社员的退社权和相应的退社程序，保证了“入社自愿、退社自由”。这些规定既维护了农民专业合作社的基本经济特征，又使其产权制度富有规范性和现代性，满足了建立规范合理的农民专业合作社的需要。但是，上述有关产权的规定仍显粗陋，比如，在出资制度方面，社员的出资方式、出资期限、是否允许分期出资、社员是否享有出资转让权等均未明确规定；新社员的加入需要符合的条件、履行的程序也语焉不详；此外，“重赋权、轻救济”的立法特征在这部法律中表现得依然明显，如非农民社员比例超出法律规定的限制应如何处理等并未作出规定。这些问题在一定程度上都将直接影响合作社的顺利设立和稳健运行。

（2）组织制度方面的问题。农民专业合作社的内部组织是决定合作社基本特征的基础性制度安排，因此，《农民专业合作社法》对此高度重视，借鉴现代公司治理结构的经验，架构了农民专业合作社的内部组织体系，采取了社员大会、理事会和监事会的模式，在实践中对农民专业合作社的规范运作起到很好的推动作用。但是《农民专业合作社法》在组织机构方面的规定依然存在一些问题，比如，与《公司法》对防范组织制度风险采取的种种努力相比，《农民专业合作社法》采取了躲闪和避而不谈的态度，从而使合作社在实践中将时刻面临组织风险而无法律上的解决途径。

（3）在社员权利制度方面的问题。《农民专业合作社法》作为社员权利保障的"宪章"，在此问题上相当重视，赋予了社员以受益权、表决权、选举权与被选举权、退社权，以及查阅本社的章程、成员名册、成员大会或者成员代表大会记录、理事会会议决议、监事会会议决议、财务会计报告和会计账簿权等权利。但是，与上述两个方面的问题类似，《农民专业合作社法》忽视了社员权利的救济措施，重赋权、轻救济，使社员的权利面临无法实现的困境。比如，成员或成员代表并未被通知参加成员大会，而成员大会召开并通过了决议，此时未被通知参加成员大会的成员或成员代表的权利如何救济，是否可以对成员大会决议向法院提起撤销之诉，成员要求查阅记录、财务会计报告遭到拒绝怎么办，等等，对于这些问题《农民专业合作社法》都没有解决。

（4）合作领域方面的问题。合作领域问题是一个非常具有实践意义的问题，也是《农民专业合作社法》出台后，理论界争论较多的问题。因"担心危及金融安全"、"可能造成金融系统的紊乱"等原因，法律没有将农民合作金融的权利赋予农民。合作社要发展，最重要和最需要的就是资金，合作社获得资金的来源和效率决定了合作社发展的前景。资金快速融通的问题没有解决，将造成合作社难以发展。在实践中，我国的商业银行回避了合作社的快速融资，使合作社资金来源面临诸多困难。其他的融资方式，包括国家的政策银行对合作社进行扶持等，毕竟资金有限，很难满足全国众多的合作社的需求。反观西方一些国家的农村改革，其获得成功的重要原因就在于允许建立农村金融合作社使融资快速、高效。

（5）成员资格方面的问题。《农民专业合作社法》对合作社成员资格限制过多。该法第 14 条第 1 款规定：具有民事行为能力的公民，以及从事与农民专业合作社业务直接有关的生产经营活动的企业、事业单位或者社会团体，能够利用农民专业合作社提供的服务，承认并遵守农民专业合作社章程，履行章程规定的入社手续的，可以成为农民专业合作社的成员。但是，具有管理公共事物职能的单位不能加入农民专业合作社。该款规定在实践中即产生一个问题：根据该款规定，无民事行为能力、限制行为能力的公民不能成为农民专业合作社的成员。该规定不利于对处于特定情况下的弱势农民进行保护，实际上这种农民更需要农民专业合作社的帮助。在处理与合作社有关的权利义务关系方面的事务时，无民事行为能力、限制行为能力人可以通过其法定代理人而为之。因为农民专业合作社的根本宗旨并不是盈利，而是为成员提供农业生产资料的购买，农产品的销售、加工、运输、储藏以及与农业生产经营有关的技术、信息等服务。农民专业合作社成员以其账户内记载的出资额和公积金份额对合作社承担有限责任。这与我国《合伙企业法》里合伙人的无限责任形式不同。基于以上理由，应增加特殊情况下的规定，允许无民事行为能力、限制行为能力的农民加入合作社。

（6）缺乏合作社联社的相关规定。农民专业合作社之间缺乏联合，不但有碍合作社规模和实力的增强，更会导致各种合作社无计划地发展，重复设立而导致相互排挤、争夺市场，不利于增加农民收入和农民专业合作社的良好运转。从我国的实践来看，我国的农民专业合作社大多只经营一种特色产品，同时地域也受很大限制，这必然产生在生产或者销售过程中与其他合作社合作的需要，然而我国的《农民专业合作社法》并没有相关的农民专业合作社之间联合的法律规定，合作者之间的合作欠缺制度保障，不利于合作联社的建立和推广。

概言之，农民专业合作社在我国的产生和发展，从一开始就处于市场化、工业化、城市化、现代化、全球化的复杂进程中，不得不使其自身嵌入中国的文化传统、经济状况、制度结构等多重框架之中，并受到成员的异质化、人才缺失等问题的影响。另外，农民专业合作社在制度规范层面仍有许多不完善之处，这些因素导致了我国农民专业合作社的发展面临异常复杂的问题，需要不断探索。

二、农民专业合作社运作中存在的问题

（一）思想认识上的不足

首先，从农民的整体情况来看，发展农民专业合作社的思想认识不足。思想是行动的指南，人们的认知程度决定行动的效果。我国的农民总体上来讲，文化教育程度普遍较低，经营能力不高，市场意识差，商品观念淡薄。在近30多年中，农民生产什么、生产多少、如何生产都听从于政府的行政命令，从某种意义上来说，农民只是从事生产的劳动者，而非自主生产和独立经营的土地主人。[①] 农民专业合作社是市场经济发展的新型产物，涉及法律、技术、产业、

① 刘难："新型农村合作经济组织发展缓慢之症结分析"，《西北农林科技大学学报（社会科学版）》，2009年第5期，第2、3页。

金融、税收等方面的知识，在我国发展的历史相对较短。培养、造就一批懂合作、善经营、会管理的合作组织“带头人”极为迫切，而要培养农民专业合作社的“能人”还需要一段时间。大多数农民习惯于传统农业生产的思维定式，加上目前合作社处于初始发展阶段，宣传力度不够，示范带动作用不强，不少农民缺乏组织起来共同发展的热情和信心。在实践中有的农民则是不理解成立专业合作社的真正意义，扭曲了发展专业合作社解决一家一户生产经营的实际困难，更好地发挥家庭承包的潜力，促使农民走向市场、增加收入的目的，将创办合作社作为套取国家补助资金的手段。其设立的合作社一般徒具法律形式，成立后并没有按照《农民专业合作社法》进行规范运作，成为“空壳合作社”。

其次，基层政府官员的认识也存在一些偏差。目前，在基层政府部门内部，除农业部门外，其他部门对发展农民专业合作社还没有引起足够的重视，甚至连合作社为何物也知之甚少，因此，对发展农民专业合作社的支持力度不大。以北京为例，虽然近年来北京农民专业合作组织发展速度很快，但有些干部对创建农民专业合作组织的认识仍然不清，不同程度地存在三个误区：一是把新时期的合作组织与新中国成立初期的互助组织相混淆，认为合作组织没有什么前景；二是把合作组织同集体经济组织相混淆，认为原有的集体经济都散了，再建新的合作组织没有必要；三是把合作组织作用与政府职能相混淆，认为政府管不了管不好的事，合作组织也难以奏效。思想认识上的不足导致引导和服务作用弱、支持力度不大，制约了合作社的发展。①

（二）设立和分布情况方面存在的问题

（1）农民专业合作社总体发展较快，但农户覆盖面较低，区域发展不平衡。20世纪90年代以来，农村专业合作经济组织迅速发展，尤其在经济发达地区，显示了很强的活力。但是从学界各种调查数据来看，农户的总体覆盖面积较低，在4%左右。我国农村经济合作组织的半数以上分布在东部，1/4左右分布在中部，西部分布较少。② 一般说来，东部地区合作社的组织目的、制度安排和运营行为往往普遍倾向于市场需求导向，西部地区合作社则多见社员需求导向，而中部地区则取向纷杂；农民（特别是以小户为主）自发形成的合作社往往倾向于社员自我服务为主，而龙头企业、大户等实际控制的则往往强调股份化和市场化。在地区内，农民专业合作社普遍规模小、实力弱，带动功能差、竞争力

---

① 范士永：“财政对农民专业合作组织的扶持方式需调整”，《中国改革报》，2005年9月19日。

② 喻国华：“农村专业合作经济组织发展的限制因素及对策”，《农业经济》，2006年第1期，第53页。

不强，导致整体社会效益和经济效益偏低。

（2）农民专业合作社服务类型简单，服务功能不强。农村专业合作经济组织所涉及的产业类型主要集中在种植业和养殖业上，在加工业、运输业等产业上分布较少，其服务功能比较单薄。

（3）合作社登记不规范。在《农民专业合作社法》颁布以前，农民专业合作社登记不规范的现象普遍存在；该法颁布之后，这种状况虽有所缓解，但表面上是农民专业合作社的形式，实际上仍是家庭模式的现象依然存在，符合《农民专业合作社法》要求的为数不多。①

（4）农民专业合作社之间缺乏联合。全国合作社90%都是微小的经营团体，形成不了带动作用，有实力的合作社只顾利润的赚取，管理、服务没有跟上，双方利益分配缺乏透明度；大的合作社又不愿意联合那些不正规的小合作社，害怕自己被拖垮，种植、养殖、农机等合作社无计划发展和重复建设，造成相互排挤，相互争夺市场。

（三）内部组织结构和运作方面的问题

在合作社的内部运作方面，存在着内部制度不健全、民主管理意识淡薄等问题。据农业部资料，全国140多万个各类农村专业合作经济组织中，规模较大、管理较好、活动较规范的只有9.53万个，仅占6.81%。② 绝大多数农民专业合作社运营效率不高，严重制约其自身发展及其服务功能。

（1）合作社章程不规范。农民专业合作社普遍存在合作社章程不够规范的问题，大多数合作社的章程流于形式，写一套做一套。章程并未充分发挥补充《农民专业合作社法》的自治作用。

（2）组织结构不健全。《农民专业合作社法》对合作社社员的治理结构和利益分配作了严格的规定。但很多合作社理事会、监事会和社员代表大会等组织机构只是流于形式，有的甚至没有设理事会、监事会等机构，更没有社员全体大会一说。相当多的农民专业合作社也并未设财务管理机构和监事机构。③ 在组织健全的农民专业合作社内，监事会、理事会的成员构成也在较大程度上体现着资本权力，按股投票在合作社“三会”表决中仍占有较大比重，且附加表决权占基本表决权的总体额度过大。

---

① 关于登记制度的相关内容，详见本书第二章第四节。

② 丁璐、张跃平：“东西部农村专业合作经济组织对比分析”，《当代经济》，2010年第6期，第92～94页。

③ 郭红东：“中国农民专业合作社发展典型模式、基本经验与对策建议”，《CARD动态》，2011年7月总第48期，第19页。

（3）入股份额不合理、财务管理不规范、分配制度不健全。很多合作社没有明确入股的评估标准。合作社财务管理还比较混乱，财务会计制度也不健全。有的合作社账户设置上出现正式社员和外围社员混杂的现象，有的甚至没有为正式社员设立独立核算账户，且可分配盈余的返还比例在60%以上的仅占31%。[①] 有些合作社财务运行的内部审计完成得较好，但外部审计机制却没有建立起来。

（4）运营模式上存在的问题。从实践中农民专业合作社的运营模式来看，相当一部分农民专业合作社都是生产大户、运销大户、龙头企业等少数“带头人”在获利机会驱使下带动的结果，在这个过程中，各级政府出于对“三农”问题的重视，也积极地推动并介入其中，但唯独缺乏市民社会基础，广大农民的参与程度不够。参与主体的多样性以及成长路径的外生型，造成当前的农民专业合作社内部成员具有异质性，外部社会经济环境具有复杂性。[②] 具体表现在诸如组织机构设置、权力配置等运作管理方面不够规范，随意性很大。

（5）效益观念低和利润分配缺乏透明度。在实践中存在两种相反的现象，全国农民专业合作社90%以上都是微小的经营团体[③]，很多专业合作社效益观念较低；而有的合作社则只顾利润的赚取，管理、服务功能却没有跟上。

在利润分配制度上，许多合作社成员并不知晓何为股金分红和利润返还，更不知如何从这两种途径中获得经济利益，取而代之的是以降低交易成本获取利润；实践中还有很多合作社的管理者利用职务之便私扣利润，未按规定在税后利润中提取固定的公积金和公益金，使合作社难以持续发展。

---

① 米新丽：“论农民专业合作社的盈余分配制度——兼评我国《农民专业合作社法》相关规定”，《法律科学》，2008年第6期，第93页。

② 黄胜中、徐旭初：“成员异质性与农民专业合作社的组织结构分析”，《南京农业大学学报》，2008年第8期，第1~7页。

③ 黄胜中、徐旭初：“成员异质性与农民专业合作社的组织结构分析”，《南京农业大学学报》，2008年第8期，第1~7页。

第二章

农民专业合作社的基本法律问题

在中国，农民专业合作社是一种新型的商事主体，尽管已经由专门法律所确认，但对其法律性质和特征及其应遵循的原则等基本法律问题的认识仍在探索中。此类基本法律问题的解决关系到相关法律制度的有效实施和进一步完善。本章将对农民专业合作社的概念、法律性质和特征、原则、与其他的异同等问题进行理论研究和探讨，以期对上述基本法律问题的解决有所助益。

第一节 农民专业合作社的概念、法律性质和特征

一、农民专业合作社的概念

《农民专业合作社法》第2条明确将农民专业合作社定义为“在农村家庭承包经营基础上，同类农产品的生产经营者或者同类农业生产经营服务的提供者、利用者，自愿联合、民主管理的互助性经济组织”。我国许多省市就农民专业合作社所制定的条例或管理办法也大都采纳了这一定义。[①] 此即现今我国对农民专业合作社的官方定义。

但是，学界对农民专业合作社概念的理解仍存在着较大的分歧。究其原因，既有内因，也有外因。内因在于我国属农业大国，存在着类型较为丰富的农民经济组织：在我国，仅官方文件中提及的相关概念就有“农村专业合作组织”(党的十六届三中全会报告)、“农民专业合作组织”(2004年和2005年的中央1号文件)、“农民专业合作经济组织”和“农产品行业协会”(《农业法》和2006年的中央1号文件)、“农民专业协会”(80年代产生至今仍大量存在)、“农民专业合作社”(近几年使用较多并且被《农民专业合作社法》所采用)、“农村经济协会”(民政部)等，这些名称都来自权威的文献和实践的探索，且都体现了成员围绕农产品生产、经营、服务而进行的不同程度的合作内容。[②] 正如有的学者所指出的，“农民合作经济组织”、“农村合作经济组织”、“农业合

---

① 如《北京市实施〈中华人民共和国合作社法〉管理办法》、《黑龙江省农民专业合作社条例》和《山东省农民专业合作社条例》完全采纳了《农民专业合作社法》对农民专业合作社的定义；《浙江省农民专业合作社条例》第3条将农民专业合作社定义为“在家庭承包经营的基础上，从事同类或者相关农产品的生产经营者，依据加入自愿、退出自由、民主管理、盈余返还的原则，按照章程进行共同生产、经营、服务活动的互助性经济组织”，此定义也基本与《农民专业合作法》的定义相吻合。

② 童日晖：“浙江省发展农民专业合作社的理论和实践”，《农村经营管理》，2006年第7期，第25页。

作经济组织”或“农民专业合作经济组织”、“农民专业合作组织”、“农民合作组织”等就是指由农业从业者为了谋求、维护和改善其共同利益，按照自愿、公平、民主、互利等原则，通过共同经营活动建立起来的经济组织，其大致都可适用合作社的定义。[①] 但是，这些称谓的外延很复杂，其所包含的组织的范围是不同的，因而，这些称谓所指的是同样的组织还是存在着包含与被包含的关系，公众及相关学者对此都有不同的理解，在许多文献中也未能将其区分开来。事实上，《农民专业合作社法》这部法律的名称本身也几经波折，立法过程中存在着较大的争议。2003 年 12 月十届人大常委会进行立法规划时将其命名为《农民合作经济组织法》，2006 年 6 月 24 日第一次审议时又将其改为《农民专业合作经济组织法（草案)》，在此次审议过程中，委员们对“农民专业合作经济组织法”这一名称提出了不同的观点。例如，周正庆、胡德平委员提议去掉“专业”两字，以放宽此法的调整范围；郑功成、王涛、汤洪高、奉恒高等委员则提议不提“农民”，而改称“农村合作经济组织法”或“农业专业合作组织法”或“农业合作经济组织法”。[②] 2006 年 8 月 22 日在十届全国人大常委会第二十三次会议上第二次审议时，又将此名称修改为《农民专业合作社法（草案)》。外因则在于农民专业合作社是我国所特有的概念，难以借鉴国外相关概念对其进行界定。在国际上，农村合作性组织有 cooperatives、farmer cooperatives、agricultural cooperatives、rural cooperatives 和 cooperatives organizations 等称谓，它们大多是我国农民专业合作社的上位概念，并没有与其直接对应的概念；同时，国际上合作社研究文献中也没有“农民专业合作社”（farmer professional cooperative）一词。在这一背景下，显然，无法借鉴国外的相关概念对农民专业合作社进行定义。

尽管如此，现今在我国提及农民专业合作社，仍大多以上述官方定义为准。该定义包含以下几层内涵：①农民专业合作社以农村家庭承包经营体制为基础，不改变农村家庭承包经营体制、不改变农村现有的生产关系。这实质上也揭示了农民专业合作社产生及发展的大背景，从而将其与传统的农村集体经济组织以及 20 世纪 50 年代的合作社、人民公社区分开来。②农民专业合作社的成员被限定为同类农产品的生产经营者或者同类农业生产经营服务的提供者、利用者。③农民专业合作社是由相关人员自愿联合而成的。④农民专业合作社实行民主

① 徐旭初：“农民专业合作经济组织的制度分析——以浙江省为例”，浙江大学 2005 年博士学位论文，第 6 页。

② 参见“发言摘登：农民专业合作经济组织法草案（二)”，中国人大网，http：//www. npc. gov. cn/npc/xinwen/2006-07/02/content_ 350245. htm，2010 年 9 月 27 日。

管理的经营管理方式。⑤农民专业合作社具有互助性，表明农民专业合作社的目的在于保护在市场经济中已沦为弱势群体的单个农民和农户，而不在于营利，从而将农民专业合作社与公司、企业等组织区分开来。总体来看，这一定义较好地反映了农民专业合作社的某些实质特征，从而使人们能够将其与其他组织区分开来。但这一定义也存在着两点不足：一是仅笼统地将农民专业合作社定性为经济组织，未准确揭示其法律性质；二是未体现农民专业合作社的某些本质特征。

二、农民专业合作社的法律性质

农民专业合作社作为合作社的下属概念之一，其本质上仍是合作社。我国并无合作社的统一立法，《农民专业合作社法》第2条将农民专业合作社笼统定性为经济组织；同时，其第4条规定，“农民专业合作社依照本法登记，取得法人资格”。《北京市实施〈中华人民共和国合作社法〉管理办法》第8条也明确规定，设立农民专业合作社的，应向所在区、县工商行政管理部门提出设立登记申请，依法取得农民专业合作社法人营业执照；《浙江省农民专业合作社条例》第4条和《江苏省农民专业合作社条例》第9条也明确赋予了农民专业合作社法人资格。可见，我国现行立法倾向于将农民专业合作社定性为法人。同时，域外立法也大都倾向于将合作社定性为法人。但是，我国学界对合作社的法律性质仍存在较大争议。

（一）域外相关立法例简介

如前所述，农民专业合作社是我国特殊背景下的产物，国外并无与之完全对应的合作社组织。但是，由于其本质仍是合作社，因而，域外立法关于合作社性质的界定对我们仍有较大的借鉴意义。产生于1844年的罗虚代尔公平先锋消费合作社（简称罗虚代尔公平先锋社）被公认为世界上第一个现代意义上的合作社[1]。合作社发展至今，经历了160多年的时间，自身获得了巨大的发展。

---

① Co-operative History：The Rochdale Pioneers：Co-operatives started out as small grassroots organisations in Western Europe，North America and Japan in the middle of the last century，however，it is the Rochdale Pioneers that is regarded as the prototype of the modern co-operative society and the founders of the Co-operative Movement. In 1844 a group of 28 artisans working in the cotton mills in the town of Rochdale，in the north of England established the first modern co-operative business，the Rochdale Equitable Pioneers Society. The weavers faced miserable working conditions and low wages，and they could not afford the high prices of food and household goods. They decided that by pooling their scarce resources and working together they could access basic goods at a lower price. Initially，there were only four items for sale：flour，oatmeal，sugar and butter. 参见国际合作社联盟网，http：//www. ica. coop/ica/index. html，2011年8月7日。

同时，与合作社相关的法律规范也随之发展并成熟。至今，许多国家或地区相关法律都对合作社的法律性质作出了规定。

1. 德国立法关于合作社法律性质的界定

德国《合作社法》虽无合作社属法人的明确表述，但其第 17 条第 1 款规定，登记合作社拥有独立的权利及义务，可以拥有财产和其他不动产权利，并可以起诉和被诉。[①]《德国民法典》第一草案第 41 条规定："人之社团与财团其自身具有享有财产权利、承担财产义务之能力。"该草案之理由书对此解释道："对民法来说法人的本质在于，可依实证法而赋予某一人之社团或某一财产集合体享有本属于自然人的财产能力。甚至可进一步地说，法人与财产能力就是同一个意思……"虽然《德国民法典》最终未采取上述做法，放弃对法人概念作内容上的界定，但依其第 1 条的规定，具有法律意义上的人格，其标志就是各个体的权利能力。而依法人具有与自然人相同的法律地位以及根据第 21 条、第 22 条及第 80 条规定之表述亦可推出，法人作为主体资格之标志亦是其所具有的权利能力。[②] 因此，德国《合作社法》的上述规定实质上即肯定了合作社的法人性质。同时，《联邦德国营利合作社和经济合作社（1983)》规定，注册合作社作为法人独自拥有其权利和义务，可以购买财产和地产的其他物权；合作社作为商人在商法典中意义相同。2006 年《德国经营及经济合作社法》第 17 条也规定，注册合作社拥有独立的权利和义务，可以获得土地所有权和其他物权，可以在法院起诉和应诉；合作社适用商法典意义上的商人，只要本法不存在与之相抵触的规定。[③]

2. 日本、瑞士和我国台湾地区立法关于合作社法律性质的界定

日本、瑞士和我国台湾地区都在相关法律中明确界定了合作社的法人性质。日本《农业协同组织法》第 5 条规定，农业协同组合和农业协同组合联合会是法人；《瑞士债法典》第 828 条规定，合作社是指由不确定数目的自然人和贸易公司组成的法人组织；我国台湾地区"合作社法"第 2 条规定，合作社为法人。

3. 法国立法关于合作社法律性质的界定

法国在其 1972 年《合作社法》中将合作社定义为"不同于民事企业和贸易

① 冯兴俊："合作社基础法律问题探析"，载王保树：《中国商法年刊（2006）——合伙与合作社法律制度研究》，北京大学出版社，2007 年，第 289 页。

② 〔德〕托马斯·莱赛尔："德国民法中的法人制度"，张双根译，《中外法学》，2001 年第 1 期，第 26 页。

③ 何黎清、邓声菊："一些国家和地区关于合作社立法的一些规定"，《农民经营管理》，2006 年第 3 期，第 45 页。

企业的一类特殊企业”，但同时强调“它具有独立法人权利和完全民事权利”。[①] 可见，尽管合作社为“特殊企业”，但实质上被肯定具有法人性质。同时，法国《农业合作社公司》规定，农业合作社公司以及农业合作社公司联盟，是特殊种类的公司，既不同于民间团体，也不同于商业性公司；农业合作社具有法人资格，具有充分享受和执行法定权利的能力。[②]

4. 美国立法关于合作社法律性质的界定

美国并没有全国统一的合作社法，但几乎每个州都有合作社的立法，且大都肯定了合作社的法人性质。[③] 例如，加利福尼亚州合作社法规定，“合作社是由基本的生产者或消费者或两者组织起来主要为股东共同利益进行合法业务的法人”；纽约州合作社法第 3 条也规定，“合作社是依本法或其他特别法设立，为其社员提供帮助和服务的法人”；俄克拉何马州合作社法第 1 部分 C 条第Ⅰ项及第Ⅳ项分别规定，“合作社在法律上代表其成员”，“合作社是由成员享有其股份的法律实体”。

5. 俄罗斯立法关于合作社法律性质的界定

《俄罗斯联邦民法典》虽无明确合作社法人性质的条文，但其将合作社置于“法人”之下的安排实质上肯定了合作社的法人性质。[④]

（二）我国学界的主要观点

我国学界针对合作社的法律性质主要形成了集体经济组织说、企业说、法人说和法律地位多元说等学说。

1. 集体经济组织说

有学者认为合作社属集体经济组织，将合作社定义为劳动群众联合起来，自愿组合，使用共同占有的生产资料，共同进行劳动、生产的集体经济组织[⑤]；或称合作社为劳动群众在志愿互利的基础上，联合起来共同筹集资金，共同劳动，并共享劳动成果的互助性集体经济组织。[⑥]

---

① 全国人大农业与农村委员会代表团：“法国农业合作社及对我国的启示”，《农村经营管理》，2005 年第 4 期，第 43、44 页。

② 何黎清、邓声菊：“一些国家和地区关于合作社立法的一些规定”，《农民经营管理》，2006 年第 3 期，第 46 页。

③ 董惠江：“论合作社的主体地位”，载王保树：《中国商法年刊（2006）——合伙与合作社法律制度研究》，北京大学出版社，2007 年，第 382、383 页。

④ 冯兴俊：“合作社基础法律问题探析”，载王保树：《中国商法年刊（2006）——合伙与合作社法律制度研究》，北京大学出版社，2007 年，第 287 页。

⑤ 杨坚白：《合作经济学概论》，中国社会科学出版社，1990 年，第 8 页。

⑥ 马俊驹：《现代企业法律制度研究》，法律出版社，2000 年，第 359、360 页。

2. 企业说

有学者主张将合作社定性为企业，认为合作社是社员联合所有、社员民主控制、社员经济参与并受益的特殊的企业组织。[①]

3. 法人说

我国众多学者都主张将合作社定性为法人，但其所主张的法人类型又有所不同，因此，又可分为社团法人说、非营利法人说、合作社法人说、特殊法人说和营利法人说等。

（1）社团法人说。有学者将合作社定义为在互助合作的基础上，通过共同经营的方法为社员谋取经济利益和谋求生活改善的社团法人。[②] 还有学者将合作社定义为根据合作原则组建并运行的，贯穿互助精神的社团法人。[③]

（2）非营利法人说。有学者认为，合作社既不符合企业法人的营利性要件，也不符合社团法人的公益性要件，因而既不能将其归入企业法人的范畴，也不能将其归入社团法人的范畴，而应将其归于非营利法人的范畴，主张合作社是介于营利法人与公益法人之间的中间状态的法人。[④] 因此也有人将其称为“中间法人说”。

（3）合作社法人说。持此说的学者认为现行民法通则上的法人分类中无法给合作社提供一个准确的归属，因而主张有关合作社的单行立法不应“羞于表达”，而应明确地将合作社规定为合作社法人。[⑤]

（4）特殊法人说。有学者指出，合作社对外作为独立的经济实体，在追求利润最大化这点上与以公司为代表的企业法人相同，但合作社对内是以实现自我服务为宗旨的互助互利的组织，这又与典型的企业法人存在着明显的区别，有着自己的特殊性。因而，其主张将合作社定位为特殊的企业法人，即与公司相并列的一类特殊的企业法人。[⑥]

（5）营利法人说。持此说的学者认为，将合作社归于非营利法人既不符合合作社的行为特征，也不符合国际、国内对合作社的理解，因而主张合作社应

---

① 徐旭初：《中国农民专业合作社的制度分析》，经济科学出版社，2005 年，第 45 页。

② 张俊浩：《民法学原理》（上册），中国政法大学出版社，2000 年，第 185 页。

③ 王艳林：《中国经济法理论问题——探求经济法走向成熟的思考与评论》，中国政法大学出版社，2001 年，第 261 页。

④ 梁慧星：“合作社的法人地位”，载梁慧星：《民商法论丛》，金桥文化出版社（香港）有限公司，2003 年，第 266 页。

⑤ 朱晓娟：“合作社的法律概念——兼评《中华人民共和国农民专业合作社法（草案）》”，载王保树：《中国商法年刊（2006）——合伙与合作社法律制度研究》，北京大学出版社，2007 年，第 301 页。

⑥ 王利明：《民法总则研究》，中国人民大学出版社，2003 年，第 439 页；蔡润英：“农业合作社定义及其法律地位探析”，《企业经济》，2006 年第 3 期，第 158~160 页。

归属于营利法人，即以分配利益作为其成立目的的法人①。我国台湾学者大多也持此观点，如郑玉波教授明确主张，合作社属于营利法人②；而有学者认为合作社属于营利法人，只是法律上给予了公益法人的免税待遇。③

4. 法律地位多元说

有学者认为，由于合作社类型的多样性，规模的大小不一，不宜将之统一确定为法人。合作社的主体地位，可由合作社发起人自行确立，其可以选择为有限责任性质合作社、股份合作社等法人形式，也可选择为合伙组织、合作社分社等非法人组织形式。④

在我国，农民专业合作社在实践中已作为商主体参与经济活动，立法层面也肯定了其商法人地位。⑤ 笔者认为，农民专业合作社满足了取得商主体资格的三大实质要件：其一，依据《农民专业合作社法》的规定，农民专业合作社能够通过自己的行为或意志独立进行商事活动，具备享有商事权利和承担商事义务的资格或能力，即具备商事能力。其二，农民专业合作社是以营利为目的的经济组织。尽管农民专业合作社的经营活动表面上看分为对内交易和对外交易，即农民专业合作社与其成员的交易和农民专业合作社与其他市场主体的交易，但是对内交易的目的是为了对外交易，对外交易的目的最终也是为了满足其成员的盈利需求。虽然成立农民专业合作社的根本目的在于社员互助，但互助目的的实现仍然依赖于农民专业合作社在对外交易中营利。基于互助性质的对内交易并不以营利为目的，但合作社的生存和发展则应当以营利为基础。因而，合作社为社员服务之宗旨并不否定其以营利性活动为业。其三，农民专业合作社是以自己的名义进行经营的。《农民专业合作社法》规定，设立农民专业合作社的条件之一为具有法律、行政法规规定的名称。农民专业合作社是以自己的名义从事商事经营，以自己的经营行为享受权利，履行义务及承担法律责任。农民可以选择现有的法定组织形式（或为法人形式，或为合伙、合作社分社等非法人形式）进行合作，但如此一来其并非是具有特殊意义的合作社，即不能

---

① 冯兴俊："合作社基础法律问题探析"，载王保树：《中国商法年刊（2006）——合伙与合作社法律制度研究》，北京大学出版社，2007 年，第 289 页。

② 郑玉波：《民法总则》，中国政法大学出版社，2003 年，第 166～168 页。

③ 黄立：《民法总则》，中国政法大学出版社，2002 年，第 114 页。

④ 谭启平："论合作社的法律地位"，《现代法学》，2005 年第 4 期，第 120 页。

⑤ 全国人大农业与农村委员会和中华人民共和国农业部 2007 年 1 月 5 日印发的《〈中华人民共和国农民专业合作社法〉宣传提纲》中明确解释："《农民专业合作社法》从我国农民专业合作社的发展实践出发，借鉴国外相关立法经验，从设立条件、内部机构设置、民主决策方式、责任承担形式、盈余分配机制等方面创设了一整套有别于其他市场主体的法律制度，明确了其作为市场主体的法律地位，填补了我国市场主体立法的空白。"

满足农民专业合作的特殊要求。如果选择这些方式，则须分别遵守公司法、合伙企业法等法律规范。然而，恰恰因为农民专业合作具有一定的特殊性，现有的各种类型的企业法均无法满足这种特殊性要求，所以才需要专门立法创设新型的商主体。但这并不妨碍农民们根据需要通过设立公司或合伙企业达到营利目的。新型的商事主体的确立，为农民之间的合作提供了更多的选择。

（三）农民专业合作社法律性质辨析

在严格奉行商主体法定原则的中国，对农民专业合作社商主体地位的肯定必然会引发下一问题：农民专业合作社属哪种形式商事组织？依组织形式的不同，商主体分为商个人、商法人、商合伙三大类。在我国，商个人的具体表现形式包括个体工商户、农村承包经营户、个人独资企业以及特殊的从事商品买卖活动的人（如摊贩、游商、手工匠人等）；商法人主要包括企业法人和通过商事登记的事业单位法人；商合伙在我国则被称为合伙企业，指自然人、法人和其他组织依照《合伙企业法》在我国境内设立的普通合伙企业和有限合伙企业。[①] 合作社具有显著的人合性，其与商个人存在较明显的区别，而争议较大的是合作社应归于商合伙还是商法人。

1. 农民专业合作社法律性质之商法人之争

在我国，众多学者主张将合作社定性为法人，主要理由包括：①国外的合作社法几乎都赋予了合作社法人地位，因而，在我国，合作社也应被赋予法人地位。[②] ②从我国现行相关法律文件来看，大多也肯定了合作社的法人地位。[③] ③赋予合作社独立的人格，有利于其成为市场交易主体，便利地参与法律交易。而不赋予合作社法人地位将会使得合作社参与经济交往受到限制，这将影响到合作社的生存与发展。[④] ④合作社大都符合我国《民法通则》中规定的法人应具备的四个条件（依法成立，有必要的财产或者经费，有自己的名称、组织机构

---

① 赵旭东：《商法学》，高等教育出版社，2007 年，第 30～34 页。

② 米新丽：“论农业合作社的法律性质”，《法学论坛》，2005 年第 1 期，第 60 页；王静：“农村专业合作经济组织的法律地位分析”，《农村经济》，2005 年第 9 期，第 98～100 页。

③ 中共中央和国务院《关于深化供销合作社改革的决定》第五项下明确规定供销合作社具有独立的法人地位；中国人民银行发布的《农村信用合作社管理规定》第 2 条、《城市信用合作社管理办法》第 2 条都明确规定信用合作社是企业法人；国务院住房制度改革领导小组、建设部、国家税务局关于印发《城镇住宅合作社管理暂行办法的通知》第 3 条明确规定住宅合作社具有法人资格；《农民专业合作社法》第 4 条也明确农民专业合作社登记后取得法人资格。参见冯兴俊：“合作社基础法律问题探析”，载王保树：《中国商法年刊（2006）——合伙与合作社法律制度研究》，北京大学出版社，2007 年，第 288 页。

④ 冯兴俊：“合作社基础法律问题探析”，载王保树：《中国商法年刊（2006）——合伙与合作社法律制度研究》，北京大学出版社，2007 年，第 288 页。

和场所，能够独立承担民事责任），因而可将合作社定性为法人。①

有学者所指出，“国外的合作社法几乎都赋予了合作社法人地位”这一理由具有较强的主观性，未充分考虑各国的立法背景、立法传统以及特殊的法律制度等因素，由于立法理念、立法传统、立法政策选择以及具体法律制度的差异，各国对合作社授予法人资格所依赖的理论基础和立法条件是不同的，他国的理论基础和立法条件并不一定适合中国。② 然而，笔者以为，赋予合作社以法人地位，最主要的目的在于给予合作社独立的法律地位，使合作社的经营风险与其成员相对分离，借此满足合作社成员营利但无须承担太大的风险的需求。从这一意义上讲，多数国家的立法例应无本质区别。

笔者赞同将农民专业合作社定性为法人。在我国特定的历史和现实条件下，如此定性无论从应然角度还是从实然角度都是妥当的。

从应然角度看，农民专业合作社是在我国市场经济条件下，农民这一相对弱势的群体的自愿联合体，其功能在于组织社员联合进入市场，通过为社员提供农业生产资料的购买，农产品的销售、加工、运输、储藏等服务③，增强组织化程度，以增强其市场竞争力、改善农民在市场中的弱势地位。这一目的使得参与市场交易成为农民专业合作社生存和发展的必要手段，赋予农民专业合作社独立的地位，使其能作为独立的主体参与经济活动，有利于上述目的的实现。法人制度的一大功能即为对具有内在人格化条件的组织体赋予权利主体的属性，以便利其参与法律交易。④ 因而，基于农民专业合作社的功能及目的，有必要将农民专业合作社定性为法人。农民专业合作社的功能决定了其需要对外交易，在交易中获取收益。而对外交易与对内交易的本质差别在于是否具有营利性，合作社的经营目标则是利润最大化以满足成员利益。经营便需要财产，且在一定意义上需要独立的财产。众所周知，独立财产对于商事组织的意义主要体现于两个方面：一是经营投资之基础；二是承担独立责任之保障。独立的财产既能为农民专业合作社的对外经营活动提供资金保障，又能为农民专业合作社独立责任、成员有限责任制度提供基础，从而达到既保护成员这一弱势群体又不过分忽视对债权人保护的法律和社会效果。

从实然角度看，我国《农民专业合作社法》第 4 条明确规定，“农民专业合

① 董惠江：“论合作社的主体地位”，载王保树：《中国商法年刊（2006）——合伙与合作社法律制度研究》，北京大学出版社，2007 年，第 384 页。

② 欧阳仁根、陈岷等：《合作社主体法律制度研究》，人民出版社，2008 年，第 14 页。

③ 《农民专业合作社法》第 2 条第 2 款：“农民专业合作社以其成员为主要服务对象，提供农业生产资料的购买，农产品的销售、加工、运输、贮藏以及与农业生产经营有关的技术、信息等服务。”

④ 龙卫球：《民法总论》（第二版），中国法制出版社，2002 年，第 334 页。

作社依照本法登记，取得法人资格”，并于第10条规定了设立农民专业合作社应具备的5个条件[①]。可见，农民专业合作社基本满足我国法律规定的法人成立的要件。[②] 但是，对农民专业合作社是否拥有独立的财产以及能否独立承担责任仍存在较大争议。而能否独立承担民事责任由是否拥有独立的财产决定，因而，能否将农民专业合作社定性为法人很大程度上取决于其是否拥有独立的财产。我国学界对于农民专业合作社的财产产权归属众说纷纭，存在私有财产说、集体产权说、复合产权说、联合所有说及法人财产说等学说。[③] 从现行制度设计来看，农民专业合作社的资本制度设计确不如公司法人严格[④]，但这并不能从根本上动摇农民专业合作社的独立财产制：农民专业合作社的财产主要由成员出资、公积金、国家财政直接补助、他人捐赠以及合法取得的其他资产这五项构成。[⑤] 对于后三项资产的所有权归于农民专业合作社似无争议；对于前两项资产，由于农民专业合作社奉行入社自愿、退社自由原则[⑥]，且成员资格终止时，农民专业合作社应退还记载在成员账户内的出资额和公积金份额，因而，其所有权是否归于农民专业合作社存在较大争议[⑦]。笔者认为，成员账户只是便利落实入社自愿、退社自由原则及鼓励农民参与农民专业合作社的工具，这一工具的存在并不否定农民专业合作社对成员出资及公积金拥有所有权。即使这两项资产在成员退出时转移至该成员，但在合作社成员退出前对该部分资产的归属并不构成影响。因此，虽然这两类资产的所有权可能因“退社自由”而变动较为频繁，但这并不能否定其为农民专业合作社独立财产的组成部分。只是针对农民专业

---

① 《农民专业合作社法》第10条规定：“设立农民专业合作社，应当具备下列条件：（一）有五名以上符合本法第十四条、第十五条规定的成员；（二）有符合本法规定的章程；（三）有符合本法规定的组织机构；（四）有符合法律、行政法规规定的名称和章程确定的住所；（五）有符合章程规定的成员出资。”

② 《民法通则》第37条规定：“法人应当具备下列条件：（一）依法成立；（二）有必要的财产或者经费；（三）有自己的名称、组织机构和场所；（四）能够独立承担民事责任。”

③ 详见本书第四章第三节的相关论述。

④ 在我国，公司实行法定资本制，奉行资本确定原则、资本维持原则和资本不变原则，且有最低资本额度的规定。参见赵旭东：《商法学》，高等教育出版社，2007年，第235～246页。

⑤ 《农民专业合作社法》第4条规定：“农民专业合作社依照本法登记，取得法人资格。农民专业合作社对由成员出资、公积金、国家财政直接补助、他人捐赠以及合法取得的其他资产所形成的财产，享有占有、使用和处分的权利，并以上述财产对债务承担责任。”

⑥ 《农民专业合作社法》第3条规定：“农民专业合作社应当遵循下列原则：（一）成员以农民为主体；（二）以服务成员为宗旨，谋求全体成员的共同利益；（三）入社自愿、退社自由；（四）成员地位平等，实行民主管理；（五）盈余主要按照成员与农民专业合作社的交易量（额）比例返还。”

⑦ 刘丽萍：“合作社产权制度探析”，载王保树：《中国商法年刊（2006）——合伙与合作社法律制度研究》，北京大学出版社，2007年，第280页；彭真明、文杰：“农业合作社的法律分析”，载王保树：《中国商法年刊（2006）——合伙与合作社法律制度研究》，北京大学出版社，2007年，第373页。

合作社独立财产的这一特性，需要在责任承担制度上进行特殊设计，以平衡农民专业合作社成员与其债权人之间的利益关系。①

2. 农民专业合作社法律性质之商合伙之争

将农民专业合作社定性为合伙企业亦不影响其商主体地位，也便利其参与经济活动，但是，相对于法人而言，合伙企业不具有独立人格这一优势。由于合伙企业成员需对合伙债务承担无限连带责任②，这显然有违于设立农民专业合作社的初衷，难以达到“提升农民市场经济地位、保护农民弱势群体的利益”这一目标。

3. 农民专业合作社的法人类型之争

如前所述，赞成将农民专业合作社定性为法人的学者们对农民专业合作社法人类型归属颇有分歧，形成社团法人说、非营利法人说、合作社法人说、特殊法人说和营利法人说等代表学说。社团法人与财团法人、营利性法人与非营利性法人是大陆法系对法人的传统分类。我国民法对于法人的分类并没有采取大陆法系传统的分类标准和方法，根据我国《民法通则》的规定，我国民事法人包括机关法人、企业法人、事业单位法人及社会团体法人四种。但是，民事法人不一定是商法人。在我国，只有企业法人和特殊情况下办理商事登记的事业单位法人可以成为商法人，法律原则上禁止机关法人和社团法人成为商法人。③ 因此，依我国现行法律，商法人主要包括企业法人和特殊情况下办理商事登记的事业单位法人两类。笔者认为，在肯定农民专业合作社商法人属性的基础上，只有在充分论证我国现行商法人类型无法将农民专业合作社涵盖在内的前提下，方能说明创设新型法人之必要。

（1）事业单位法人。事业单位，作为我国的专业术语，是指从事非营利性的、社会各项公益事业的组织。④ 我国《民法通则》第50条第2款规定，具备法人条件的事业单位，依法不需要办理法人登记的，从成立之日起，具有法人资格；依法需要办理法人登记的，经核准登记，取得法人资格。由此可见，事业单位法人首先必须是事业单位，从事非营利性的社会公益事业。农民专业合作社的宗旨虽为服务成员，但此服务仍与为公众服务的社会公益事业有所区别。同时，事业单位法人一般不参与商品生产和经营活动，虽然有时也能取得一定

---

① 有关该问题具体见本书第四章第四节“农民专业合作社的责任形式”的讨论。

② 虽然有限合伙人以其认缴的出资额为限对合伙企业债务承担责任，但其享有的权利与普通合伙人有所差异，且合伙企业成员不能全部为有限合伙人。

③ 顾功耘：《商法教程》（第二版），上海人民出版社、北京大学出版社，2006年，第44页。

④ 龙卫球：《民法总论》（第二版），中国法制出版社，2002年，第342页。

利益，但其所获利益只能用于其目的事业，不能分配给出资人。[①] 这与奉行盈余返还原则的农民专业合作社存在本质上的区别。因而，显然无法将农民专业合作社纳入事业单位法人的范畴。

（2）企业法人。我国以是否从事经营活动为标准，将法人分为企业法人与非企业法人。[②] 企业法人是指依法设立的具有法人资格的营利性的经济组织。根据现行法律规定，我国企业法人主要包括具有法人资格的国有企业、集体所有制企业、私营企业、外商投资企业、联营企业等类型。决定能否将某一法人组织归于企业法人的重要因素即是否从事营利性活动。

我国农民专业合作社的宗旨在于为社员服务，因而有学者以此为据，主张农民专业合作社非以营利为目的，故不宜于将其定位为企业法人。[③] 对此观点，笔者持不同见解。笔者认为，合作社为社员服务的宗旨与其从事经营性活动并不相悖。如前所述，农民专业合作社为社员服务的目的及组织社员联合进入市场、改善农民在市场中的弱势地位的功能决定了其需要对外参与经济活动，且以营利为目的，否则其助农功能无以发挥。因此，农民专业合作社这一法人组织本质上符合企业法人的特质，应将其归于企业法人。

但是，农民专业合作社亦不同于公司等一般的企业法人。成立农民专业合作社的根本目的在于为农民提供服务，以改善农民弱势地位、增进农民福祉。农民专业合作社对外的营利性活动只是实现该目的的手段，这一特点导致其在财产制度与决策制度上与一般的企业法人存有差异。[④] 同时，基于助农的要求，农民专业合作社享有许多其他类型的企业法人没有的优惠，例如，国家或地方政府财政资助、税收优惠等。需要强调的是，上述差异并不影响农民专业合作社的企业法人性质，基于其具有的本质性特征——从事营利性活动，以及其具有的不同于一般企业法人的特殊性，应将农民专业合作社定位为“特殊的企业法人”。

4. 小结

综上，农民专业合作社本质上是企业法人，同时，鉴于其与公司等一般企业法人存在差异，笔者主张，将农民专业合作社定性为特殊的企业法人。这一定性既准确反映了农民专业合作社的本质属性，亦突出了农民专业合作社不同于一般的企业法人这一特质，为相关法律制度的创设及国家优惠政策的倾斜提

---

① 王超：“我国农民专业合作社法人地位的探析”，《法制与社会》，2007 年第 9 期，第 651 页。

② 江平：《民法学》，中国政法大学出版社，2007 年，第 93 页。

③ 彭真明、文杰：“农业合作社的法律分析”，载王保树：《中国商法年刊（2006）——合伙与合作社法律制度研究》，北京大学出版社，2007 年，第 370 页。

④ 详见本章第三节“农民专业合作社与公司的区别”。

供了理论依据。

三、农民专业合作社的特征

农民专业合作社作为合作社的下位概念，必然具备各类合作社所共有的特征。同时，农民专业合作社也具备某些特质，使其与其他合作社区分开来。概括来讲，农民专业合作社的特征主要包括两部分：一是与其他合作社所共有的特征，即一般特征；二是农民专业合作社独有的特征，即本质特征。

（一）一般特征

农民专业合作社的一般特征主要包括以下三项。

（1）合作社成立的目的在于满足其成员共同的经济和社会需求。满足成员共同的经济和社会需求是合作社成立和存续最根本的原因，也是合作社最本质的特征。具体而言，这共同的经济和社会需求因合作社种类的不同而多种多样，如农民专业合作社成立的目的在于为其成员提供农业生产资料的购买，农产品的销售、加工、运输、储藏以及与农业生产经营有关的技术、信息等服务，以满足其成员共同的经济和社会需求；信用合作社成立的目的在于提供金融服务，以满足其成员共同的经济和社会需求；供销合作社成立的目的在于为农业、农村、农民提供综合服务，以满足其成员共同的经济和社会需求……简言之，虽然此共同的经济和社会需求表现形式多种多样，但合作社宗旨都在于服务成员。因此，这一特征亦将合作社与公司这一组织区分开来：公司的使命在于实现自身利益的最大化从而实现股东投资利益的最大化，公司的营利性是其与生俱来的本性；合作社以服务成员为宗旨，其营利性则是为实现这一宗旨而附属的特征。[①]《农民专业合作社法》第3条第2项明确规定了农民专业合作社“以服务成员为宗旨，谋求全体成员的共同利益”，体现出了农民专业合作社符合合作社的这一特征。

（2）在经营管理上，合作社奉行民主管理之原则，具有较强的自治性。这一特征也是由合作社成立的目的决定的。如前所述，合作社的宗旨在于为社员服务，它是通过与社员交易和为社员提供直接服务来实现其宗旨的。因而，对合作社的经营管理制度的设计也应考虑到这一特点。为保证合作社能够顺利地与其社员进行交易，防止合作社为少数人所控制，应在其经营管理上强调民主管理，对其内部机构进行民主控制。《农民专业合作社法》的相关规定也体现了

① 本章第三节中将对这一区别进行详细论述，见下文。

这一特点，明确规定合作社成员大会的选举和表决实行一人一票制（虽然它也规定了附加表决权，但限定了附加表决权的总票数不得超过成员基本表决权总票数的20%）；理事会会议、监事会会议的表决实行一人一票制。这表明农民专业合作社以一人一票的表决制度作为其决策制度的基础，强调内部机构的民主控制。这一特征也是合作社与公司的主要区别之一：公司的表决机制一般以资本多数决为基础，并不强调民主管理。

（3）与合作社交易是社员的重要权利之一。如前所述，合作社的宗旨在于为社员服务，而其为社员服务的主要途径是与社员交易或对社员直接提供服务，因而，与合作社交易是社员的重要权利之一。从合作社的产生也可看出，获得与合作社的交易机会以改变其弱势地位是人们创建合作社的重要动因。这一特征既将合作社与公司、合伙企业区分开来，也将其与协会等社会团体区分开来。因为公司是对外开展营利活动的企业法人，《公司法》限制董事、高管人员与公司进行交易，股东与本公司的交易也多受控制；合伙企业也主要是通过对外经营活动来满足合伙人的经济需求，一般也禁止普通合伙人与本企业进行交易；而协会等社会团体则仅提供服务，并不会与其成员发生经济上的往来。《农民专业合作社法》规定，农民专业合作社奉行"盈余主要按照成员与农民专业合作社的交易量（额）比例返还"；农民专业合作社与其成员的交易、与利用其提供的服务的非成员的交易，应当分别核算；成员账户中应记载该成员与合作社的交易量（额）；可分配盈余按成员与合作社的交易量（额）比例返还。这些规定也都间接肯定了社员的这一重要权利。

（二）本质特征

以上合作社所共有的一般特征将农民专业合作社与其他非合作社组织区分开来；农民专业合作社所独有的如下本质特征，将农民专业合作社与其他种类的合作社组织区分开来。

（1）农民专业合作社以农村家庭承包经营体制为基础。这一特征反映了农民专业合作社产生及发展的大背景，从而将农民专业合作社与传统的农村集体经济以及20世纪50年代的合作社、人民公社区区分开来。如前所述，从土地产权制度来看，新中国成立至今，我国农地产权制度主要经历了土地的农民个人所有制、互助合作社（包括初级社、高级社）下的单一的土地集体所有制、土地集体所有制下的农村家庭联产承包责任制三个阶段的变迁。在农村家庭承包经营体制下，不改变土地集体所有，但赋予了农户从事家庭经营的农地承包权（包括使用权、经营权和收益权），而正是这一以农户为单位的经营制度，造就了农民专业合作社的生存空间，即解决分散的农户经营造成的生产、销售中的劣势，采取相关措施（如以组织名义帮助分散的农户进行对外交易）保护分散的农户的利益，克服其在经济活动中的弱势地位。由此看来，农民专业合作社与我国20世纪50年代的合作社、人民公社的产权制度背景是不同的：前者以农村家庭联产承包责任制为核心的农地产权制度为基础，后者则以单一的土地集体产权制度为基础。在单一的土地集体产权制度下，不可能也没必要产生农民专业合作社这一合作经济组织，农民专业合作社组织是农村家庭承包经营体制下特有的产物。

（2）农民专业合作社的成员是同类农产品的生产经营者或者同类农业生产经营服务的提供者、利用者。虽然《农民专业合作社法》第3条中明确规定其成员以农民为主体，但从该法第2条关于农民专业合作社的定义可以看来，并非任何农民都可成为农民专业合作社的成员，其成员仅限于同类农产品的生产经营者或者同类农业生产经营服务的提供者、利用者。这一特征将其与其他合作社区分开来。例如，农村信用社的成员是向农村信用社入股的农户以及农村各类具有法人资格的经济组织（《农村信用合作社管理规定》第3条）；住宅合作社的成员是城镇居民和职工（国务院住房制度改革领导小组、建设部、国家税务局关于印发《城镇住宅合作社管理暂行办法的通知》第3条）。

（3）农民专业合作社的主要功能在于为其成员提供农业生产资料的购买，农产品的销售、加工、运输、储藏以及与农业生产经营有关的技术、信息等服务。虽然合作社的宗旨都在于为社员服务，但不同类型的合作社所提供的服务有所不同。例如，信用合作社提供金融服务（《农村信用合作社管理规定》第2条）；住宅合作社的主要任务则在于发展社员、组织社员合作建造住宅，负责社内房屋的管理、维修和服务，培育社员互助合作意识，向当地人民政府有关部门反映社员的意见和要求，兴办社员居住生活服务的其他事业（国务院住房制度改革领导小组、建设部、国家税务局关于印发《城镇住宅合作社管理暂行办法的通知》第4条）；供销合作社的办社宗旨则在于为农业、农村、农民提供综合服务（中共中央和国务院《关于深化供销合作社改革的决定》第二项）。功能定位的不同是农民专业合作社与其他合作社的重要区别之一。

第二节　农民专业合作社的原则

《农民专业合作社法》第3条对农民专业合作社所应遵循的原则作出了明确的规定，但这一规定是否科学、是否完善，学者们仁者见仁，智者见智。本节将结合国际合作社原则的演变和合作社原则的理论基础，论证我国农民专业合作社应当遵循的基本原则。

一、国际合作社原则的演进

国外并没有农民专业合作社这一概念，因而，也没有与之完全相对应的合作社原则可借鉴。但是，农民专业合作社作为合作社的下位概念之一，国外有关合作社的原则的理论对我们仍有较大的借鉴意义。

现代意义上的合作社自1844年发展至今已有160多年的历史，其间，合作社原则随着合作社的发展不断变迁，但人们较公认的国际合作社原则文本仅有三个①，即“罗虚代尔原则”（The Rochdale Principle）、1966年《国际合作运动指南》中的“合作社原则”和1995年《关于合作社特征的宣言》（Statement on the Co-operative Identity）提出的“曼彻斯特原则”。

（一）“罗虚代尔原则”

世界上最早的现代意义上的合作社于1884年在英国成立，即罗虚代尔公平先锋社。合作社成立之初，社员在总结前人经验的基础上，制定了一套本社所特有的经营管理制度：①入社自愿、退社自由；②一人一票；③现金交易，不赊购赊销；④货真价实，足斤准尺；⑤按市价销货；⑥按惠顾量分配盈余；⑦重视社员教育；⑧在政治和宗教上保持中立。这一整套制度也被称为罗虚代尔经营管理原则。

随着合作社的蓬勃发展，国际合作社联盟（International Co-operative Alliance，ICA）② 于1895年成立了，加入联盟的首要条件是承认罗虚代尔经营管理原则。同时，国际合作社联盟经过1934年大会的讨论，于1937年正式通过决议，将合作社原则归纳为七项，称之为“罗虚代尔原则”，此原则的主要内容是：①门户开放（入社自愿、退社自由）；②民主管理（一人一票）；③按交易额分配盈余；④股本利息应受限制；⑤政治和宗教信仰中立；⑥实行现金交易；

---

① 朱晓东：“农民专业合作社基本法律原则研究”，河北经贸大学2007年硕士学位论文，第30页。

② Founded in 1895, the International Co-operative Alliance is an independent, non-governmental organisation which unites, represents and serves co-operatives worldwide. It is the largest non-governmental organisations in the world. ICA members are national and international co-operative organisations in all sectors of activity including agriculture, banking, fisheries, health, housing, industry, insurance, tourism and consumer co-operatives. Currently, ICA has 253 member organisations from 94 countries, representing approximately 1 billion individuals worldwide. 参见国际合作社联盟网，http://www.ica.coop/ica/index.html，2011年8月7日。

⑦促进社员教育。[①] 至此，国际合作社联盟完成合作社原则的首次制定工作，最早国际公认的合作社原则也由此诞生了。

（二）“合作社原则”

随着时间的推移和认识的深化，在遵守“罗虚代尔原则”基本精神的前提下，人们开始探究如何完善合作社原则，使之更加符合合作社实践的需要。1966 年维也纳第 23 届大会制定了《国际合作运动指南》，并在《指南》中对“罗虚代尔原则”进行了修订，称之为“合作社原则”；1984 国际合作社联盟大会对修订后的原则进行了确认。至此，国际合作联盟完成合作社原则的第二次制定工作，此原则主要包括以下六项内容[②]：

（1）入社自由。任何人只要能够利用合作社的服务，并承担社员的责任，都可以入社。不受人为的限制以及任何社会、政治、种族或宗教的歧视。

（2）民主管理。合作社是民主的组织，其事务应由依社员所认同的方式选举或指定人员管理，并对社员负责。基层合作社的社员在投票及参与合作社决策时享有平等的权利（一人一票）。其他层次的合作社应在民主的基础上以适当的方式管理。

（3）资本报酬适度。股金不能分红。如果支付股金利息，其利率应严格限制，不能超过市面通行的普通利率。

（4）合作社经营盈余或剩余为该合作社社员所有。其分配方式可由社员从下列办法中进行选择：①用于合作社发展业务；②用于合作社举办公共事业；③按社员与合作社交易额的比例分配给社员。

（5）合作社教育。所有合作社都应对其社员、管理人员、职工以及一般大众进行教育，使他们理解合作社在经济、民主方面的合作社原理与活动方式。

（6）合作社之间的合作。为了更好地为社员及社区的利益服务，所有合作社应以各种切实可行的方式与地方性的、全国性的以及国际性的合作社组织加强合作。

（三）“曼彻斯特原则”

1995 年，国际合作社联盟为庆祝国际合作社联盟成立 100 周年在英国曼彻斯特召开第 31 届代表大会，会上通过了《关于合作社特征的宣言》，对“合作

---

① 刘惠、苑鹏：《合作社与股份合作社——制度的分析与比较》，辽宁大学出版社，2003 年，第 77 页。

② 刘惠、苑鹏：《合作社与股份合作社——制度的分析与比较》，辽宁大学出版社，2003 年，第 78、79 页。

社原则”重新进行了界定和详细说明，该原则被称为“曼彻斯特原则”。这标志着国际合作社联盟完成了合作社原则的第三次制定工作，它是目前国际上所公认的合作社原则。此原则主要包括以下七项内容①：

（1）自愿和开放的社员原则。合作社是自愿的组织，对所有能够利用合作社服务和愿意承担社员义务的人开放，无性别、社会、种族、政治和宗教的歧视。

（2）社员民主管理的原则。合作社是由社员管理的民主的组织，合作社的方针和重大事项由社员积极参与决定。选举产生的代表，无论男女，都要对社员负责。在基层合作社，社员有平等的选举权（一人一票）。其他层次的合作社组织也要实行民主管理。

（3）社员经济参与原则。社员要公平地入股并民主管理合作社的资金。但是入股只是作为社员身份的一个条件，若分红要受到限制。合作社盈余按以下某项或各项目进行分配：用于不可分割的公积金，以进一步发展合作社；按社员与合作社的交易量分红；用于社员（代表）大会通过的其他活动。②

（4）自主和自立的原则。合作社是由社员管理的自主自助组织，合作社若与其他组织包括政府达成协议，或从其他渠道募集资金，必须做到保证社员民主管理并保持合作社的自主性。

（5）教育、培训和信息的原则。合作社要为社员、选举的代表、经理和雇员提供教育和培训，以更好地推动合作社的发展。合作社要向公众特别是青年人和舆论名流宣传有关合作的性质和益处。

（6）合作社间的合作原则。合作社通过地方的、全国的、区域和国际的合作社间的合作，为社员提供最有效的服务，并促进合作社的发展。

（7）关心社区的原则。合作社在满足社员需求的同时，要推动所在社区的持续发展。

在现代意义上的合作社产生并发展至今的160多年间，社会在不断变迁，合作社的生存环境也不断地变化，这一变化从根本上决定了合作社原则的演进。

---

① 管爱国、刘惠译：“合作社定义、价值和原则”，《中国供销合作经济》，1995年第12期，第3、4页。

② 3rd Principle：Member Economic Participation Members contribute equitably to，and democratically control，the capital of their co-operative. At least part of that capital is usually the common property of the co-operative. Members usually receive limited compensation，if any，on capital subscribed as a condition of membership. Members allocate surpluses for any or all of the following purposes：developing their co-operative，possibly by setting up reserves，part of which at least would be indivisible；benefiting members in proportion to their transactions with the co-operative；and supporting other activities approved by the membership. 参见国际合作社联盟网，http：//www. ica. coop/coop/principles. html，2011年8月7日。

但是，从合作社原则演进过程中可以看出，合作社原则虽被不断修订，但某些作为合作社本质性规定的基本原则仍被信守下来，这些基本原则主要包括：

（1）入社自愿原则。尽管国际合作社原则几经变迁，但其自始至终都信守了入社自愿原则，只是不同的文本中的表述有所不同：在“罗虚代尔原则”中，其被表达为门户开放（入社自愿、退社自由）；在“合作社原则”中，其被表达为入社自由；在“曼彻斯特原则”中，其被表达为自愿和开放的社员原则。

（2）民主管理原则。上述国际合作社原则都明确规定了民主管理原则，且都强调了一人一票的决策机制。

（3）社员经济参与原则。经济参与原则实质上包括两方面内容，一是社员入股合作社，但分红受限制；二是盈余分配办法的规定。虽然直至“曼彻斯特原则”，才出现社员经济参与原则，但其所包含的两个实质性内容自始就存在：“罗虚代尔原则”中将其表达为股本利息应受限制和按交易额分配盈余；在《国际合作运动指南》“合作社原则”中则在规定资本报酬适度原则之余，另具体规定了盈余分配的方式。

二、《农民专业合作社法》对国际合作社原则的继承与发展

《农民专业合作社法》在继承国际合作社原则的基础上，作出了符合中国国情的创新性规定，从而进一步发展了国际合作社原则。

《农民专业合作社法》第 3 条明确规定，农民专业合作社应当遵循下列原则：①成员以农民为主体；②以服务成员为宗旨，谋求全体成员的共同利益；③入社自愿、退社自由原则；④成员地位平等，实行民主管理；⑤盈余主要按照成员与农民专业合作社的交易量（额）比例返还。

（一）《农民专业合作社法》对国际合作社原则的取舍

通过对比我国《农民专业合作社法》规定的农民专业合作社原则与国际合作社原则的规定，我们不难发现，《农民专业合作社法》所规定的五项原则中有三项是从国际合作社原则中继承而来的：①入社自愿、退社自由；②成员地位平等，实行民主管理；③盈余主要按照成员与农民专业合作社的交易量（额）比例返还。

《农民专业合作社法》所继承的三项国际合作社原则也正是作为合作社本质特征而始终被传承、信守的三个基本原则。当前国际公认的“曼彻斯特原则”中包含了七项具体原则，我国仅采纳了前三项，而将后四项予以舍弃，其原因

在于："头三项原则是各合作社内部所拥有的典型特征，后四项原则既影响合作社内部活动，又影响着合作社外部的关系。"① 合作社的这三项基本原则，是为合作社保持其本性、防止异化所必需的，并不会因合作社所处地域不同而影响其存在的必要性，因而被国际合作联盟信守、被我国继承。而合作社外部关系原则的采纳与否在很大程度上取决于国家对相关问题的态度。如合作原则是否在立法时被接受，就取决于国家对反垄断的态度，因为，一旦在法律中写入"国家支持合作社之间的联合和合作"，就意味着合作社在这个国家取得了反垄断的豁免权。又如自治和独立的原则也不是合作社一厢情愿可以决定的，必须有国家的支持，实际上是由国家的干预程度来决定合作社自治和独立的程度。再如教育、宣传和培训不但取决于国家的支持，在某种程度上甚至可以是国家的义务。而关心社区的原则也是由国家对企业社会责任的认可程度所决定的。② 因而，《农民专业合作社法》对国际合作社原则三取四舍的做法应该是基于我国的实际国情而作出的选择。

但是，《农民专业合作社法》对国际合作社原则中三项原则的继承仍存在一些缺陷。如前所述，"曼彻斯特原则"中所坚持的经济参与原则包含分红受限制和盈余分配方式两方面内容，这两方面内容都是合作社本质特征的反映，是为了更好地维护合作社的本性，从而防止其异化。而《农民专业合作社法》中仅规定了"盈余主要按照成员与农民专业合作社的交易量（额）比例返还"，虽然这一规定已经在一定程度上限制了分红，但似乎不十分明确，缺少对分红限制的直接规定。

（二）《农民专业合作社法》的创新之处

除从国际合作社原则中继承而来的三项原则外，《农民专业合作社法》还规定了成员以农民为主体和以服务成员为宗旨、谋求全体成员的共同利益这两项基本原则，属我国的创新之处。

如前所述，农民专业合作社的本质特征之一是成员身份特殊——农民，即同类农产品的生产经营者或者同类农业生产经营服务的提供者、利用者。因而，将"成员以农民为主体"作为农民专业合作社的原则予以规定确属必要。这一原则在一定程度上也反映出在我国创设这种新型商事主体的必要性，即维护农民专业合作社的特性，防止其被异化。同上述三项原则一样，其实质上也属于

① 管爱国、刘惠译："国际合作社联盟关于合作社定义、价值与原则的详细说明"，《中国供销合作经济》，1995 年第 12 期，第 6 页。

② 朱晓东："农民专业合作社基本法律原则研究"，河北经贸大学 2007 年硕士学位论文，第 34 页。

反映基本特征的原则的范畴，因而也应受到同等待遇——立法将其明确规定为农民专业合作社的基本原则。

同时，通过前文论述可知，合作社最本质的特征在于其成立目的是满足成员共同的经济和社会需要。若将这一最本质特征上升为原则将能从根本上防止合作社的异化，其也属于特征原则的范畴。因而，《农民专业合作社法》将“以服务成员为宗旨，谋求全体成员的共同利益”规定为农民专业合作社应遵循的基本原则也是完全符合我国的实际需要的。

第三节　农民专业合作社与其他组织的异同

对农民专业合作社概念和性质的争议持续已久，各家观点不一。《农民专业合作社法》体现了立法者对争议的回应。以下仅在该法的框架下，探寻农民专业合作社与其他相关组织在制度设计上的差异，以便更准确地把握农民专业合作社的本质。

一、农民专业合作社与公司的异同

公司，是指股东依照公司法的规定，以出资方式设立，股东以其认缴的出资额或认购的股份为限对公司承担责任，公司以其全部独立法人财产对公司债务承担责任的企业法人。[①] 农民专业合作社与公司具有很多相似性，如均具有法人资格，均需复数成员才能组成，成员仅承担有限责任，组织机构设置类似等。但农民专业合作社作为一种新的法人类型，其制度设计与公司存在很大的差别。

（一）设立宗旨

公司是以营利为目的的企业组织。所谓营利性，是指公司通过经营获取利润，以较少的经营投入获取较大的经营收益，并将其盈利在成员中进行分配。营利是一切企业组织存在和活动的基本动机和目的，是经营活动的出发点和归属点，营利是企业的生命和根本。因此，营利性也称为企业性，不论是独资企业、合伙企业，还是公司企业，无不以营利为其目的。[②] 公司作为企业法律形态中最典型的一种，是把社会闲散的资金集合起来用以创造利润的一种企业组织

---

① 赵旭东：《公司法学》（第二版），高等教育出版社，2006 年，第 2、3 页。

② 赵旭东：《公司法学》（第二版），高等教育出版社，2006 年，第 3 页。

形式，其使命在于实现自身利益的最大化从而实现股东投资利益的最大化，公司的营利性是其与生俱来的本性。

与公司略有不同，农民专业合作社以服务和互助为宗旨，而合作社的营利性则是为实现这一宗旨而附属的性质。从《农民专业合作社法》确立的农民专业合作社的定义和原则中可以看出，农民专业合作社的设立是为了服务其成员。单个农户在竞争中的劣势地位促使他们建立互助、互利组织，通过合作社为成员提供服务，使成员联合进入市场，以节省交易费用、增强市场竞争力、增加成员收入。因此，农民专业合作社最主要的使命在于为社员提供服务，而不在于为社员赚取投资利益。[①] 当然，作为一个重要的市场主体，农民专业合作社也对外经营，但对外经营是服从于为成员服务这一根本宗旨的。

（二）组建基础

公司是人以财产进行的联合。[②] 这有两个层面的含义：第一，公司的成立必须有人的联合。传统民商法将法人分为社团法人和财团法人。前者以人的集合为基础，如公司；后者以财产的集合为基础，如基金会。公司由两个以上的股东组成，单独一人一般不能组成公司。[③] 第二，人的联合方式是共同出资。公司组成的方式是共同出资。出资额构成公司的资本，并用以实现公司的目的。出资是取得股东资格的唯一途径。由此可见，人的联合最终还是落实到资本的联合上。

不论是我国《公司法》第23条对有限责任公司设立条件的要求，还是第77条对股份有限公司设立条件的规定，都将具有法定人数的股东（发起人）、股东出资（发起人认购和募集的股本）达到法定资本最低限额作为公司设立的首要前提。

农民专业合作社的成立以劳动的联合为基础，资本的联合从属于劳动的联合。这种以劳动联合为基础的特性体现在三个方面：第一，合作社成员合作的基础。从《农民专业合作社法》对农民专业合作社的定义中可以看到，农民专业合作社之所以能够成立，其基础就在于其成员均从事性质相同或相似的劳动，从而产生相同的需求，而合作社就是为从事这类特定劳动的人提供服务，以满足他们共同的需求。[④] 合作社的成员同时也是合作社服务的对象。第二，成员资

---

① 米新丽：“论农业合作社的法律性质”，《法学论坛》，2005年第1期，第60页。

② 赵旭东：《公司法学》（第二版），高等教育出版社，2006年，第7页。

③ 我国《公司法》在以公司社团性为原则的基础上，允许有例外，即一人公司和国有独资公司。

④ 赵鲲、门炜：“关于合作社基本特征的分析和思考——从合作社与有限责任公司对比的角度”，《中国农村观察》，2006年第3期，第25页。

格的取得。根据《农民专业合作社法》的规定，成为农民专业合作社成员的条件是：能够利用农民专业合作社提供的服务；具有民事行为能力的公民，或者是从事与农民专业合作社业务直接有关的生产经营活动的企业、事业单位或者社会团体。① 换句话说，农民专业合作社成员资格的取得并不以出资为条件，只要具备上述两个条件，就可以成为农民专业合作社的成员。第三，农民专业合作社的其他制度都是建立在劳动而非资本的基础上的。农民专业合作社中的表决权分配、盈余分配与成员的出资关系甚微。农民专业合作社成员大会的选举和表决，实行一人一票制②，每个成员均享有一票的基本表决权，并不因出资的多少而有差别。③ 而盈余则主要是按成员与合作社的交易量（额）的比例返还④，也非以出资为基本衡量标准。

一言以蔽之，公司是以资本为基础的人的联合，而农民专业合作社则是以劳动为基础的人的联合。

（三）资本制度

公司资本，是公司成立时章程规定的，由股东出资构成的财产总额。公司资本是公司经营活动的物质条件和公司对外承担责任的基本保证。《公司法》对公司资本的要求主要是：第一，资本三原则，即资本确定原则、资本维持原则和资本不变原则。资本确定是指公司在设立时，必须在章程中对公司的资本总额作出明确规定，并须全部认足或募足，否则公司不能成立。资本维持又称资本充实，是指公司在其存续过程中，应经常保持与其资本额相当的财产。资本不变便是指公司的资本一经确定，即不得随意改变，如需增减，必须严格按照法定程序进行。⑤ 第二，最低资本额制度。它要求公司成立时，其资本必须达到一定的数额，否则不能成立。我国《公司法》第 26 条、第 81 条对注册资本的规定，第 28 条、第 31 条以及第 94 条对股东出资义务及责任的规定，第 92 条对股份有限公司股本抽回的限制，均是公司资本制度的体现。

而农民专业合作社并没有像公司这样严格的资本制度。事实上，可以说农民专业合作社中根本没有资本制度。遍观《农民专业合作社法》，其中并未出现“资本”这个概念，而仅有“出资”、“资产”和“财产”这些概念。农民专业合作社成员对合作社的出资是合作社承担债务责任的财产的一部分，记载于成

---

① 参见《农民专业合作社法》第 14 条、第 15 条。
② 参见《农民专业合作社法》第 17 条。
③ 关于农民专业合作社表决权的问题在后文详述。
④ 参见《农民专业合作社法》第 37 条。
⑤ 赵旭东：《公司法学》（第二版），高等教育出版社，2006 年，第 224～228 页。

员账户之中①，但并无“农民专业合作社资本”这一说法。

《农民专业合作社法》没有“资本”这一概念并非立法的疏漏，而是符合农民专业合作社特点的。首先，农民专业合作社的原则之一是“入社自愿、退社自由”②。成员加入需要出资，成员退社则要退还出资。③ 因此成员的出资总额始终处于一个不断变化的状态。所以公司中的资本三原则在合作社中根本没有适用的土壤。其次，如前文所述，农民专业合作社是以劳动为基础的人的联合，而不是资本的联合，成员的出资不是合作社成立的基础，所以法律对农民专业合作社的成立自然也无“最低资本”的要求。

（四）产权制度

公司拥有独立财产④。传统公司法理论一般认为，公司是其财产的所有人，对其财产享有法律上的所有权。公司财产由股东出资、公积金和其他途径获得的财产构成。

《农民专业合作社法》赋予农民专业合作社法人地位，而法人的典型特点之一就是拥有独立的财产。从逻辑上来讲，农民专业合作社拥有独立的财产是立法应有之意。不过，《农民专业合作社法》并未明言农民专业合作社有独立的财产。该法第4条第2款规定，农民专业合作社对由成员出资、公积金、国家财政直接补助、他人捐赠以及合法取得的其他资产所形成的财产，享有占有、使用和处分的权利，并以上述财产对债务承担责任，未如我国《公司法》那样⑤规定农民专业合作社享有法人财产权，也未表明农民专业合作社对上述四个来源组成的财产享有所有权。同时，《农民专业合作社法》第36条规定，农民专业合作社为每个成员设立成员账户，记载成员的出资额、量化为该成员的公积金份额以及成员与合作社的交易量（额）。这与公司有很大区别。股东各自的出资额以股东名册和出资证明书或者所持股份表彰，公司的公积金不分割，不归于每个股东名下。公司的财产是一个统一的整体。

（五）表决机制

公司设股东（大）会，农民专业合作社有成员大会，其组成和职责基本相同。但在表决权的分配上却有本质差别。

---

① 参见《农民专业合作社法》第4条、第5条、第36条。

② 参见《农民专业合作社法》第3条第（三）项。

③ 参见《农民专业合作社法》第18条、第21条。

④ 参见《公司法》第3条。

⑤ 参见《公司法》第3条。

资本多数决是公司的基本原则，在股东（大）会的表决权上体现得尤为明显。根据我国《公司法》第43条、第104条的规定，股东在股东（大）会上按照出资比例或者所持股份数行使表决权，出资越多的股东拥有的表决权就越多。

与之不同，农民专业合作社以民主管理为原则①，成员大会的选举和表决实行一人一票制②，每个成员都有一票的基本表决权，不论出资多少。作为例外，《农民专业合作社法》第17条第2款还规定了“附加表决权”，出资额或者与农民专业合作社交易量（额）较大的成员按照章程的规定可以享有附加表决权。③但同时又规定农民专业合作社的附加表决权总票数不得超过该社成员基本表决权总票数的20%。因此，附加表决权绝不是资本多数决，也不是交易量（额）多数决，它作为一种例外且受到总量上的限制，并不能动摇和改变农民专业合作社一人一票的民主管理模式。

（六）交易规则

不论是公司还是农民专业合作社，都要进行经营活动。在与一般主体进行对外交易中二者没有区别，这里主要讨论公司、农民专业合作社与特殊主体的交易。

根据我国《公司法》第149条第1款第4项的规定，董事和高级管理人员（简称高管）不得违反公司章程的规定或者未经股东会、股东大会同意，与本公司订立合同或者进行交易。这项规定被称为董事、高管自我交易的相对禁止。董事和高管是公司的内部人员，且董事通常同时还是股东（除国有独资公司的职工董事和上市公司的独立董事外），而高管往往也持有公司的股份。如果允许自我交易，那么董事和高管很有可能将个人利益凌驾于公司利益之上，违反其忠实义务。因此，各国普遍禁止自我交易。但禁止也非绝对的，如果公司章程规定，或者经过股东（大）会同意，董事和高管就可以与公司进行交易，并且这种交易所遵循的规则与公司和其他主体的交易规则没有任何差别。

农民专业合作社的交易分为对内交易和对外交易两种。对内交易是与本社成员的交易，对外交易则是与本社成员以外的人交易。农民专业合作社交易规则与公司相比有三个特殊之处：第一，农民专业合作社的内部交易是常态而非例外。农民专业合作社的成立就是以服务成员为宗旨的，而合作社的这种服务

---

① 参见《农民专业合作社法》第3条第4项。

② 参见《农民专业合作社法》第17条。

③ 参见《农民专业合作社法》第17条。

通常是通过与成员之间的交易完成的。[①] 第二，农民专业合作社的内外交易遵循不同的交易规则。与成员交易，成立农民专业合作社的主要目的不在于营利，而在于服务，在于互助。所以，在内部交易中，遵循的不是市场规则，而是成本原则。[②] 在对外交易中，则有营利的成分在内，遵循市场规则。可以说，农民专业合作社对成员和非成员是差别对待的，其成员必然有别于其他市场主体。这也是由其宗旨决定的。

（七）利润分配

股东投资的目的是使其资本增值，获得回报。公司利润的分配以股东出资的多寡为依据：有限责任公司的利润一般按照股东实缴的出资比例分配，股份有限公司的利润按照股东持有的股份比例分配。[③]

农民专业合作社盈余的分配十分特殊，主要以交易量（额）比例为依据。《农民专业合作社法》第37条第2款规定，农业专业合作社当年的可分配盈余按成员与本社的交易量（额）比例返还，且返还总额不得低于可分配盈余的60%。按交易量（额）比例返还后剩余的盈余按成员账户中其他财产的比例分配。[④]

公司中股东的出资具有一定的稳定性，而农民专业合作社成员的交易量（额）是不断变化的。由此可见，公司股东的分红只与盈利挂钩，盈利多则红利多，而合作社成员返还的盈余主要与交易量（额）有关。

二、农民专业合作社与合伙企业的异同

我国《合伙企业法》上的合伙企业，是指自然人、法人和其他组织依照合伙企业法在中国境内设立的普通合伙企业和有限合伙企业。合伙企业以合伙人订立合伙协议为基础，以共同出资为前提，由合伙人共同经营、共享收益、共担风险。

农民专业合作社与合伙企业的异同主要表现在以下几个方面。

（一）法律人格

合伙企业是商事主体的一类，但属于非法人企业，不具有法人资格。[⑤] 我国

---

① 贺松兰：“农民专业合作社的法律分析”，《法制与社会》，2008年第27期，第283页。

② 赵鲲、门炜：“关于合作社基本特征的分析和思考——从合作社与有限责任公司对比的角度”，《中国农村观察》，2006年第3期，第28页。

③ 参见《公司法》第35条、第167条。

④ 参见《农民专业合作社法》第37条。

⑤ 赵旭东：《公司法学》（第二版），高等教育出版社，2006年，第34页。

《合伙企业法》第 6 条规定，合伙企业的生产经营所得和其他所得，由合伙人分别缴纳所得税。可见，合伙企业并没有独立的法人地位。

农民专业合作社，根据《农民专业合作社法》第 4 条的规定，取得法人地位。

（二）成立依据

合伙企业成立的依据是合伙协议。根据我国《合伙企业法》第 14 条的规定，设立合伙企业，必须有书面合伙协议。合伙协议是全体合伙人为了设立合伙企业协商一致达成的协议，经全体合伙人签名、盖章后生效。[①]

农民专业合作社成立的依据是章程。章程在设立大会时经全体设立人一致通过。[②]

（三）设立宗旨

合伙企业作为企业的一种，自然与公司一样，以追逐利润为其宗旨。

如前文所述，农民专业合作社以服务和互助为宗旨，营利性是实现其宗旨的辅助手段。

（四）入退制度

合伙企业具有封闭性，合伙人之间的人身信任关系很强。合伙企业的这一性质决定了不论是入伙还是退伙均需经全体合伙人一致同意。[③]

农民专业合作社遵循入社自愿、退社自由原则[④]，只要符合条件就可以成为合作社的成员或者退出合作社，无须其他成员的同意。[⑤]

合伙企业的封闭性和农民专业合作社的开放性也造成了二者在成员人数上的差别。一个合伙企业的合伙人往往很少，而涵盖几百人甚至上千人的农民专业合作社却非常普遍。[⑥]

---

① 赵旭东：《公司法学》（第二版），高等教育出版社，2006 年，第 122 条。

② 参见《农民专业合作社法》第 10 条、第 11 条。

③ 参见《合伙企业法》第二章第五节。

④ 参见《农民专业合作社法》第 3 条第 3 项。

⑤ 参见《农民专业合作社法》第 14 条、第 19 条。

⑥ 宋刚、马俊驹："农业专业合作社若干问题研究——兼评我国《农民专业合作社法》"，《浙江社会科学》，2007 年第 5 期，第 60 页。

（五）管理机制

合伙企业与农民专业合作社在内部管理方面主要有以下两个区别。

1. 表决权的分配

如果合伙协议对表决办法未作出约定或者约定不明确，那么合伙人在对合伙企业有关事项作出决议时实行一人一票的表决方法。① 也就是说，合伙人可以自行决定其表决权如何分配。

农民专业合作社实行民主管理，在社员大会选举和表决时，每个成员各享有一票的基本表决权。这是法律的强制性规范，不允许社员以任何方式作出变动，只是法律同时规定了例外情形，即赋予出资额或者与合作社交易量（额）较大的成员按照章程规定的附加表决权。② 理事会会议、监事会会议的表决，实行一人一票。③

2. 管理机关

在合伙企业中，合伙人对执行合伙事务享有同等的权利，对外都具有同等的代表权。合伙人可以委托一个或者数个合伙人对外代表合伙企业，执行合伙事务，其他合伙人不再执行合伙事务。④

农民专业合作社设置有自己的组织机构，即成员大会、理事会（或理事长）、监事会（或执行监事），治理结构严谨。农民专业合作社由自己的机关及其人员管理、决定、执行合作社的事务，理事长作为农民专业合作社的法定代表人，对外代表合作社。⑤ 单个成员并不能执行合作社的事务或者对外代表合作社。

（六）盈余分配

根据我国《合伙企业法》第 33 条的规定，合伙企业的利润分配，按照合伙协议的约定办理；合伙协议未约定或者约定不明确的，由合伙人协商决定；协商不成的，由合伙人按照实缴出资比例分配；无法确定出资比例的，由合伙人平均分配。⑥ 法律赋予合伙企业很大的自治权，在利润分配上也不例外，合伙协议的约定和合伙人的协商优先。没有协议或者协商不成，则以合伙人的实缴出

① 参见《合伙企业法》第 30 条。
② 参见《农民专业合作社法》第 17 条。
③ 参见《农民专业合作社法》第 26 条第 4 款。
④ 参见《合伙企业法》第 26 条、第 27 条。
⑤ 参见《农民专业合作社法》第四章。
⑥ 参见《合伙企业法》第 33 条。

资为分配依据。

《农民专业合作社法》第 37 条规定，农民专业合作社的盈余主要按照成员与该社的交易量（额）比例返还。按交易量（额）比例返还后的剩余部分，再按照成员账户内的财产份额按比例返还。

（七）责任承担

合伙企业为非法人企业，它与法人企业最大的区别之一就是责任的承担方式。除有限合伙企业中的有限责任合伙人外，合伙人对合伙企业的债务承担无限连带责任。

《农民专业合作社法》第 5 条规定，农民专业合作社的成员仅以其账户内记载的出资额和公积金份额为限对农民专业合作社承担责任。也就是说，成员对农民专业合作社的债务承担的是有限责任。

三、农民专业合作社与农民专业协会的异同

农民专业合作社与农民专业协会是两个并列的概念，是农民专业合作经济组织的两个类型。农民专业合作经济组织，是以农民为主体，按照合作制或股份合作制方式生产、经营、分配、管理的互助经济组织。[①] 按照农民合作的紧密程度，农民专业合作经济组织可以分为专业合作社（广义的）和专业协会两个基本类型，而专业合作社又可以进一步划分为典型的（或狭义的）专业合作社和股份合作社。

典型的专业合作社是一种管理比较规范，与社员联系比较紧密的合作经济组织形式。股份合作社是股份制与合作制的结合。专业协会是一种比较松散的合作经济组织形式。[②]

农民专业合作社与农民专业协会的主要区别在于以下几个方面。

（一）组织类型

农民专业协会在性质上属于社会团体法人，是非营利性法人中的一种，因此不具有商事主体地位。

如前文所述，农民专业合作社属于特殊类型的企业法人，是商事主体的一种。

① 陈晓华："农村专业合作经济组织的建设"，《河北畜牧兽医》，2003 年 3 月 30 日，第四版。

② 徐旭初："农业合作经济组织的制度分析"，浙江大学 2005 年博士学位论文，第 33 页。

（二）设立宗旨

农民专业协会的主要职能是为农民提供农业生产或其他活动所需的物资、技术和信息，开展农业技术推广和技术服务。其目的在于信息交流和技术传播[①]，不从事任何经营活动。

农民专业合作社的功能是为成员提供服务，促进成员之间的互助。但这种服务与互助与农民专业协会有本质上的区别。农民专业合作社作为一类独立的市场主体，必然进入市场，从事经营活动。它的服务也是通过与成员之间的交易和对外的经营活动实现的。

（三）财产制度

农民专业协会的财产来源主要有成员会费、社会捐赠、国家财政直接补贴及其他收入。农民专业协会的财产属于协会所有，财产本身是一个整体，不量化到每个成员。其财产也不得在成员中进行分配，主要用于支付日常活动的各种开支和负担债务。

农民专业合作社的财产由成员出资、公积金、国家财政直接补助、他人捐赠以及合法取得的其他资产构成。其中公积金来自于农民专业合作社当年的盈余，每年提取的公积金按照章程的规定量化为每个成员的份额。提取公积金后的盈余可在成员中分配。

四、农民专业合作社与股份合作社的异同

股份合作社和农民专业合作社是广义的农民专业合作社的两种类型。

股份合作社是在保留合作社互助合作基本属性的基础上，吸收一些股份制因素而形成。股份合作社在本质上仍属于合作社，是合作社的下位概念。它与农民专业合作社的本质区别就在于它含有股份制的因素。

（一）成员构成

股份合作社在融资性上强于农民专业合作社，它除了利用合作社服务的成员的出资外，还可以吸收非利用者入股，将他们称为“非正式成员”。典型的农民专业合作社的成员则主要是接受合作社服务的农民。

---

① 童日晖：“浙江省发展农民专业合作社的理论和实践”，《农业合作社》，2006 年第 7 期，第 25 页。

（二）利润分配

在股份合作社中，非正式成员并不利用股份合作社的服务，而是以获得股份分红的方式取得投资回报。典型的农民专业合作社的盈余主要按照成员与该社的交易量（额）比例返还给成员。

（三）退出方式

股份合作社不得抽逃出资或者退股，股东只能以转让股份的方式离开股份合作社。[①] 典型的农民专业合作社的成员可自由退社，并返还其专门账户内的财产。

我国目前在全国没有针对股份合作社的专门立法，在地方性法规及其他规范性法律文件中规定了股份合作社设立中的一些问题及相关的政策。例如，《江苏省农民专业合作社条例》[②] 第 12 条将农民以承包地的经营权作为主要出资方式设立的公民专业合作社称为“农地股份合作社”，第 13 条将农村集体经济组织成员以量化到其名下的集体经营性净资产份额作为主要出资方式设立的农民专业合作社称为“农村社区股份合作社”。《上海市工商行政管理局、上海市农业委员会关于本市农村社区股份合作社办理工商登记有关问题的通知》[③] 中提到了“农村社区股份合作社”。根据该通知，农村社区股份合作社领取农民专业合作社营业执照，取得农民专业合作社法人资格，其登记适用此通知的规定，通知无规定的，适用《农民专业合作社登记管理条例》。《浙江省财政厅关于村经济联合社变更为股份经济合作社有关契税问题的通知》[④] 中规定了“股份经济合作社”的契税问题。

五、农民专业合作社与农村社区合作社的异同

社区合作社是指承担某项或者某几项社区服务功能的合作社，如合作托儿所、合作敬老院、合作商店等。[⑤] 农村社区合作社是社区合作社的一种，是指农村中服务于特定地域的农民的生产、生活需要的社区合作社。

① 张晓山、苑鹏：《合作经济理论与实践——中外比较研究》，中国城市出版社，1991 年，第 1～37 页。

② 该条例于 2009 年 11 月 23 日发布，2010 年 1 月 1 日实施。

③ 该通知于 2009 年 6 月 25 日发布实施。

④ 该通知于 2009 年 8 月 15 日发布实施。

⑤ 徐更生：“谈谈社区合作社问题”，《中国合作经济》，2008 年第 2 期，第 29 页。

同为合作社，农村社区合作社具有诸多特点，这也构成了它与农民专业合作社的区别。[①]

（一）社区性

农村社区合作社的社区性是它区别于农民专业合作社的主要特征之一。社区性是指农村社区合作社以社区合作为基础，是基于社区成员的共同需求建立起来的。例如，以村乡聚落为地域基础，把生活在该聚落中的居民组织起来，建设自己的商业网点、自己的学校、自己的幼儿园和生产生活所需的公共设施等。

（二）功能多样性

农村社区合作社具有多种功能，不仅仅局限于经济功能。

（1）经济功能。农村社区合作社通过社区内劳动者的合作与联合，提高生产效率，增加竞争力，提高社区内农民收入水平。

（2）社会功能。社区合作社为社区农民服务，促进社区整体发展，维护社区社会和谐。

（3）政治功能。农村社区合作社能够充分反映社员意见，表达社员意志，维护社员的各种合法权益，同时也对村委会、政府的各项工作予以配合和监督。

我国尚未有针对社区合作社的立法。前文提到的《上海市工商行政管理局、上海市农业委员会关于本市农村社区股份合作社办理工商登记有关问题的通知》中所谓的“农村社区股份合作社”，虽然带有“社区”二字，但从通知的内容看，其实际上更类似农民专业合作社，带有经济目的，而不是这里所谈的社区合作社。

① 赵铁桥：“对社区合作社特征、地位与作用的认识”，《农业经济》，1992年第1期，第33、34页。

第三章

国外农民合作组织的理论和实践

1844年，在英国兰开夏郡的小镇罗虚代尔诞生了世界第一个真正意义上的合作社组织——罗虚代尔公平先锋社，至今国外农民合作组织的发展已有160多年的历史。由于各国合作社产生、发展的背景和途径不同，各国农民合作组织在其组织形式和运行模式上也存在很大区别，但由于其本质与我国农民专业合作社相同，仍可为我国农民专业合作社发展提供参考。

第一节　国外农民合作组织的理论综述

一、合作社思想渊源

合作社思想产生于19世纪上半叶资本主义社会经济迅速发展和变革时期，其理论来源于欧洲空想社会主义对原始积累时期资本主义社会弊端的批判和对没有剥削、没有贫困、共同劳动、平等和谐的理想社会的向往。合作社作为克服或解决社会的不公平和不平等的组织基础，其思想核心是团结、互助、公平与平等。“罗虚代尔原则”率先挣脱了空想社会主义试图通过合作社对资本主义进行改造的理想，使合作社思想由空想回归现实。①

（一）空想社会主义的合作社思想

在空想社会主义者那里，合作经济组织是作为资本主义企业的代替物出现的，合作社制度被视为一种理想的社会形态，它将全面取代资本主义制度，实现人们社会改造的目标。空想社会主义的代表人物是法国沙尔·傅立叶（Charles Fourier）和英国的罗伯特·欧文（Robert Owen），他们都提出了自己的合作经济组织思想，构建了理想社会并进行了大胆的尝试。其贡献主要有：①对早期资本主义财产组织制度的深刻批判和对未来社会财产组织制度的天才设想；②同劳动、公平分配的思想；③合作经济组织是人们根据自身需要而自愿组成的生产、分配、消费活动的互助性经济组织的思想；④以取消商品经济关系为前提的合作经济组织实验失败的教训。②

（二）实用主义合作社思想

进入20世纪以后，在“罗虚代尔原则”指导下的合作社运动在英国普遍展

① 陈婉玲：“合作社思想的源流与嬗变”，《华东政法大学学报》，2008年第4期，第124页。

② 孙亚范：《新型农民专业合作经济组织发展研究》，社会科学文献出版社，2006年，第32、33页。

开的同时，合作社思想受当时世界政治经济格局和社会思潮的影响，出现二元化发展思路，一是以马克思、列宁的合作社思想为代表，把合作社看作社会形态过渡的手段或桥梁；二是以经典合作社原则为指导，把合作社看作体制内消减社会弊端的经济组织形式，经典合作社思想得到丰富和发展。

在作为政治活动工具的社会主义国家合作化运动开展的同时，源自于理想主义的近代经典合作社思想也在西方社会得到不断演绎和发展。合作社作为一种经济组织被普遍认为是资本主义体系的一个组成部分。合作经济不仅在市场经济环境中寻找到自己的发展空间，合作社还被认为是资本主义内部的进化因素，合作社思想从理想主义转向实用主义，人们更重视合作社的经济价值功能，而不是传统的社会改造理想，即发展出实用论、经济价值优先的合作社思想。

实用主义合作社思想认为，合作社是独立的经济个体自愿联合的经济组织，是社员自有、自治、自享的商业性企业，合作社的目标是通过聚集资源，达到规模经济来克服个体经济弱势地位，进而增进社员的经济利益，保护农民及其他弱小财产所有者的经济独立性。① 实用主义的理论和实践主要集中在美国。美国式实用主义合作社理论抛弃空想社会主义者，把合作社作为社会主义改造直接工具的幻想，把合作社的性质和目标定位为社会生产某个环节的联合，是私人部门和公共部门的一个联合部门，关注解决社会弱势群体的实际困难，谋求社员个人利益。与欧洲学派显露出与当时社会大变革相适应的哲学思维相反，美国合作社思想学派的特征渗透了实用主义的精神。

美国合作社的发展在一定程度上借鉴和吸收了欧洲合作社发展的经验，但其发展是一种实用主义、商业化倾向更强的模式。“排除意识形态和价值观念的影响，经济学家更容易利用基本的经济学原理来剖析合作社的经济特征和发展规律。”② 在此背景下，早期对农业合作社的理论研究源于美国，因此本书对理论的阐述也是从美国开始的。

二、农业合作社理论研究述评

（一）20 世纪早期的农业合作社理论

早期的农业合作社理论研究主要是以萨皮诺为代表的美国加利福尼亚学派

① 陈婉玲：“合作社思想的源流与嬗变——基于合作社法思想基础的历史考察”，《华东政法大学学报》，2008 年第 4 期，第 127 页。

② 马彦丽：《我国农民专业合作社的制度解析》，中国社会科学出版社，2007 年，第 32 页。

和以诺斯为代表的市场竞争尺度学派。

萨皮诺主张农业应当实行合法垄断，按照商品类别来组建合作社，使之在各自的产品市场占据较大的份额，以实现更好的市场秩序，纠正生产者面临的不公平的贸易条件。与萨皮诺所说的按行业组织合作社以实现对市场的控制不同，诺斯反对对农产品市场的垄断，主张按区域来组建农业合作社，以满足社区内农民的需求，农业合作社应当是高效率的经济组织，并与其他企业竞争，合作社起到竞争标尺的作用，从而使整个经济制度更高效地运转。萨皮诺认为：①农场主合作社是农业生产者组织的非股份公司；②农场主合作社应经营单一农产品，如小麦、烟草等；③农场主合作社与社员之间要建立长期合作关系，农场主就其生产专业化程度最高的某种农产品与合作社签订合同，按农产品等级确定当年的平均价格；④农场主合作社应有健全的销售制度，不应集中在收获季节销售，而应采用先进的技术设施分级储藏农产品，在全年中有计划地销售农产品；⑤农场主合作社应实行高度集中制（而非联合制），垄断某种农产品市场，控制产品价格。[①]

诺斯指出只要合作社可以被组织起来并拥有一定的市场份额，它就可能充当一个市场竞争尺度的角色，通过它，生产者们可以衡量占领销售渠道的其他企业的竞争程度，强调合作社在市场完善、服务、效率和竞争方面的作用。他认为：①农业合作社应建立在民主的基础上，社员享有决策权；②农业合作社应作为资本主义制度的有机组成部分发挥竞争标尺作用，提高整个经济制度的效率；③农业合作社应在农产品、农用物资和服务市场上控制一定的份额；④农业合作社应维持同其他企业的竞争状态，发挥摆轮和尺度的作用，为克服资本主义制度一些固有弊端作出贡献；⑤政府对农业合作社的支持应只限于提供法律保护。[②]

综上所述，加利福尼亚学派强调按照不同的商品来组织农民统一行动，通过发挥其市场力量来提高农业收益，而市场竞争尺度学派则强调合作社不应当试图垄断市场而应当是将足够的竞争引入市场。

这一时期的研究思想对美国1922年通过《凯波-沃尔斯蒂德法案》（Capper-Volstead Act）、1923年设立联邦农场局、1926年通过《营销合作社法案》（Cooperative Marketing Act）、1927年在联邦农场局下建立自上而下的全国商品合作社和1937年通过《农业营销协议法案》（Agricultural Marketing Agreements

① 刘勇：“西方农业合作社理论文献综述”，《华南农业大学学报》，2009年第4期，转引自王树桐、戎殿新：《世界合作社运动史》，山东大学出版社，1996年，第112、113页。

② 刘勇：“西方农业合作社理论文献综述”，《华南农业大学学报》，2009年第4期，转引自王树桐、戎殿新：《世界合作社运动史》，山东大学出版社，1996年，第112、113页。

Act）起到了极大的推动作用。[①]

（二）20世纪中期以来关于农业合作社的新古典经济学分析

长期以来，新古典经济学一直没有把企业制度作为自己的研究对象，随着科技的发展以及劳动者在生产中主体地位的加强，一些古典经济学家逐渐认识到企业制度的重要性，开始把企业制度纳入研究范畴，合作社作为西方的一种企业制度也被一些新古典经济学家纳入自己的研究范畴。[②] 合作社研究的重点逐步从单纯强调合作社的外部效果转移到如何构建合作社运作的微观模型，进而对合作社的市场绩效作逻辑一致的分析。新古典经济学的均衡分析和边际分析是研究农业合作社的主要方法，即在既定假设前提下，研究农业合作社的价格和产出决策与投资者所有企业（Invest-Owed Firms，IOFs）有何不同，进而对农业产业的均衡造成什么样的影响。"研究的结论是农民通过合作社可以实现纵向协调，进而带来生产成本的节约和规模经济效益，农民之间的纵向协调之所以能够带来巨大收益，原因在于它有利于农民实现规模生产、获得技术、增加融资，降低风险和提高质量。"[③]

微观经济学将所有的经济主体分为三类：消费者、企业和要素所有者。其中，企业被定义为单一追求利润最大化的组织。由于合作社通常被看做在成本基础上运营的非营利组织，因此，传统的企业概念及其相应的分析模型不适于对合作社进行分析。埃米里扬诺夫（Ivan Emelianoff）[④] 首先把合作社看做一种垂直一体化形式，把合作社看作社员农场的延伸，认为合作社是一个包括众多经济单位的集合，把研究重点放在社员和合作社之间的关系上。该理论否认合作社的企业性质，认为农业合作社是独立的农场主为了从纵向协调中获益的一种联合行动。他认为，企业具有很强的营利动机，企业所获利润要反映对企业家的回报，而合作社坚持按成本交易，因此，它不是一个利润最大化的组织。此外，社员控制合作社事务意味着合作社企业家是不存在的。菲利普斯（Phillips）[⑤] 根据埃米里扬诺夫的研究建立了一个垂直一体化的合作社产出和价

---

① 刘勇："西方农业合作社理论文献综述"，《华南农业大学学报》，2009年第4期，转引自王树桐、戎殿新：《世界合作社运动史》，山东大学出版社，1996年，第112、113页。

② 刘勇："西方农业合作社理论文献综述"，《华南农业大学学报》，2009年第4期；转引自丁为民：《西方合作社的制度分析》，经济管理出版社，1998年，第47页。

③ 黄胜忠："农业合作社理论研究评述"，《商业研究》，2009年第3期，第176页。

④ 埃米里扬诺夫（Ivan Emelianoff），美国合作学者，提出"委托-代理"学说，开创了合作社内部经济学理论方面的研究。

⑤ 菲利普斯（Phillips），美国合作学者，其在埃米里扬诺夫委托-代理学说的基础上，提出了他的比例原则学说。

格决策模型，他从社员利益最大化的假设出发，推导出基于社员利益最大化的合作社目标函数的最大值，通过让社员的边际成本与合作社的边际成本之和等于合作社的边际收益方式，可以实现每个社员的利润最大化。[①]

Helmberger 和 Hoos 把合作社视为企业的一个子类。相应地，合作社的决策主要由一群经理人员主导“高级协调者”来完成。这种方法隐含的假设是，合作社企业的管理者能够把成员的偏好聚集成一个清晰的目标。这是从产业组织理论的角度把组织定义为两个或两个以上的个体协调行动的系统，进而把合作社看作追求社员利益最大化的企业。他建立了一个合作社短期和长期的决策模型，通过传统的边际分析来寻找合作社价格和产量的均衡点，指出合作社通过将所有利润按照社员的惠顾比例返给社员来实现单位产品价值最大化，并认为合作社现有成员有限制合作社社员规模进一步扩大的潜在机制。

这一时期，对农业合作社理论的研究重点是合作社的商品价格和产量决策及合作社存在的市场绩效的分析。

（三）新制度经济学视角下合作社理论研究的新进展

20 世纪 60 年代以后，经济学理论的发展出现了一些新的分支，包括产权理论、交易成本理论、代理理论和不完全契约理论以及集体行动的逻辑等，统称为新制度经济学。这些新的经济学理论和方法被用于构建合作社内部组织模型和理论分析。新古典经济学家从应对市场失灵的角度来解释农业合作社的产生，新制度经济学则从交易成本角度来分析上述问题。[②]

1. 节约交易费用是农业合作社组建的动因

交易成本经济学从交易效率的角度解释了农业合作社形成的原因。第一，农业投资（畜群、农业机械、手工技能等）的资产专用性较高，农业生产活动对季节、气候和专业化生产的依赖性强，当机会主义行为存在和交易对方力量不均等时，这些资产专用性很容易被农民的交易对手所利用。例如，奶产品、水果和蔬菜，由于其资产专用性明显，交易成本也较高，与投资者所有企业相比，合作社能降低由资产专用性引起的交易成本，因为合作社为农民所有，他们没有理由不履行与成员之间的协议。第二，合作社相对于单个农户不仅具有规模经济和更强的市场开拓能力，而且合作社还可以减少交易频率和交易风险，加上惠顾返还机制，确保农民获得稳定的收益。第三，对于在农业生产中存在的变幻不定的天气、变动不居的市场价格和无法控制的交易条件等许多不确定

---

① 黄胜忠：“农业合作社理论研究评述”，《商业研究》，2009 年第 3 期，第 167 页。

② 马彦丽：《我国农民专业合作社的制度解析》，中国社会科学出版社，2007 年，第 36、37 页。

因素，农业合作社在协调基本的经济活动方面还是比较有效的。第四，农民受地理条件限制，在购买生产资料和销售农产品两个市场上都面临垄断风险，合作社在降低风险方面发挥着重要作用。总之，农民合作社能够使资产专用性、不确定性、有限理性、机会主义等因素的实际影响程度降低，从而能够有效地降低交易成本。①

2. 合作社的组织缺陷和制度变迁②

在对合作社的产权制度进行研究后，学者认为合作社的产权界定模糊，财务资源的利用也非最优公平，合作社是低效率的组织，具体表现在：①由于代理问题存在，合作社控制成本较高，技术低效，资源配置低效。②由于视野问题所限，社员缺乏长期投资的热情。③规模低效。要获得最低成本的产出规模，就必须有足够的惠顾，但由于控制成本随社员数量递增以及合作社与非社员的业务在法律上的限制，合作社在规模上也可能是低效的。库克认为合作社是一个“定义模糊的用户与投资者的财产权集合”，概括了由此导致的五类问题，即“搭便车”（公共产权）问题、短视问题、投资组合问题、控制问题和影响成本问题。Borgen 将合作社的问题归为两类：一类是与投资相关的激励问题，包括“搭便车”问题、短视问题和投资组织问题；另一类是与政策相关的激励问题，包括控制问题和影响成本问题。

学界在揭示合作社制度缺陷的基础上，也探讨了合作社的制度创新。进入 20 世纪，农业产业化进程不断加速，世界经济一体化的趋势以及消费者自我意识的觉醒改变着农业合作社的发展环境。在这个背景下，农产品市场越来越需要生产者、加工商和分销商之间的纵向协调和一体化，许多新的一体化形式，包括战略联盟，长期合约、转包合同，联合投资和特许等发展起来，合作社之间出现大量的合并，合作社内部合作原则也发生了很多变化，甚至许多合作社向 IOFs 转化。

Fulton 认为技术和社会价值观念（个人主义）的变化会使合作社的生存面临更多困难，在技术层面，一是合作社作为市场价值尺度的作用被不断缩小，二是农业技术的进步大大降低了农产品质量的不稳定性，从而减小了建立合作社的必要性。“在社会价值层面，当个人主义成为社会的强势语言，对个人产权的强调会损害合作社共有产权的基础。”③

针对 Fulton 的悲观看法，Cook 强调合作社的进化和对环境的适应性，在这

① 黄胜忠：“农业合作社理论研究评述”，《商业研究》，2009 年第 3 期，第 175、176 页。

② 马彦丽：《我国农民专业合作社的制度解析》，中国社会科学出版社，2007 年，第 38～41 页。

③ 马彦丽：《我国农民专业合作社的制度解析》，中国社会科学出版社，2007 年，第 40 页。

一方面，美国新一代农业合作社是典型的例证。Cook 从产权的视角[①]来解释合作社的演进以及新一代合作社的出现，其将合作社发展周期分为发起阶段，有效运行阶段，运行困难、衰退阶段，面临退出、继续或是转型阶段，如果选择转型，则是建立“新一代合作社”，即社员出资购买合作社交易权，投资于农产品加工环节以获取价值增值。[②] 对其制度创新的解释集中体现了新制度经济学在合作社理论研究中的应用。与传统的合作社不同，新一代合作社经营的产品单一，并追求深加工和价值增值。在制度安排上，新一代合作社的主要特点是建立了交易份额制和封闭的社员资格制度，并且建立了交易权可转让的二级市场。新一代合作社的出现反映了其作为一种经济组织通过进行组织创新和结构调整适应外部环境变化的努力。

Kiriakopoulos 认为，传统农业合作社的产权结构、融资、控制以及供应链管理都是以生产为导向的。而现代农业合作社是以市场为导向的，为了更好地获得和处理市场信息，市场知识必须引入到合作社的价值链中来，因此需要一定数量的外部成员加入合作社并进入理事会和管理层，参与合作社的经营管理。

3. 博弈论视角下农业合作社理论[③]

早期关于合作社的研究倾向于忽视合作社内部不同参与者之间存在的利益差别。在新古典经济学理论中，农业合作社的成员被假定是同质性的，然而，农民在生产规模、资本集中度、市场需求、就业模式等方面的发展，使得成员资格的异质性日益突出，因此，博弈论被大量用于分析社员资格异质性条件下合作社内部的决策过程。适用博弈论方法进行分析，合作博弈需要满足以下条件：①博弈者的利益是异质性的，成员在利益目标上只有部分是重合的；②博弈者能够在联合行动中获利；③博弈者拥有与替代选择相关的信息，这样他们可以与竞争性的购买者签订新的合同；④博弈者可以交流，并形成捆绑型的承诺，如合同。Sexton 在运用博弈论方法研究农业合作社时认为，农业合作社是一种独立的农场主为了完成纵向一体化的功能而具有横向联合性质的“联盟”，农场主如果不能从中收益是不会参与的，并且这种“联盟”只有提供与其他替代性组织至少相当的收益时，才能保持稳定。Sexton 利用存在核心解得 N 人博弈模型，分析了单个决策者的行为选择以及他们在农业购买合作社中采取集体行动的动机。博弈的核实博弈者在成本收益分配上达到均衡，为此，要满足以下

① 产权清晰界定是经济发展的动力，是促使个人努力的内在机制，同时，还促进产权主体对自身行为的有效约束。在新型农民专业合作经济组织中，农民对这些财产的权利由原始产权过渡为由农民专业合作经济组织所拥有，而农民对这些财产拥有的是法人财产权。

② 刘勇：“西方农业合作社理论文献综述”，《华南农业大学学报》，2009 年第 4 期，第 58 页。

③ 黄胜忠：“农业合作社理论研究评述”，《商业研究》，2009 年第 3 期，第 176 页。

假设条件：①每一个博弈者的所得至少不低于其单独行为所得；②在参与者联合行动条件下，全部收益等于可获得的最大收益；③没有小群体在按自己的利益行事时可以获得更多。

综上，合作社理论研究最突出的特点是，随着农业发展环境的变化以及合作社的发展，合作社理论研究的热点也相应地发生变化，经历了一个从寻求其存在的合理性解释到对其组织制度进行深入剖析的过程。早期加利福尼亚学派和诺斯学派关注的是合作社的外部效果，论证合作社存在对纠正市场失灵的影响，20 世纪五六十年代合作社理论研究的重点则是用标准的新古典经济学方法将对合作社的研究模型化，在不同假设前提下探讨合作社价格和产量的均衡点，进而探讨合作社的存在对市场竞争的影响。农业生产环境以及农业合作社内部制度安排的变化，使得合作社理论研究的重点日益转移到对农业合作社内部的制度安排和治理结构方面。

第二节　国外农业合作社发展概况及其法律制度

国外农业合作社历史悠久，发展蓬勃，尤其以西方发达资本主义国家的农业合作社最为突出。农业合作社的发展，不仅增加了农民收入，提高了农民的社会保障水平，而且有效地改变了农业的弱势地位，促进了经济的发展和社会的稳定。很多国家纷纷建立起自己的农业合作社体系，农民积极参加各种类型的农业合作社，合作社制度得到大力推崇和赞扬。“由于不同国家的政治、经济、社会文化背景以及资源禀赋的不同，所以农民合作组织的发展也呈现出各种态势。”① 因此梳理各国农业合作社的发展脉络，系统分析各国农业合作社的立法思路与政策扶植，具有非常重要的意义。以下将以德国、法国、日本及美国为代表介绍国外农业合作社发展概况、立法制度及政策扶持，以资对我国农业合作社的发展研究提供借鉴。

一、德国农业合作社

德国是建立专业性合作社的典型代表国家。专业性合作社的特点是专业性强，即以某一产品或者某种功能为对象组成合作社，如小麦合作社、奶牛合作

① 高晓巍、左停：“国外农民合作组织发展及启示”，《世界农业》，2008 年第 5 期，第 7 页。

社，或者销售合作社、农机合作社等。这类合作社的规模一般都很大，本身就是经济实体，为了形成规模优势、保障合作社利益，合作社之间的联合或者合作逐步增强，形成了比较完善的合作体系。

（一）德国农业合作社的发展概况及组织类型

1. 发展概况

德国是世界上合作社组织的发源地。1864 年莱弗森创立德国第一个合作社——黑德斯道夫信贷合作社，至今已有 140 多年的发展历史。德国农业合作社完全是按自愿和互助的原则成立的，并按公司制度经营业务。社员以其资产入股，其经营业绩直接关系到每个社员的切身利益。合作社对内以服务为主，对外以营利为目的，作为市场经营主体，有效维护其成员利益，德国农民自发组织或加入合作社的积极性都很高。德国的农业合作社遍布德国农村地区，为农民提供农产品生产、加工、销售以及信贷、农资供应、咨询等服务，成为农业产业化经营的重要组织载体。[①] 据统计，“德国 80% 的农场主参加了各类合作社，农业合作社的市场占有率在肉类、谷物类和蔬菜类以及奶制品类的交易中分别达到了 30%、50% 和 75%。农业合作社 2006 年的销售总额达到了 383 亿欧元。农业合作社不仅提高了农业生产和销售的组织化和产业化程度，有利于推进农业结构调整，而且在促进德国农村和地区发展、提高农民收入、缩小城乡差别和地区差别等方面发挥了个体农民和国家都不可替代的作用”[②]。

2. 组织类型

德国农业合作社种类繁多，经营领域也很广泛，农业合作社主要包括农业购销合作社和农业生产合作社。农业购销合作社主要帮助农民集中购买种子、化肥等生产资料以及销售农产品等。购销合作社还建有屠宰厂、挤奶厂、酿酒厂等，为社员交售的产品进行加工增值。[③] 此外，还有为社员提供特定服务的各种服务性合作社。在德国，农业合作社与信贷合作社、商业与服务合作社之间建立固定的合作关系，在生产加工、收购、销售、信贷等各个环节建立了自成一体和联合经营的业务网络，从而产生了较好的规模经营效益。同时，经过长期的发展，在德国各合作社联盟体系已形成。合作社自下而上分为三级组织结

① 徐旭初、贾广东、刘继红：“德国农业合作社发展及对我国的几点启示”，《农村经营管理》，2008 年第 5 期，第 39 页。

② 徐旭初：“德国农业合作社专题考察报告”，浙江在线，http://3n.zjol.com.cn/05sn/system/2010/04/29/016563960.shtml，2011 年 5 月 15 日。

③ 潘劲：“中德农村合作社发展及所面临的问题——‘中德农村合作社发展’双边研讨会综述”，《中国农村经济》，2000 年第 4 期，第 75 页。

构：基层合作社；区域性合作社联盟，区域性专业协会；全国性合作社联盟，全国性行业协会。除为数不多的兼营商品销售信贷合作社之外，德国的基层合作社基本上都是专业性的，社员可同时加入几个合作社，同时各个合作社之间也有竞争，从而保证为社员提供更好的服务。

（二）合作社的组织原则

当年莱弗艾森创办农村合作社，目的是使小农在高利贷盘剥、农业歉收和饥荒面前摆脱困境；舒尔茨-德立兹创办的手工业合作社，也是要使小手工业者能够在大工业蓬勃兴起的条件下保持独立地位。为此，最早莱弗艾森提出的合作的组织原则是：自助，自治，入社、退社自由及不以营利为目的[①]，即德国农业合作社也都是在符合国际合作社原则的基础上组建和运行的。概括起来，其组织原则有以下四个方面。

（1）自助原则，即合作社成员间的互助扶持。合作社是由多个经济地位相似的个体联合而成，其目的是通过联合来弥补各自的缺陷，使每一个成员达到独自所不能达到的目标。合作社的这一能力不是来自组织外部，而是来自组织自身，来自全体成员的同心协力。

（2）自治原则，即合作社成员的自我负责和自我管理。合作社成员之间的相互依存关系不仅决定了合作社的一切活动均应由成员自己管理、监督和决定，也决定了每个成员的活动都必须对整个合作社负责，成员的权利和义务是一致的。因此，合作社的意志只能由全体成员在平等的条件下共同决定。在合作社中，起决定作用的只是成员身份，而不是入社股金的多寡，或者其他。

（3）入社、退社自由原则，即自愿的成员制度。合作社成员入社和退社自由，充分尊重社员的自我意志。“自愿的成员制度是使合作社长期保持利益同质性的调节器，是实现合作社功能的重要手段。”[②] 所谓“管理人员名誉化”是指合作社的领导所担当的只是一种不付报酬的荣誉性职务。作为合作社成员，他既有自己的工作，同时也要在业余时间管理合作社的业务活动。

（4）不以营利为目的。这是由组建合作社的目的决定的，同时也是合作社区别于其他经济组织形式的本质特征。

随着合作社实践的发展和社会经济条件的改变，虽然与传统的合作社相比，现代合作社在许多方面都已经发生了很大变化，但是上述合作社原则的精髓却

---

① 国鲁来：“德国合作社制度的主要特点”，《中国农村经济》，1995 年第 6 期，第 57 页。

② 国鲁来：“德国合作社制度的主要特点”，《中国农村经济》，1995 年第 6 期，第 57、58 页。

一直没有改变。①

（三）法律制度特征

1. 立法模式

德国合作社采取综合单独立法模式②，没有专门的农业合作社法，其合作社法是综合性的，不分行业地规范、调整各种不同类型合作社组织的经济行为。德国合作社的最早立法可以追溯到1867年，普鲁士王国通过了《关于经营和经济合作社私法地位法》。德国统一后，该法成为全德意志帝国的法律。德国合作社法作为与公司法同等重要的主体法，是法律体系中一项不可缺少的基本法。1889年该法经过一次较大的修改，更名为《德国经营及经济合作社法》，其后又经历了数十次修改。2006年最新修订后的《德国经营及经济合作社法》（又译为《德国工商业及经营合作社法》）③ 是德国农业合作社的基本法律依据。

2. 制度概述

最新的《德国经营及经济合作社法》对合作社法人地位、法律责任、社员出资、组织治理、盈余分配、法定审计、解散清算等问题都作出了详尽的规定。

（1）合作社的概念。《德国经营及经济合作社法》将合作社定义如下：成员数量不限，以增进成员的收益和经营为目的，并通过共同的业务活动来实现这一目的的团体。

（2）合作社的法人地位。合作社适用商法典意义上的商人。换言之，德国将合作社定位为企业类型的一种，合作社一经登记便取得了法人资格，成立时注册机关是地方基层法院。

（3）社员出资。社员加入合作社要有一次性投入，具体金额及其使用、分配办法由合作社章程规定。合作社社员数量至少3名。

（4）责任承担。合作社仅以合作社资产向债权人承担合作社债务，但同样

---

① 国鲁来："德国合作社制度的主要特点"，《中国农村经济》，1995年第6期，第57、58页。

② 综合性立法模式即采取"综合的合作社基本法+个别分业合作社法"的立法模式。在该模式下，一方面制定有一部综合的合作社基本法——《合作社法》，对各种类型的合作社进行统一的规定，通常涉及对合作社的界定、基本原则、种类、责任形式、社员的权利与义务、内部治理结构、登记及罚则等方面的内容，另一方面又依据需要对某些特殊的或经济生活中比较重要的合作社分别单独进行立法，如在《合作社法》的基础上再制定颁行《信用合作社法》《保险合作社法》、《住宅合作社法》，甚至出现对合作社某方面的内容进行立法等。参见李勇军、欧阳仁根："合作社立法模式比较分析及我国的合理选择——基于我国目前民商事立法的背景"，《安徽大学学报（哲学社会科学版）》，2009年第9期，第51页。

③ 参见《德国工商业及经营合作社法》，王东光译，载王保树：《商事法论集》（第12卷），法律出版社，2007年。

也规定合作社在章程中可以明确社员个人是否应以私人财产来对合作社债务负责，即在实施破产程序时，如果合作社的资产不足以偿付债务，社员的责任是用于清偿的追加款项不受限制，还是限制在确定的数额内（责任金额），或者无须追缴款项。[①] 合作社的法人地位决定其对外仅以合作资产承担合作社债务，但法律同时规定社员可自愿在章程记载的数额内对合作社债务承担保证责任。

（5）组织治理。合作社实行民主管理，实行董事会、监事会和社员大会分权制。社员一人一票。章程可为为合作社经营作出特殊贡献的社员设置多票权，但最多三票。董事会和监事会至少分别由2人和3人组成，由社员大会选举产生，且只能由社员担任。超过1500名社员的合作社可以在章程中规定组成社员代表大会。

（6）盈余分配。年度盈利或亏损均应向社员分配。通常按社员股金比例分配，也可由章程规定采取其他分配方式。

（7）严格的审计制度。合作社成立前须经当地合作社审计协会审计通过，成立后必须加入所在地区的合作社审计协会，并接受定期审计。至少每两年必须对合作社的设施、财产状况以及经营管理，包括对社员名单的管理，进行审计。对资产负债表合计超过200万欧元的合作社必须每年审计。

（8）解散制度。合作社因以下原因解散：①全体社员大会决议解散；②因存在时限到期解散；③少于3名社员时解散；④因违法行为解散；⑤合作社资不抵债，因破产清算而解散。

3. 严格的审计制度

对合作社进行法定审计的制度是德国合作社运动及其实践中一个富有特点的做法。不同于大多数国家对合作社相对宽松的规制和监管，德国在其合作社立法中明确规定了对合作社进行法定审计的制度。

（1）合作社在成立前应经过当地合作社审计协会的审计，并且在申请登记时提交审计协会的鉴定意见。

（2）合作社应加入当地审计协会，定期接受该协会的审计。审计内容是全方位的，不仅包括合作社的日常业务往来、资产状况，也包括合作社领导层（董事会）的管理方式和经济效益。每个合作社至少每两个业务年度审计一次，对资产负债表合计超过200万欧元的合作社必须每年审计。

（3）合作社应准许审计人查阅合作社账目和文件，核查现金、有价证券及商品存量，应向审计人提供审计所必需的全部说明和证明。

（4）审计协会应书面报告审计结果。合作社理事会和监事会应召开联席会议，

① 参见《德国经营及经济合作社法》第6条。

审议审计报告。审计协会和审计人有权出席会议，理事会有义务将会议召开时间通知审计协会。审计结果应向全体社员大会报告，以便让社员了解合作社的经营情况，并对自己和合作社的利益作出正确评估和选择。监事会应在全体社员大会上宣布重要的审计结论，或发表对审计结论的不同意见。审计协会有权咨询性地参加全体社员大会；因审计协会申请或全体社员大会决议，应全部或部分宣读审计报告，甚至有权由审计协会召集全体社员特别大会公布审计报告。

（5）审计协会对合作社的审计是有偿的。

（6）合作社审计协会必须具有注册协会的法律形式，由主管地方当局授予审计资格证书。

德国合作社法所规定的严格的审计制度是其合作社成功发展的一个重要法律保障因素。“与大多数国家对合作社相对宽松的管制和监管不同，实践证明，严格的审计制度一方面可支持缺乏经验的合作社领导的工作，另一方面也对合作社领导进行有效监督和制约。”①

（四）政府扶持

尽管德国的合作社表现出很强的独立性，与政府并无直接行政关联，也不依赖政府，但德国农业合作社的不断完善和健康发展与政府的有力支持和保障是分不开的，德国政府鼓励农民走联合发展之路，并为农业合作社提供各种财政支持、税收优惠和配套服务。

1. 立法保障

《德意志联邦共和国基本法》明确规定：“促进合作制”、“支持合作自助”，并把这种“促进和支持”作为“优先目标”。《德国经营及经济合作社法》及相关配套法律制度的不断修订和完善为农业合作社的发展提供了基础制度服务。

2. 税收优惠

德国政府为支持农业合作社的发展，对合作社用税后利润进行投资的部分免征所得税。农业企业、合作社还可获得免交营业税、机动车辆税的待遇。为农业企业提供咨询、农机出租等服务的合作社免交法人税等。

3. 财政支持

德国政府鼓励农民走联合发展之路，并为农业合作社提供财政支持。在德国合作社发展初期，普鲁士政府于1896年和1897年对合作社谷物仓储设施的建设给予总计500万马克的资助，并将普鲁士中心合作社的原始资本提高到3000

① 朱伟革：“德国农业合作社的成功之道”，《上海农村经济》，2007年第10期，第41、42页。

万马克，专门用于谷物仓储运作的费用开支。同时，其他德意志国家也对合作社的仓储设施建设给予了不少财政支持。现在，新成立的农业合作社5年内可享受创业资助，包括人工费用、办公设备和咨询费，最初资助比例为60%，以后逐年减少；7年内可享受投资资助，如采购、加工、销售、仓储、包装等经营性投资成本，资助额最高为投资总额的35%，但不超过其销售收入的3%。

另外，德国政府还对农业企业实施特殊的信贷管理政策，支持信贷合作社的发展，向农民提供低息贷款。从1954年开始，德国联邦政府对农村信贷实行利息补贴。

两德统一后，政府对原民主德国地区农业合作社的重组给予了一定的财政支持，帮助其在市场经济条件下重新运转，并按欧盟的规定进行生产。财政补贴范围较广，主要包括中小型企业的增资扩股、内陆水域治理、互助组织、牛奶加工作坊、土地归整、促进新企业的诞生、新农民的培育等。其方式包括限制农村贷款特别是农村种养企业贷款的最高利率上限、降低贷款利息率、由政府政策性金融机构直接安排低息贷款。

1969年，联邦德国成立了德国农业及食品行业销售促进基金，统一规划西德农业与食品业的营销。会员企业按所加工原料的数量，交纳一定会费，如制糖厂为每吨甜菜0.16欧元、牛奶场每吨牛奶1.22欧元。基金通过两个执行机构开展工作：一是德国农业中央营销有限公司（CMA）负责营销与宣传，主要任务为促进销售及协调公共关系，树立在国内外市场的整体形象；组织参加各类博览会，协助建立业务联系；举办销售技术、产品信息和企业经营管理培训及咨询。二是中央市场与价格通报处（ZMP），负责研究农产品市场发展，每周出版数期市场报告和大量的分析、预测及背景报告，协助企业判断市场变化，进行自我定位。除定期刊物外，还发布专题报告和年度报告。

当然，随着德国社会经济以及合作社的发展，德国现在将合作社视同于一般的商事法人，越来越将合作社与农业企业一并作为政策对象，少有专门的支持政策。不过，事实上，由于农业合作社在德国农业经济中占据重要地位，其还是获得了相当比重的针对所有农业经营主体的政策性支持。①

二、法国农业合作社

法国是欧盟成员国中最大的农业国，也是世界第二大农产品进出口国和第

① 徐旭初："德国农业合作社专题考察报告"，浙江在线，http：//3n. zjol. com. cn/05sn/system/2010/04/29/016563960. shtml，2011年5月15日。

一大食品加工出口国。其农业合作社也是典型的专业性合作社，每种合作社只提供一种农产品或服务。

（一）法国农业合作社的概况及组织类型

1. 发展概况

法国第一个农业合作社——夏埃奶业合作社成立于1988年。1880年，法国农业工会开始发展，从事经济活动，成立“工会作坊”。早期，农业合作社主要是作为农业行业工会的一个组成部门而发展，直至1945年，政府同意成立全国合作社联合会。1945年以后，农业合作社进一步发展，并且伴随着大力的重组和改组，农业合作社的发展开始加速，涉及的部门也逐渐增加。但20世纪60年代以前，由于受法国相关法律关于“合作社不具备法人资格，不得从事经营活动”等条款的限制，合作社的功能和作用以组织生产为主，数量一度萎缩。但之后随着限制的取消，法国的农业合作社由单纯的生产组织发展成为以生产组织为基础、以产业经营为主导的合作组织，规模逐步扩大，经营内容由最初的初级农产品生产，扩展到加工、储藏和销售领域，形成了从种植、养殖到加工、销售的产业链。① 目前，农业合作社在法国十分普遍，合作经济不断向各个领域延伸，市场占有份额不断扩大，在农产品和食品销售额中，合作社均占50%以上。目前，法国有具有一定规模的农业合作社3750余个，入社社员130万人，90%的农民加入了农业合作社。“全法农业合作社年营业额1650亿欧元，收购额占全国粮油的75%，餐用葡萄酒的60%，鲜奶的47%；羊奶奶酪生产占61%，牛肉生产占38%，猪肉生产占89%，羊肉生产占49%；在法国农产品和食品出口中，合作社占出口谷物的45%，鲜果80%，家禽40%。合作社已成为广大农户与全球化大市场联系的桥梁。”②

2. 组织类型

法国各类农业合作社形成了科学而严密的农村社会化服务体系，如化验、储存和技术咨询等，向社员提供产前、产中、产后系列服务。①在设备利用和科学服务领域，根据农业经营的特点和专业化要求，组建了两种特殊的农业合作社：共同使用农业机械合作社（CUMA，简称居马）和人工授精合作社。②在加工领域，法国合作社农产品加工主要分布在七个部门：牲畜屠宰、奶产品加工、动物饲料、罐头加工、糖业、葡萄酒酿造、蒸馏业。这七个部门的营业额

---

① 新疆生产建设兵团外国专家局：“法国合作社经营模式对兵团发展农业产业化模式的思考”，中国国际人才交流协会，http：//www. caiep. org/trainpro/content. php？id=938，2011年5月15日。

② 白立忱：《外国农业合作社》（第四版），中国社会出版社，2009年，第28页。

占合作社农产品加工和转化总营业额的94%。③在流通领域。法国85%的农场主都参加了产前、产后的流通领域合作社。其中，烟草、制糖的收购和加工，合作社占有100%的市场份额，苜蓿的收割和脱水占95%，种子供应占70%，化肥占65%，农用药品占65%，动物饲料占50%。[①]

经过100多年的发展，法国合作社为社员提供的服务也从最初的技术、采购、销售，扩展到从产前、产中到产后农民生活的各个方面。具体的服务内容有：①农业生产资料（种子、化肥、农药）的生产、采购和供应；②生产过程的技术服务，包括土壤成分分析，农作物的生长管理，化肥、农药使用的时间、数量指导，动物营养和保健等；③统一建立农产品质量标准，并负责这些标准的落实；④共同使用农业机械；⑤统一进行农产品的储藏、运输、加工和销售；⑥信息服务，包括市场信息、法律咨询等；⑦农业科研服务。[②]

（二）组织原则

法国农业合作社坚持的原则主要有五项。

（1）自由加入。农民加入合作社自由，但其必须承认合作社的章程，维护共同利益，缴纳一定数量的股金。但社员退社受到一定的限制，入社要达到一定时间，否则必须缴纳罚金等。

（2）非资本获利原则。社员不是按股金数量获利，而是按交易额多少分红。

（3）民主管理原则。法国农业合作社设立理事会和监事会，理事会和监事会领导从社员中选出，社员直接参与经营决策，充分体现了社员所有者的主体地位和民主管理原则。

（4）排他性原则。合作社只和社员进行交易，每个社员只与合作社交易。但1972年法国颁布《农业合作社章程法》，对这一原则作了变通处理，即如果合作社经营困难或确有必要，可以与非社员交易，但不能超过合作社经营额的20%。

（5）非营利性原则。法律规定，“农业合作社的目的是，农民共同利用便于发展其经济活动的相关手段，以扩大该经济活动的效益”，合作社不追求社员所要求的经济与社会利益以外的其他利益。

（三）法律制度特征

1. 立法模式

法国没有独立的、综合的合作社法，有学者将法国合作社的立法模式概括

---

① 白立忱：《外国农业合作社》（第四版），中国社会出版社，2009年，第28、29页。

② 彭海波等：“法国：农业合作社的考察报告”，中国农民合作组织研究网，http://www.ccfc.zju.edu.cn/a/jingwailaifeng/2011/0110/4260.html，2011年5月15日。

为“‘附属于民商法典+分业合作社法’的立法模式”。① 据此，法国农业合作社以《法国商法典》为依托，专门制定有关农业合作社的法律。早在1883年，法国出现了首批农业合作社，就先后制定了有关农业互助信贷、渔业互助信贷的专门立法。1943年法国通过了专门的农业合作社的法律。1962年《农业指导法》明确了要发展农业合作，并要求由国家和农业组织共同管理农业。1967年制定了关于农业合作社章程的法令——《合作社调整法》。1972年法国颁布《农业合作社章程法》将合作社的原则作了变通处理，允许合作社与非合作社进行业务往来，这一法律是规范法国农业合作社的主要依据。1972年颁布的法律及其后一系列的法规是规范法国农业合作社的主要依据，它界定了农业合作社的法律地位。

2. 制度概述

（1）合作社实行统一章程。章程由国家的法令进行规范。

（2）合作社的性质。合作社是一种特殊类型的企业。法律规定：“农业合作社及其合作社联盟是不同于民事企业和贸易企业的一类特殊企业，它具有独立法人权利和完全民事权利。”法国《农业合作社公司》规定，农业合作社公司以及农业合作社公司联盟，是特殊种类的公司，既不同于民间团体，也不同于商业性公司；农业合作社具有法人资格，具有充分享受和执行法定权利的能力。②但必须注意到，合作社不同于一般企业，其资本和社员可随时变动，理事会有权吸收新的社员以增加合作社资本，也可以因为社员的退出而减少资本。此外，合作社是体现一定公共利益的组织。法律规定，如果合作社因解散或其他原因进行清算，其剩余财产必须交另一家合作社或能体现公共利益的组织经营或管理。

（3）入社与退社。在法国，合作社的组建基于农民的自愿合作，而不带有任何的被迫性质。社员入社的程序根据合作社的规模大小而有所区别。规模较小的合作社，社员入社前要填写申请书，由理事会决定是否接纳入社；规模较大的合作社则设分区管委会，申请入社只需征得分区管委会同意，之后即可到

---

① 在法国，法律明确将各种合作社都归入公司类型，概括适用商人的规定，故而其关于合作社的法律规范主要体现在《法国商法典》以及与商法配套并根据主体不同而分别制定的合作社法，现行法国农业合作社的法律依据是以《法国商法典》为基础，具体包括《生产工人合作社法》、《农业合作社与信用合作社法》、《农业保险合作社法》、《建筑公司及建筑合作社法》等。此外，还于1980年颁布了包括农产品收购和销售、农业共同经营、分区农业合作社、谷物农业合作社、农业供应合作社、农业服务合作社等六类农业合作社的示范章程。参见李勇军、欧阳仁根：“合作社立法模式比较分析及我国的合理选择——基于我国目前民商事立法的背景”，《安徽大学学报（哲学社会科学版）》，2009年第5期，第52页。

② 何黎清、邓声菊：“一些国家和地区关于合作社立法的一些规定”，《农民经营管理》，2006年第3期，第46页。

合作社总部办理登记手续，无需理事会批准。社员退社受到一定限制。[①] 例如，《法国农产品收购和销售农业合作社示范章程》[②] 中规定了合作社社员履行义务的期限，如没有充分的理由，未经理事会批准，在承担义务期限届满以前，不得中途退社；有的合作社则与社员签订协议，规定社员 5 年内不能退社，如果退社则要支付罚金。[③]

（4）入股股份。社员入社时一般都要按照与合作社预期交易量的多少交纳股金。股金不参与分红，但每年可根据全体大会的决定支付一定的利息，利息一般低于同期银行活期利率。

（5）投资原则。合作社应当主要同社员交易。法律规定，在例外情形下合作社可以同非社员进行交易，但交易额占营业额的比例不能超过 20%。但法律规定合作社和合作社联盟可以投资建立商业公司。该投资设立的子公司属于一般的企业，不受合作社法的限制，可以不受限制地与非社员进行交易。[④]

（6）组织机构。法国农业合作社设社员大会。社员大会是合作社的权力机构，规模较大的合作社则设立社员（代表）大会。理事会由社员（代表）大会选举产生，向社员（代表）大会提出年度工作报告和利润分配方案等报告，由社员（代表）大会研究、讨论和表决。法国农业合作社的表决实行一人一票制，但法律允许合作社根据具体情况，按照社员与合作社的交易量、承担的责任、职务和作用的不同，给予附加表决权，附加表决权不得影响“一人一票”的总原则。法国的农业合作社多数不设监事会，社员的监督权主要通过对理事会年度财务和工作报告发表意见的方式来行使。由理事会聘请的总经理及其工作人员是合作社业务的日常管理机构。

（7）盈余分配。法国合作社的盈余分配主要由两部分组成，一是按照社员与合作社的交易额向社员进行盈余返还，二是留作合作社的发展基金。两部分的具体比例一般由理事会提出建议，经社员（代表）大会通过后确定。部分合作社对社员入股的资金也支付一定的利息，利息率也由社员（代表）大会决定，利息列入合作社的经营成本。

---

① 彭海波等：“法国：农业合作社的考察报告”，中国农民合作组织研究网，http：//www.ccfc.zju.edu.cn/a/jingwailaifeng/2011/0110/4260.html，2011 年 5 月 15 日。

② 参见《法国农产品收购与销售农业合作社示范章程》（摘录），载王凤林：《农民专业合作社实用手册》，中原农民出版社，2007 年，第 150～175 页。

③ 如法国布里葡萄酒生产合作社与社员签订协议，规定社员五年内不能退社，如果退社则要支付罚金，具体数额由董事会决定。参见全国人大农业与农村委员会代表团：“法国农业合作社及对我国的启示”，《农村经营管理》，2005 年第 4 期，第 44 页。

④ 目前法国 3500 家农业合作社有 1500 多个子公司，这些子公司与合作社之间的交易完全依照市场规则运行，其获得的利润要交给合作社，由合作社按利润返还原则分配给社员。

（四）政府扶持

法国农业合作社的发展同样建立在自愿、民主的基础上，但在合作社发展过程中，政府发挥了不可替代的引导、支持、监督作用。一方面，法国政府在财政、税收等方面对农业合作社采取优惠政策，支持农业合作社的发展。在财政方面，政府对农业合作社提供优惠贷款、发放补助金。在税收方面，农业合作社享有优惠的纳税待遇，如果农民合作组织只与合作组织的会员有经营往来，农业合作社免公司税并减半征收营业税；如果农业合作社与其他非会员有业务往来，对其交易进行单独核算，单独纳税，但如果与非社员的交易超过20%，则要对合作社的全部盈余征收公司税。另一方面，政府部门通过监督和管理来保证农业合作社的健康发展。合作社联合会负责指派稽查员审查合作社是否按照章程进行运作，审查董事、经理是否切实履行了职责。为保证合作社遵守利润返还原则，法律规定由财政部下属的税务稽查部门负责对合作社与非社员进行的交易进行监督检查。

三、日本农业合作社

日本是建立典型的综合性农业合作社的代表国家之一。综合性农业合作社提供的是一个综合性的平台，承载着与农民生产生活相关的多项内容。除日本外，韩国、印度、泰国都属于这一类型。

（一）日本农业协会的发展概况和组织类型

1. *发展概况*

日本的农业合作社称为“日本农业协会”，简称农协，是一个由农民自愿出资联合组成的全国性的合作社组织。日本农协起源于1900年，其发展经过了三个阶段。第一阶段以1900年日本政府颁发“产业组合法”为标志，帮助中小生产者通过互相合作提高生产能力，创立了“信用组合、贩卖组合、购买组合及生产组合”等四种组合制度。第二阶段是1943年颁发“农业团体法”，这是为满足战时需要建立的农会组织。第三阶段是在1947年战后，日本农业濒临崩溃，种植业以粮食生产为主，科技含量低，产量不高，出现了粮食危机。日本为建立农协制订了专门法律——《农业协同组织法》（也译《农业协同组合法》），开始仿照欧美农业发展模式，在全国范围内组建了农协，使农协走上了法制化发展轨道。[①] 经过战后几十年的发展，形成从市、町、村农协，到都、道、府、县农协，以及全国农协的三级农协组织系统。20 世纪 90 年代实行改革，将原来的三级组织体系改为二级，把都、道、府、县联合会并到中央，并将基层农协进行合并，提高农协的规模和实力。

日本农协的职能是全方位的，除了向成员提供生产、生活资料和销售农产品外，还包括为其成员提供信贷、保险等服务，此外，农协还专门设立了指导事业，指导内容包括营农指导、生活指导和管理指导三种。“为强化服务，农协还会派出位数众多的指导员深入农家地头，这是日本农协的独到做法。”[②] 总之，在日本，农协最大限度地为会员服务，农协的活动渗透到农民生活的方方面面。

2. 组织类型

以行政级别进行划分，日本的农协由三级构成。

（1）基层组织，即市、町、村农协。日本农协的基层组织是综合农协和专业农协。综合农协综合开展指导、信用、购销、保险、农政等有关农协成员的生产经营和生活方面所有的事业。专业农协只从事某一专业的生产营销活动，不涉及信用、保险、农政等方面的事业。能代表日本农协的是综合农协。

（2）省级组织，即都、道、府、县组织，为该区域内基层农协组成的各种农协联合会。日本农协的省级组织是联合组织，主要有县农业协同组合中央会、县农业协同组合经济联合会、县农业协同组合信用联合会、县共济农业协同组合联合会、县农业协同组合厚生联合会。

（3）全国性组织，即日本农协全国联合组织，主要有全国农业协同组合中央会、全国农业协同组合经济联合会、全国农林中央金库、全国共济农业协同组合联合会、全国农业协同组合厚生联合会。

农协和全国农协建立的基本原则是，基层农协联合组成地方农协，地方农协再进一步联合成立全国农协。都、道、府、县各类农业协同组合联合会由各类基层农协联合组成。全国各类农业协同组合联合会由基层农协和都道府县各类农业协同组合联合会组织联合组成（或按系统组成）。从基层到都、道、府、县再到全国的三级农协组织被统称为“系统农协”，各级组织彼此关系密切，三

① 杨承建：“日本农协的运作模式及综合服务功能”，《科技情报开发与经济》，2007 年第 22 期，第 124 页。

② 秦朝钧、王军：“国外农村合作社的发展与我国当前农村合作社建设”，《现代农业科技》，2005 年第 1 期，第 45 页。

级农协组织的各项事业均可通过其对应系统机构上下贯通，统一行动。但上一级机构只是在自愿条件下由下一级机构联合而成，都、道、府、县农协只对市、町、村农协进行业务指导，是一种联合协作的关系，不具有行政命令权，从而保证了基层农协的独立性和自主性。①

从农协的工作性质来看，大体有以下 12 种：①指导事业类。以农协为主指导农民的生产和经营方式。各地指导员定期访问各农户，定期召开学习指导演讲。②信用事业类。以各地的农村信用社为载体，对农民进行储蓄、贷款、外汇兑换以及国债的发行等金融债券业务。③保险事业类。对于加入农协的农民会员，征收一定额度的保险金，开展灾害以及生命保险业务。④购买事业类。农协进行农机以及生产原料的统一采购和分配。目的是通过大规模的采购获得物美价廉的产品及原料。⑤销售事业类。以安定农作物市场的价格和供求平稳为目的，对于农协会员的农产品进行统一质量管理、销售。⑥公共设施的使用事业类。面向于农协会员的农民建设工作和生活必需的公共设施，并提供给会员使用，如大型收割机、粮食储存仓库、农机具修理工厂等生产方面必需的器具设施，及丰富农民生活的集会场所、肉蛋菜市场、电台及婚葬场馆。⑦生产加工事业类。为经过加工才能销售的农副产品提供必要的技术支持、厂房以及销售，如酱油、咸菜及乳类制品。⑧社会福利事业类。设立养老院、福利社，由专员定期访问老弱农民会员。⑨健康保健事业类。设立农民医院，进行健康诊断及保健指导。⑩农业的委托经营事业类。自己持有农地，但是没有工作能力或者有特殊情况的会员，农协提供继续生产的人力物力支援。⑪农业的经营事业类。农协会自己直接进行农业生产。⑫农业生产合同的定制支援事业类。农协会参与并代替个体会员与企业的合同交涉，保护会员的权益和保障会员利益。②

（二）组织原则

日本农协是靠自己独特的组织原则和经营原则组织发展起来的特殊法人。其原则主要有：

（1）加入自由的原则。加入农协或退出农协都是自由的，无论希望加入农协或想利用农协事业的人的政治、宗教立场如何，都不得被拒绝或强制退出。

（2）民主经营的原则。农协的会员都有权参加总代表大会，都有选举权和

---

① 陈柳钦："日本农协的发展历程、组织、功能及经验"，《郑州航空工业管理学院学报》，2010 年第 1 期，第 87 页。

② 张冠宇："日本农协的发展与思考"，中国农民合作组织网，http：//www. ccfc. zju. edu. cn/a/jingwailaifeng/2010/0501/1297. html，2011 年 5 月 15 日。

表决权，对农协的议案实行一人一票表决制。

（3）限制出资配额的原则。规定每个会员的出资额最多不得超过农协总资产的8%。

（4）剩余资金分配原则。农协经营活动的成果被称为剩余金。剩余金按会员对农协事业的利用程度来分配，而不是按出资额的多少进行分配。剩余金的一部分留作农协发展的储备金。每年用于教育、情报的费用占农协剩余金的5%以上。

（5）非营利性原则。1947年颁布的《农业协同组织法》规定，重建后的农协以“提高农业生产力，提高农民的社会经济地位，实现国民经济的发展”为宗旨，农协“通过其从事的事业，为成员提供最大限度的服务，不以营利为目的”，因此其设立的目的在于谋求成员利益的最大化，而不是为农协赚取利润，是非营利单位，是靠自己的经营事业独立核算的民间企业。

（三）法律制度

1. 立法模式

日本的合作社采取分业单独立法模式。[①] 日本为了保护合作社的发展，制定了一系列法律。1899年明治政府制定了《农会法》，1900年又制定了《产业组合法》，1943年颁布了《农业团体法》，1947年通过了《农业协同组织法》，即日本现代农业合作社的基本法律。在日本农协法实施之前，由于制度不健全，农协大多经济基础薄弱、经营不善。1947年农协法结合当时实际情况，依法对农协进行了重组，构建了自上而下全国一体化的业务经营体系。该法自制定实施以来已有50多年的历史，期间为适应日本农协、农村、农民的结构的巨大变化，先后经历近30次修订，使农协成为日本农村生产和生活的实际组织者，成为日本农村社会的支柱。

2. 制度概述

（1）农协的基本性质。《农业协同组织法》第5条明确规定：“农业协同组合和农业协同组合联合会是法人。”该法第2章还规定了农事组合[②]的法律地位为法人，同时该法第3章规定农业协同组合的组织机构——中央会的主体属性

① 该种模式下，各种类型的合作社并没有一部统一综合的合作社法，而是根据实际需要按照合作社的具体类型而分别单独进行立法。参见李勇军、欧阳仁根：“合作社立法模式比较分析及我国的合理选择——基于我国目前民商事立法的背景”，《安徽大学学报（哲学社会科学版）》，2009年第5期，第51页。

② 农事组合也是农民合作组织的一种形态，基本特征为合作社性质的非营利法人，但规模小、公共性差，仅限定在农业生产领域的合作化。参见李中华：“日本〈农业协同组合法〉的解读与初探”，《农业经济》，2002年第12期，第26页。

也是法人。但日本农协与一般企业法人还是有所不同的，主要体现在：一方面，日本农协是企业。农协的经营管理等业务是依照企业（公司）经营的法律规范来进行的；另一方面，它又是群众团体，是农民团体和合作社。“它不仅代表农民的利益向政府提出意见和建议，而且对农民从各个方面进行指导，介入农业生产和生活的全过程。因此日本农协不仅是个经济组织，还兼有协助政府贯彻农业政策和代表农民向政府建议（施压）的双重职能，因而具有‘政治团体’的性质。无论经济辐射力还是政治影响力，农协在日本农业与农村中具有举足轻重的地位。”① 由于它的双重特性，日本将农协确定为介于营利性工商企业法人和政府公益性事业法人之间的特殊法人，由农林水产省大臣和都、道、府、县知事批准后注册登记。

（2）入社与退社。加入自愿、退出自由，是日本农协组织最基本的原则。凡自愿参加农协的农民和当地非农居民及城市市民，只要交纳股金，遵守农协章程，从事农协事业，就可以成为农协成员。但农协里的成员总数必须确保农民为主体；社员若要退出农协，只要在事业年度前两个月提出申请即可，并退还全部股金。

（3）社员制度。日本农协成员由“正社员”和“准社员”两种社员构成。②正社员为国家法律和农协章程所规定的农民及从事农业经营的农事合作社法人；准社员为农民以外的当地非农民身份的居民及城市市民。加入农协的社员除享有利用农协事业权，请求分红、退股等权益外，正社员还有选举权、表决权、请求召开社员大会和请求改选农协干部的权力等。而准社员只能参加农协的合作活动，享有利用农协事业、请求分红、退股等权力，没有选举权和被选举权。

（4）组织机构。日本农协采取和普通公司一样的经营管理机构，包括社员全体大会（社员超过500人的农协，则为全体代表大会）、农协理事会、监事会。①社员大会或社员代表大会（在日本称组合员全体会议或组合员代表会议）。社员大会或社员代表大会是农协的最高决策机构，社员大会由全体社员组成。它有例行的社员大会和临时的社员大会之分。例行的社员大会一年一次，会上要通过上年度的工作报告、财务决算、盈余分配方案或损失处理方案，以及决定当年的工作计划。临时的社员大会在有重大问题发生时召开。②理事会。

① 胡美林：“日本农民专业合作经济组织考察报告”，中国农民合作组织研究网，http：//www.ccfc.zju.edu.cn/a/jingwailaifeng/2010/0715/2063.html，2011年5月15日。

② 正社员的比例要高于准社员，正社员占成员总数的比例一般为60%左右。但随着农业衰退，农民人数和农户户数的减少，为应对“农非混住社会化”，日本全国农协的准社员正在大幅度增加。参见胡美林：“日本农民专业合作经济组织考察报告”，中国农民合作组织研究网，http：//www.ccfc.zju.edu.cn/a/jingwailaifeng/2010/0715/2063.html，2011年5月15日。

理事会是农协的执行机构。理事会设理事、专务理事、常务理事和理事长（在日本称组合长/社长），理事由社员大会或社员代表大会选举产生，专务理事、常务理事和理事长由理事会选举产生，理事长是农协的最高法人代表，理事会下设职业经理，职业经理人由理事长聘用。理事不能兼任监事和农协的职员。理事人数要在五人以上，任期三年，可连选连任。理事会每月召开一次，根据社员大会或社员代表大会所通过的工作计划和收支预算，安排好有关工作。而日常事务则由理事长（社长）和常务理事、专务理事及职员处理。③监事会。监事会是对农协理事会的工作进行监督的农协内部监察部门。监事和监事长由社员大会或社员代表大会选举产生。监事不能从事与农协事业有实质性竞争的业务。财务人员也不能兼任理事职务。监理人数一般为两人或两人以上，任期三年，也可连选连任。

（5）盈余分配。农协盈余在作了各种扣除以后，红利按会员利用农协事业及设施的数量比例和股金两个标准进行分配。其中将股金分红部分限定在一定的法定范围内是其一大特点。一般基层农协限制在年息7%以内，农协联合会限制在年息8%以内。农协经营利润除用于股金分红和社员利用农协事业的返还金之外，均作为农协发展事业之用。

（6）责任承担。日本《农业协同组织法》规定，股份制合作社成员以其对合作社持有的股份为限对合作社债务承担责任，非股份制合作社以其对合作社支付的费用为限承担责任。

（四）政府扶持

与德、法、美等国以市场推动农业合作社发展不同，日本农协是在政府倡导、扶持下组织起来的，官办色彩极为浓厚。概括来讲，日本农协和日本政府的关系是既相对独立又相互依存。农协的事业依靠政府支持和监督；政府的有关政策、措施依靠农协贯穿和实施；农民的意愿和建议依靠农协及时向政府反馈。

（1）依法建立和管理农协。农协具有政府认可的法律地位，并受到国家的保护和扶持。日本专门制定了《农业协同组织法》等法律、法规，从国家的角度对农协的法律地位、事业内容、经营管理、组织机构等都作出原则性规定；政府对农协的各项活动给予扶持，行政部门不得超越法律干预农协。

（2）明确行政指导与登记监管机关。日本政府明确农业部门为农协的行政指导与登记管理机构。在农林水产省设有经营管理局，下设农协课，各都、道、府、县农政部也设有农协课，负责对农协实行指导、管理和监督、监察，并通过各级农业行政机关对农协实施登记审核、检查监督、指导管理等措施，以加强政府通过农协对农业和农村政策的全面贯彻实施，并保障农协的健全运营。

(3) 税收优惠和财政扶持。日本政府多年来对农协实行低税制。以所得税为例，一般股份公司要交纳62%，而农协只交纳39%；法人税，一般企业要交纳35.5%，农协只交纳27%；各种地方税，一般企业交纳50%～60%，农协只交43%。对于农协的经营服务设施，尤其是农产品加工、储运和科研设施的建设，政府都给予大量投资。[①] 日本农协举办并获得政府同意的农产品加工项目的厂房、设备所需投资，政府补贴50%，基础设施建设有时甚至补贴65%以上；每年拨付给农协用于各类专门人才的教育培训专款就达10亿日元以上。[②]

四、美国农业合作社

美国是个农业极其发达的国家，也是世界农产品出口大国，其粮食产量居世界首位，农业如此发达与其农业合作社的发展是密不可分的。美国是建立跨区域农业合作社的典型代表。这类合作社的特点是跨区域合作与联合，以共同销售为主，生产性的合作社较少，一般一个专业合作社只经营一种产品，但体现了对该产品的深度开发，发展大的种植、养殖、加工服务。

（一）发展概况和组织类型

1. 发展概况

美国农业合作社早期的发展与欧洲大体同步，迄今已经有180年左右的发展历史。由于美国以家庭农场作为基本的农业生产单位，所以农业合作社也称为农场主合作社。历史上最早的农业合作社是1810年康涅狄格州的奶牛农场主组建起来的，目的是加工和销售奶油。但比较成功的要算1841年和1851年在威斯康星州和纽约州组成的两个乳业合作社。此后，合作社纷纷组建。19世纪60年代后，更是在全国形成了一个轰轰烈烈的合作社运动。[③] 1929年美国爆发了历史上最严重

---

① 史今善：“当今美日欧农民合作社评述与借鉴”，《西北农林科技大学学报（社会科学版）》，2005年第6期，第3、4页。

② 胡美林：“日本农民专业合作经济组织考察报告”，中国农民合作组织研究网，http：//www.ccfc.zju.edu.cn/a/jingwailaifeng/2010/0715/2063.html，2011年5月15日。

③ 在19世纪60年代，美国农业步入商业化，农业危机也开始显现，在1867年爆发第一次农业危机的背景下，为抗争加工商、经销商和运输商们趁火打劫，极力压低农产品收购价格、抬高运费，农场主们在华盛顿区成立了一个“格兰其”的农业合作社，主要从事销售、储运和加工方面的合作，取得了成功。一时间在全国各地纷纷成立众多的格兰其组织。参见白立忱：《外国农业合作社》（第四版），中国社会出版社，2009年，第30页。

的经济危机，农业合作社开始减少，2005 年美国的合作社仅 2896 个，社员 257.1 万人，尽管如此，社员数也远远超过了美国农民数量（213 万人）。可见美国农民几乎全部参加了农业合作社，有的甚至参加了多个合作社。合作社交易量一直都呈上升趋势，1940 年的交易量为 22.8 亿美元，2007 年已经达到 1231 亿美元。这充分说明了合作社的规模不断扩大，覆盖面大，带动能力强。①

2. 组织类型

按照合作内容，美国农业合作社分为加工销售合作社、供应合作社、服务合作社及信贷合作社。①加工销售合作社。加工销售合作社在美国农业合作社中是历史最长、数量最多、实力最为雄厚的，在农业中的作用也是最为重要的。加工销售合作社专业化特点突出，一般一个合作社只经营一种农产品，经销两种或两种以上农产品的合作社为数不多。加工销售合作社承担多种职能，其业务范围涉及农产品的收购、运输、储藏、检验、分级、加工、包装及最终产品的销售等多个环节。②供应合作社。供应合作社以合作社的形式向农场主供应农用生产资料，并从事相关的技术指导和维修服务。根据其供应范围可划分为专用性和综合性两类，前者一般只经营一种或一类商品，后者的供给是综合性的，经营范围更为广泛。③服务合作社。服务合作社指除加工销售、供应合作社外，为广大农场主和农村居民提供生产和生活服务的各种各样的合作社。如医疗保健、保险、住房、水利灌溉、人工播种等。④信贷合作社。不同于其他农业合作社，美国的农业信贷合作社完全是在政府的直接参与下组成的。其信贷合作体系由联邦土地银行、联邦中间信贷银行及生产信贷协会、合作社银行三个部分组成。这三个部分间既有分工，又有联系。联邦土地银行主要是向农场主提供用于购买土地和修建建筑物等不动产的长期抵押贷款；联邦中间信贷银行专为生产信贷提供资金，再由生产信贷协会向农场主提供中、短期贷款，以弥补农场主流动资金的不足；合作社银行是专门向农业合作社提供贷款的信贷机构，包括中短期贷款和用于合作社基础设施建设的长期贷款，还提供用于支持农产品出口的贷款。

3. 发展特点

美国农业合作社作为跨区域合作社的代表，主要有以下特点：①以加工和流通领域的合作为主。美国的农业合作社主要集中在加工和流通领域，农业生产合作社数量极少。合作社多活跃在生产资料的供应和农产品销售、加工、储运等服务领域。②以专业化合作社为主。美国供销合作社的专业化水平很高，一个合作社一般只围绕一种或几种产品展开多种合作业务。③合作社跨区域建

① 徐红："美国农村合作社成长模式及对我国的启示"，《中国集体经济》，2008 年第 5 期，第 197 页。

立，不受社区限制。根据经营范围和规模，可以将合作社划分为当地合作社和区域性合作社，当地合作社往往是某个区域性合作社的基层社，只不过其服务范围比后者小很多。④合作社规模大，实力强。在经过长期发展和竞争后，最后生存下来的合作社都具有较强的经济、技术实力和管理能力。一些大的合作社甚至已发展成为规模巨大的跨国集团，在北美乃至全世界都占有重要地位。

（二）组织原则

传统美国农业合作社基本上体现了国际上通行的合作社原则。

（1）服务社员原则，即成本经营原则。合作社由它的全体社员所拥有，其目的是为社员谋取共同的经济利益。合作社主要为社员服务，对非社员的服务不得超过服务总量的50%。

（2）入、退社自由原则，即开放和自愿入社。

（3）民主管理原则，即合作社由社员民主管理，其基本表现形式是“一人一票制”，即每个社员拥有一票的表决权，而不管其拥有股票的多寡。

（4）分红限制原则，社员要交纳或认购一定金额的合作社股金，但合作社对股金分红的比例进行限制，红利的年率不得超过8%。

（5）非营利性原则。合作社是一种非营利性组织，年终的盈余在扣除必要的公共提留后，按社员同合作社的业务交往量的比例返还给社员。

（三）法律制度

1. 立法模式

美国的合作社立法模式被一些学者称为“相关法律规制模式”，即合作社规定散见于多部法律、法规乃至判例中的立法模式。[①] 首先，美国的农业合作社法由特别立法与普通公司法共同组成。它们分别从不同的角度规定了农业合作社的设立条件、法律性质、组织管理、运作方式以及优惠待遇等。从形式上看，农

---

① 这种模式下，既没有综合、统一的合作社基本法，也缺乏具体分业的合作社法。由于美国是联邦制国家，联邦和各州都有基于分权制衡的各自独立的立法权，反映在合作社立法上，其立法权属于各州，从而导致美国各州都有合作社法，如包括华盛顿州、纽约州、缅因州、加利福尼亚州、北卡罗来纳州等在内的大多数州都制定了合作社法，但缺乏系统、统一的联邦合作社立法。在有关合作社的立法方面，目前仅存在少量的联邦立法，如1922年《卡帕-沃尔斯坦德法案》和1926年《合作社销售法》、1934年《联邦信用社法案》及联邦税法、证券法、反托拉斯法、信贷法等法中涉及合作社的条款；各州合作社法则较为普遍且出现较早，目前大多数州均制定有本州的合作社基本法和一些专业合作社法，加上法院在审理合作社案件时形成的判例，共同构成美国合作社法律制度体系。参见李勇军、欧阳仁根：“合作社立法模式比较分析及我国的合理选择——基于我国目前民商事立法的背景”，《安徽大学学报（哲学社会科学版）》，2009年第5期，第52页。

业合作社是类似于公司的一种组织，其组织机构的设置及人员产生可以按照公司法进行，但作为互利组织，农业合作社应坚持非营利的性质，从设立到运作都要坚持非营利性，这又不同于普通的公司，所以需要特别立法予以规定。其次，从立法层面来看，有联邦层面的合作社法和各州的合作社立法。美国 1890 年的《谢尔曼反托拉斯法》禁止合作社的发展，直至 1922 年国会通过了《卡帕-沃尔斯坦德法案》，才确立了合作社的合法地位。之后，美国为支持合作社的发展，1926 年制定了《合作社销售法》。此外，专门针对信用合作社制定了《联邦信用社法案》，同时在联邦税法、证券法、中央银行法、社会保险法等法律中规定有关合作社的条款，大多数州均制定有本州的合作社基本法和一些专业合作社法，加上法院在审理合作社案件时形成的判例，共同构成美国合作社法律制度体系。

2. 制度概述

（1）合作社的概念。农场主合作社是由拥有共同所有权的人们在非营利的基础上为提供他们自己所需要的服务而自愿联合起来的组织。

（2）合作社的性质。美国农业合作社是不以营利为目的的经济联合体，就其法律形式而言，可分为法人合作社和非法人合作社。法人合作社，又可分为股份合作社和非股份合作社。法人合作社和非法人合作社设立时依据的法律不同。股份合作社是发行股票的合作社，非股份合作社不发行股票，而是通过发给社员的证书以证明其在合作社中的权利。非法人合作社是由若干成员组成的联合体，它不经注册，只要有名称、章程、管理成员及明确的职责即可成立。"不论哪一种形式的合作社，也不论依据哪一种法成立，这些合作社都有一个共同的特点：不以营利为目的。即使依据普通公司法成立的股份合作社，在营利性问题上也不同于一般的公司。"①

（3）投资来源。权益资本来自社员，而不是来自外部投资者。它通过交纳会员费或销售股票来获得，并按交易量比例保留一部分净收入，或按销售的一定数量和产品比例留存一部分收入。美国农业合作社的资金来源主要有以下几种途径：社员认购、基于惠顾交易的筹资以及借贷资本等。

（4）组织机构。美国农业合作社组织机构由社员大会和董事会组成。①社员大会由全体社员组成，社员大会一般每年召开一次，并可以在任何时候召开特别会议。合作社的重大事项由社员大会投票表决，其基本原则是多数票控制。②董事会。董事会成员由社员大会选举产生，董事会成员通常也要来自社员，但并非所有社员都有当选机会，凡是同本合作社竞争的任何公司及其子公司的

① 米新丽："美国农业合作社法初探"，《江西社会科学》，2004 第 3 期，第 139 页。

人都没有资格成为本合作社的董事。董事会享有除社员之外的合作社的其他权利，负有督促和指导合作社活动的职责。董事会有权聘任经理，经理根据董事会的授权，在董事会的监督下，负责经营本合作社的日常事务，包括采购、销售和处理由合作社处理的所有农产品和供应品；根据董事会的要求编写年度报告和其他报告；雇佣、监督和解雇合作社的任何一个雇员。

（5）盈余分配。以合作社为基础从事经营活动获得的利润或损失，通常称之为毛利；一般按社员一年内利用合作社的总量为基础进行分配，而不是按他们拥有的权益资本的多少。其分配通常有现金或增加权益资本两种方式，社员一般既收到部分现金，又收到部分增加的权益资本。①

（6）责任承担。合作社社员采用有限责任制。如果合作社经营失败，社员的责任仅限于社员投入合作社的部分。

（四）美国新一代农业合作社的发展及特征

20世纪90年代，国际农产品市场受到一些欧洲国家（如法国、丹麦等）和亚太地区国家（如中国、澳大利亚等）冲击，美国农产品出口量下降；同时，由于美国国内人民生活水平的提高，消费机构升级，农产品的国内需求也有所减少，因而出现相对过剩，价格下跌。为应对这一形势，美国的北达科他州最先发展出了“新一代合作社”的运行模式，后来迅速发展到明尼苏达州、加利福尼亚州、南达科他州等。“与传统农业合作社主要销售初级农产品不同，新一代合作社以创造农产品附加值为主要战略。”②

1. 美国新一代农业合作社的制度创新③

（1）新一代合作社通过交易份额制和投资成员制，实现其“投资-利润”取向。这是新一代合作社有别于传统合作社的核心特征。传统合作社往往是综合性的，向社员提供广泛的服务内容，包括产前、产中和产后的系列服务，附加价值不高，利润提升空间有限。“新一代合作社”经营的产品单一，更加关注专业化生产，追求农产品深加工和增加附加值。它通常只经营一种农产品，只接受事先与社员商定的特定数量和种类的农产品，然后进行加工和销售，并让社员分享增值的收益。

---

① Donald A. Frederick：“美国农业合作社概况（一）”，韩长江译，《中国供销合作经济》，2003年第8期，第61页。

② 徐红：“美国农村合作社成长模式及对我国的启示”，《中国集体经济》，2008年第5期，第197页。

③ 刘颖娴：“简评国外农民合作社产权安排”，《福建论坛·社科教育版》，2008年S1期，第65页。

（2）封闭的社员资格。与传统合作社社员入社自愿、退社自由的开放原则不同，新一代合作社具有封闭性。传统合作社实行入社自愿、退社自由的开放原则，而新一代合作社由于投入资金多、风险大，所以它成立时，要根据经济条件、生产能力及个人信誉度，挑选提交入社申请的农民。合作社成立后，除非有特殊情况，社员不能退出，也不接纳新成员。

（3）合作社股金稳定。新一代合作社根据合理的经营规模确定资产总股本和接受社员的数量，并按社员持股数量确定其产品限额。社员可以退社，但不能退股，社员的股金或剩余索取权可以在内部转让，股本相对稳定。

（4）较少的公共积累。由于社员股金充足，新一代合作社一般不留公共积累，将经营利润全部按交易份额返还给农民，当合作社需要资金时，就再通过由社员认购交易份额来获得资金。

从上述新一代合作社的制度特征显示，它与传统的合作社已经有了很大区别，其运行机制更多地借鉴了股份制企业的现代管理制度，权责明确，政企分开，但仍保留了合作社的三个基本特征：首先，它不仅仅是投资者所有的企业，而是服务对象（惠顾者）——农业生产者的企业，投资者与惠顾者的身份同一；其次，合作社成员的持股额与农产品的销售额相挂钩，两者比例一定；最后，普通股份制企业中往往有一个或几个股东处于控股地位，而新一代合作社不允许少数人控股局面的形成。①

（五）政府扶持

美国的合作社在其发展过程中很少受到来自政府的直接干预，美国政府认为合作社只是众多的企业形式之一，因此在处理政府和合作社的关系，特别是外部关系时，除参照合作社有关的法律外，还参考相应的企业法。美国政府的支持，一是法律保护，及时制定了有关的法律即配套措施，通过立法进行保护；二是税收优惠；三是信贷支持，通过农业信贷合作体系向农场主和合作社提供信贷支持。②

第三节　国外农业合作社的发展特点和启示

除上述典型国家的各项制度之外，以整体的视角，观察国外农民合作组织

---

① 张永亮：“美国农业合作社立法及其对我国的启示”，载石道金：《中国林业经济论坛》（第2辑），中国林业出版社，2007年，第192页。

② 关于美国合作社领域的政策支持，详见本书第六章。

的整个发展历程，可以发现在其发展的100多年中，国外农民合作组织也经历了自身的发展变革。目前合作组织已经成为主流的农业组织形式，但在整体发展的背景下，各个国家也形成了不同的发展类型。我国在市场经济条件下，农民自主参与市场的时间较短且不成熟，农民专业合作社的很多领域需要借鉴国外合作社的经验。

一、国外农民合作组织的发展历程和趋势

（一）国外农民合作组织的总体发展历程

农业合作社已有100多年的发展历史。首个合作社可追溯到1844年在罗虚代尔成立的罗虚代尔公平先锋社，其为解决社员的实际困难、谋取利益，在社会生产或消费某个环节进行联合。此后的合作社以此为先导，首先在欧洲和北美一些市场经济发达的国家迅速发展起来，特别是在农业经济领域得到了长足的发展。[①] 19世纪末20世纪初至第二次世界大战时期，农民为了与越来越巨大的工商业垄断组织相抗争，选择了唯一的一条发展道路，即联合起来发展合作社。1895年，为顺应合作经济组织发展的需要，国际合作联盟在伦敦成立，确定了合作社的普遍原则，推动了合作社组织由早期自发状态进入规范制度化发展时期。第二次世界大战结束以后，合作运动成为全球性浪潮[②]，覆盖面不断扩展，而且其类型、形式不断丰富，并向质量型、内涵型发展，越来越成为世界经济中一个重要组成部分。

到1997年，参加国际合作社联盟的国家增加到92个，国家性合作经济组织212个，国际性组织8个，下属社员近3.54亿人，直接受益人口近30亿人，占世界总人口的1/2，各种合作经济组织为1亿人提供了就业机会。例如，在美国，由合作社加工的农产品占总量的80%，供应的化肥、石油占40%以上；法国农业合作社年收购额占全国粮油的75%，猪肉生产占89%，饮用葡萄酒占60%；荷兰农业合作社奶制品市场占有率为83%，园艺花卉为70%，水果蔬菜为57%。[③]

① 汪文文：“国外农民合作经济组织发展历程、特点及启示”，《现代农业科技》，2008年第3期，第200～202页。

② 李勇军：“农业合作社在各国（地区）的发展、功效及其立法分析”，《时代法学》，2008年第6期，第55页。

③ 以上数据来源于汪文文：“国外农民合作经济组织发展历程、特点及启示”，《现代农业科技》，2008年第3期，第200～202页。

（二）农民合作组织的不同发展模式

由于不同国家的政治、经济、社会文化背景以及资源禀赋不同，农民合作组织的发展也呈现出各种态势。[①] 总结起来，可以分为三种。

一是以德、法为代表的专业性合作社。这类合作社的特点是专业性强，即以某一产品或者某种功能为对象组成合作社，如小麦合作社，奶牛合作社，销售合作社、农机合作社等。这类合作社的规模一般都很大，本身就是经济实体，为了形成规模优势保障合作社利益，合作社之间的联合或者合作逐步增强，形成了比较完善的合作体系。合作社由农户提交股金，有的还吸收一部分政府的财政补贴，合作社与政府的关系比较密切。[②]

二是以日本为代表的综合性合作社。这类合作社提供的是一个综合性的平台，功能包括生产、销售和多种业务，承载着与农民生产生活相关的多项内容。日本、韩国、印度、泰国都属于这一类型。比较典型和成功的当属日本的农协[③]。日本也有专业性农协，但从经济实力和经营范围看，综合性农协仍占主导地位。形成这一特点的原因在于这些国家的农业规模一般较小。政府也对农协给予了大量的财政和政策支持。

三是以美国为代表的跨区域合作社。这类合作社的特点是跨区域合作与联合，以共同销售为主，生产性的合作社较少，一般一个专业合作社只经营一种产品，但体现了对该产品的深度开发，发展大的种植、养殖、加工服务。其规模大，在牛奶、水果、蔬菜等领域占有较大的市场份额，涌现了不少国际驰名品牌。[④] 美国是这一类合作社的典型代表国家。美国政府对农业合作社一般只是在法律和政策上给予一定优惠，并不进行多少干涉。

（三）农民合作组织在国外的最新发展趋势

随着现代市场经济尤其是现代农业的发展，在经济全球化、国际化的背景下，激烈的市场竞争对农民合作组织提出更高的要求。20世纪后期以来，农民合作组织针对自身内部制度安排的不足，也进行了相应的调整和创新，呈现出

---

① 高晓巍、左停："国外农民合作组织发展及启示"，《世界农业》，2008年第5期，第7页。

② 胡宗山、付强："国外农村合作社：历史、经验与借鉴"，《社会主义研究》，2006年第5期，第105页。

③ 日本的合作社称为"日本农业协同组合"，简称农协，是一个全国性的合作社组织，包括中央级、县级和基层。

④ 秦朝钧、王军："国外农村合作社的发展与我国当前农村合作社建设"，《现代农业科技》，2005年1期，第44页。

一些新的发展趋势。

(1) 经营目的向营利性转变。农民合作组织最初是社员之间弱者的联合，以满足社员的共同需求，并不追求盈利最大化。但这一目的使得合作组织在西方国家激烈的市场竞争中生存困难，因此，许多合作组织出现了明显的公司化趋势；一些农业合作社引入股份制，向社会发行股票筹集资金。① 现在，美国大约 80% 以上的农场主合作社属于“股份合作社”。②

(2) 经营规模扩大化。为了适应市场竞争的需要，一些农业合作社通过联合和合并，经营规模不断扩大、市场占有率提高，以降低成本、增强实力。合作社业务也从单一的销售供应环节业务向“纵向一体化”发展。农业合作社联合与合并的现象在新西兰、瑞典、丹麦等许多国家都大量存在。合作社的规模不断扩大，尤其是近十几年来，美欧农业合作社的发展出现明显的大型化趋势，合作社数量上不断减少，规模越来越大。③

(3) 社会化程度加大。随着经营规模的扩大，以及现代工业和现代科学技术越来越多地被应用于农业产业，许多农业合作社外聘企业家或专业管理人员。特别是近些年来这种趋势更加明显。合作社通过调整自身制度以满足合作社纵向一体化发展对资金和人才的需求。④

二、合作社发展的特点

合作经济运动作为一种世界性的社会经济现象，经历了由简单到复杂、由松散到紧密、由局部发展到覆盖整个社会再生产各个环节的发展过程，形成了目前网络化、系统化、纵向化的现代合作体系。⑤ 各国国情不同，其发展模式和趋向也会有所不同，但主要有以下特点。

（一）坚持合作社特定的价值观念和组织管理原则

罗虚代尔公平先锋社成立伊始创办了一套切实可行的办社原则，这一原则

---

① 王爱芝：“国外农业合作社的发展趋势及对我国的启示”，《开发研究》，2010 年第 1 期，第 88、89 页。

② 徐更生、武一：“国外股份合作社产生的背景及其特点”，《世界经济》，2000 年第 7 期，第 71 页。

③ 王凤林：“国外农村合作社发展的新趋势”，《当代世界》，2003 年第 9 期，第 44、45 页。

④ 王爱芝：“国外农业合作社的发展趋势及对我国的启示”，《开发研究》，2010 年第 1 期，第 88、89 页。

⑤ 高晓巍、左停：“国外农民合作组织发展及启示”，《世界农业》，2008 年第 5 期，第 8 页。

在1995年国际合作社联盟第31届大会上重新修正产生了“曼彻斯特原则”国外农民合作组织坚持“民办、民管、民收益”和服务社员、自主经营、自由进退的原则。在合作社发展过程中，尊重农民的意愿和选择，农民入、退社自由，社员民主管理，以服务社员为宗旨，不以营利为目的。

（二）以立法保障农民合作组织的发展

从国外农民合作组织的实践来看，各国都以法制为基础，制定有关合作社的法律法规，保障合作社的健康发展。例如，美国为支持合作社的发展，于1926年制订了《合作社销售法》，日本政法先后颁布实施了《农业协同组织法》、《农林渔业组合重建整备法》、《农协助成法》等法律。①

（三）政府在农民合作组织的发展过程中发挥着重要作用

无论是像德国、美国、法国这样的市场引导性的国家，还是像日本这样在政府引导下发展起来的国家，政府在合作社的发展中都发挥着极其重要的作用。政府通过立法保护农业合作社的发展，同时又在财政、税收等方面给予农民合作组织以各项补贴及优惠政策，甚至在一些国家，政府设有负责农民合作组织事务的专门机构，监督这些合作组织的财务制度和运行状况，保障农民合作组织的健康发展。

（四）农民合作组织在经营上侧重于一体化和综合化的发展趋势

一方面，农民合作组织通过垂直一体化经营，延长了农业产业链条，提高了农业的比较利益，扩大了农业部门增加值的来源，增加了农业生产者的收入。另一方面，西方国家的农业合作社逐步走向联合，随着世界经济一体化进程的加快，国际农产品市场竞争日趋激烈，各国以基层农业合作社为基础建立了各种联合组织，促进合作社间的合作，并负责提供技术咨询和培训等，在整体上保护农民合作组织的行业利益。

三、国外合作社发展的经验对我国的启示

我国农业虽有着悠久的历史，但是在市场经济条件下，农民自主参与市场博弈的历史还很短暂，特别是在如何促进分散的农户适应市场经济方面还有很

① 荆建林：“国外农业合作社法概述（下）”，《世界农业》，1989年第3期，第7、8页。

长的路要走。[①] 从世界各国农业发展的状况来看，农民合作组织的发展是世界普遍的趋势。与发达国家农民合作组织的发展相比，我国农业合作社尚处于初级发展阶段，各种农协、合作社名目繁多，但规范发展的并不多见。国外农民合作组织的成功典范对我国农业合作社的发展提供了丰富的可借鉴经验。但"制度是不能移植的，制度在建立和发展过程中存在着路径依赖"[②]，因此在借鉴他国经验的基础上，必须立足于本国国情和本国的文化传统，利用本国现有的农村组织资源、制度资源以减少组织成本，发展适合中国的、具有中国特色的合作经济模式。

（一）以完善的法律体系为基础保障农业合作社的发展

我国已经颁布了《农民专业合作社法》，对于推动农民合作社建设具有重大历史意义，填补了我国市场主体法律的空白。如前所述，在美国，除存在国家层面的合作社法如《卡帕-沃尔斯坦德法案》、《合作社销售法》外，还专门针对信用合作社制定了《联邦信用社法案》，同时在联邦税法、证券法、中央银行法、社会保险法等法律中规定有关合作社的条款，而纽约州除制定有合作社基本法之外，还专门制定了《农村电力合作社法》等。在法国，关于合作社的法律规范主要体现在《法国商法典》以及与商法配套并根据主体不同而分别制订的合作社法，具体包括《生产工人合作社法》、《农业合作社与信用合作社法》、《农业保险合作社法》、《建筑公司及建筑合作社法》等。在日本，不仅制定有《农业协同组织法》，而且还制定了《水利合作社法》、《商工协同组合法》、《中小企业协同组合法》、《消费生活协同组合法》、《水产业协同组合法》、《信用保证协会法》等。此外，一些地方还制定了相关合作社法，如《北海道土功合作社法》、《北海道土功合作社法修正案》等。[③] 而在我国台湾地区，除制定有"合作社法"，还同时制定了"农会法"、"渔会法"、"保险法（其第三节专门规定了保险合作社)"、"信用合作社法"、"信用合作社合并程序及办法"等。[④]

我国在金融合作社、社区合作社、农业协会等方面仍存有法律空白，亟待进一步完善。同时，我国地幅辽阔，各地区农业发展不均衡，地方政府应在考

---

① 胡宗山、付强："国外农村合作社：历史、经验与借鉴"，《社会主义研究》，2006 年第 5 期，第 106 页。

② 文小才："国外农业合作社的发展模式与借鉴"，《河南财政税务高等专科学校学报》，2008 年第 6 期，第 4 页。

③ ［日］关谷俊作：日本的农地制度，金洪云译，生活 · 读书 · 新知三联书店，2004 年，第 378～380 页。

④ 李勇军："农业合作社在各国（地区）的发展、功效及其立法分析"，《时代法学》，2008 年第 12 期，第 58 页。

察本地农业合作社发展的基础上出台相应的政策法规，为农业合作社的发展保驾护航。

（二）充分保障合作社的自治性质

农民合作组织是农民的自我服务性组织，要赋权给农民，始终坚定不移地把农民合作组织办成农民自己的合作组织。尽管在合作组织的发展中，各国政府采取了不同程度的政策扶持，但这并未改变农民合作组织和影响农民合作经济组织的自愿性。在市场经济条件下，农民是具有自主身份的经济个体，要使合作社真正能够得到维持和发挥作用，就必须调动农民自身的积极性和创造性。应当通过开展培训和教育，使广大农民树立起强烈的平等、互助、合作的价值观念，培养其参与意识、民主意识，调动农户加入合作社的积极性，提高合作社的民主管理水平。

同时，应当完善农民专业合作社的内部管理方式，提高其自治水平。可以借鉴日本的正社员、准社员和役、职员管理制度。日本农协不是政府部门的职能管理机构，而是广大农民在自愿的基础上通过联合而建立起来的群众性经济组织。这种组织只有农民才能成为其正式会员。非农民参加农协，只能作为准会员，利用农业合作社提供的服务，而在组织机构中没有选举权和被选举权。①制定统一的农民专业合作社财务制度、会计制度等，指导合作社完善财务管理，加强财务监管，规范合作社的社员（代表）会议、理事会议、监事会议、合作社工作活动等记录，使合作社按照制度运行，最终促进和带动合作社规范健康发展。

（三）政府的角色功能合理定位

政府对农村合作社，应从财政、税收、信贷及各种服务等诸多方面进行支持和鼓励，确保合作社资金运转顺畅，以便日后能够发展壮大。各地政府还应该根据当地农业经济发展情况，出台相应的地方性政策措施，包括政府补贴、税收扶持和信贷支持，还可以在土地、用水和用电上进行支持，在交通运输上扶持，从而全方位地为合作社的发展提供宽松的外部环境。

政府应当发挥其指导作用，但也应明确政府与农民专业合作社的功能界定。虽然在合作社发展之初，政府要发挥主导作用，对合作社的发展予以引导，但一旦合作社走上正轨，政府就应该不再进行具体的干涉与直接指导，而应该放

---

① 张冠宇：“日本农协的发展与思考”，中国农民组织研究网，http：//www. ccfc. zju. edu. cn/a/jingwailaifeng/2010/0501/1297. html，2011 年 8 月 8 日。

手让合作社去自主经营、自我治理。[①] 例如，美国对合作社的服务以非政府机构为主，主要提供组建和管理合作社、合作社外贸、金融、重组等方面的专业服务。我国的历史传统和政治体制中，具有行政力量干涉民间生活的传统，但合作社要获得真正的长远的发展，必须坚持自治原则。[②]

近年来国家赋予农民和农业切实的优惠，兴农、惠农幅度很大，但经常难以落到实处。究其原因，优惠主要方式是单纯的自上而下的给予式的，如拨款、工程、项目等，容易受到中间部门和利益团体的盘剥，真正落实的较少。所以，新的优惠政策应该体现在法律上，体现在那些能够直接落实在农民个人身上，如减税、退税、低息贷款、扶持以农户或合作社为单位的项目等形式。[③]

（四）建立多元化的发展模式

农业合作社的自身发展与制度选择必须适应外部环境的需要，我国地区经济发展不平衡的特点决定了应根据各地区的发展条件来发展多种不同模式的农民合作组织。我国的农村地区发展不平衡，各地区的发展基础和条件也各不相同，因此不能搞“一刀切”的发展模式，要注重本地的发展环境，注重农民在农民合作组织发展过程中的能动性和需求。

（五）引导农民专业合作社走向联合

随着世界经济一体化进程的加快，国际农产品市场竞争日趋激烈，各个国家农业合作社之间更是以国内外市场为导向，加快了联合的步伐。[④] 例如，日本的农协之间纵向的联合比较多，在基层是综合性农协，在中央有供销、保险、金融等联合会。正是通过联合，日本农协的经济实力非常雄厚，对日本农业发展起着举足轻重的作用。因此，应当引导合作社由松散间接的合作经营向紧密直接的利益联合体转变，向跨地区、跨所有制方向发展，由产后服务向产前、产中、产后全程服务延伸。[⑤]

---

① 蒙柳、许承光、许颖慧：“发达国家农业合作社的实践及经验”，《武汉工程大学学报》，2001 年第 10 期，第 21 页。

② 胡宗山、付强：“国外农村合作社：历史、经验与借鉴”，《社会主义研究》，2006 年第 5 期，第 107 页。

③ 蒙柳、许承光、许颖慧：“发达国家农业合作社的实践及经验”，《武汉工程大学学报》，2001 年第 10 期，第 21 页。

④ 李求长：“国外农村合作社发展及对我国的启示”，《中国农村科技》，2007 年第 9 期，第 43 页。

⑤ 胡美林：“日本农民专业合作经济组织考察报告”，中国农民合作组织研究网，http：//www.ccfc.zju.edu.cn/a/jingwailaifeng/2010/0715/2063.html，2011 年 8 月 8 日。

第四章

农民专业合作社的特殊法律问题

农民专业合作社作为一类独立的商事主体，其组织结构、发展经营、具体运作等存在诸多特殊之处，也相应催生出一些特殊的法律问题。其中，农民专业合作社社员资格问题关涉成员范围、国家支农政策的受惠对象的确定；其登记问题是农民专业合作社从事商行为的前置关键步骤；产权和责任承担问题是决定农民专业合作社法律性质的基本问题；合作社的联合和农民土地承包经营权入股是农民专业合作社发展过程中已然遇到的现实问题。以上问题具有深刻的法理意义，背后又关涉农民专业合作社的基本运作甚至未来的发展方向，在农民专业合作社的法律问题中或为急迫或为根本或为典型，学界对此也未达成一致观点，尚有探讨的空间。故本章分别探讨农民专业合作社的社员资格、登记、产权制度和责任形式、联合社、土地承包经营权入股问题。

第一节　农民专业合作社社员资格的限制

社员资格是农民专业合作社法律制度中最为基础的内容，其解决的是谁有资格成为农民专业合作社社员的问题；同时，这也与国家支农政策的受惠对象以及范围问题关系密切。因此，农民专业合作社社员资格问题虽然基础但又极其重要。《农民专业合作社法》作为我国第一部规范农民专业合作社的立法，就合作社社员资格作出了相关规定，但是这些规定尚待进一步商榷和完善。

一、社员资格限制的理论基础

综观各国关于合作社的立法可知，各个国家对于合作社社员的问题基本都秉承了开放性原则。如前所述，1995 年 9 月在英国曼彻斯特举行的国际合作社联盟 100 周年代表大会上产生并通过的合作原则之一，即“自愿和开放的社员原则”。该原则指出，合作社是自愿的组织，对所有能够利用合作社服务和愿意承担社员义务的人开放，无性别、社会、种族、政治和宗教的歧视。因此，开放性是合作社社员资格问题的基本原则。

然而，对合作社社员资格给予一定的限制，是否与开放性原则背道而驰？答案当然是否定的。因为社员资格限制是在充分考虑社员资格开放性和限制性各自对农民专业合作社发展的重大意义的前提下，将二者进行有机协调，从而在遵从开放性原则的基础上，对社员资格进行的合理限制。

（一）合作社社员资格开放性原则的意义

《农民专业合作社法》虽未明确规定社员资格的开放性原则，但其总则第3条关于农民专业合作社应当遵循的原则中，有涉及“入社自愿、退社自由”的规定，在一定程度上体现了开放性原则。从我国目前的客观经济情况以及农民专业合作社的发展来看，遵循社员开放性原则的意义尤为重大。

（1）吸引外部资本，弥补自身资金欠缺。现阶段我国农民资金有限，即使有一些积累，也因农民社会保障制度的缺失使其不可能对农民专业合作社作较大投入，而国家又不可能对所有的农民专业合作社提供资金支持。因此，允许非农民的个人和团体组织加入农民专业合作社有利于解决合作社经营和发展所需的资本来源问题。

（2）引进先进技术，提高管理水平和科技含量。目前，我国农民专业合作社管理能力较弱，科技含量较低，在激烈的市场竞争条件下，单靠农民自身的联合难以发展壮大。开放的社员资格能够为农民专业合作社带来发展壮大所需的外部管理人才和先进的科学技术，有利于合作社的长远发展。

（3）充分发挥龙头企业的带头作用。由于农民自身天然的弱势及传统经营方式造成的市场参与能力较弱的现状，纯粹由农民组成的专业合作社的营利能力及对社员的服务水平非常有限。而具有一定规模的农产品生产、销售等各类企业形成的龙头企业的市场运作能力远远大于农民个人及农民专业合作社。因此，龙头企业参与设立农民专业合作社能够大大提高合作社的实力。实践中大多数农民专业合作社都不仅仅是农民社员的联合，而往往由当地龙头企业牵头兴办，它们在合作社中往往具有一定甚至大部分的财产份额。①

（二）合作社社员资格限制性的意义

尽管合作社社员资格的开放性能为我国现阶段农民专业合作社的发展提供新鲜的动力和活力，然而对于其社员资格并不应完全开放而不加以任何限制。事实上，世界上绝大多数国家在采取开放性原则的同时，也对合作社社员资格进行一定的限制。尤其是在采用政府推动模式下进行合作社运作的国家中，立法对合作社社员的资格限制要求更多、更严格。

农业是我国的支柱性产业，中央一号文件已经连续八年聚焦“三农”，政府的工作重心之一即是解决好“三农”问题。而农民专业合作社是党和政府实施

① 王保树：《中国商法年刊（2006）——合伙与合作社法律制度研究》，北京大学出版社，2007年，第371页。

支农政策、解决“三农”问题的最好的平台之一，因此，合作社不仅是为农民提供生产性服务和保障农民利益的经济联合组织，更重要的是它具有一定的行政色彩，肩负着推行党和政府农业政策实施的重任。正是基于这方面的原因，为了实现支农、惠农目的，确保国家的优惠政策和扶持措施最终真正为农民所受益，在坚持社员资格开放性原则的同时，也需要对合作社的社员资格进行合理的限制。

（三）开放性与限制性的协调

通过上述分析可知，合作社社员资格的开放性与限制性对于合作社的健康发展都具有重要的意义，立法中应该协调好二者的关系。一方面，既要坚持开放性原则，帮助合作社引入外界资金和技术，促进合作社的长远发展；另一方面，也应合理限制社员资格，以保证合作社目的和宗旨的实现。因此，对合作社社员资格的开放和限制都不是绝对的，而是在开放性原则的基础上、为了保证合作社的健康发展作出合理限制。

二、各国立法对社员资格限制的方式及其发展趋势

（一）对社员资格的限制方式

1. 对自然人社员资格的限制

（1）关联性的限制。各国的农业合作社无论是在市场还是政府的推动下成立发展，其最初的目的和宗旨均是将处于弱势地位的农民联合起来，从而增强单个农民的市场竞争力，保护其合法权益。因此，多数国家在合作社发展的初期，都对合作社社员的身份有所限制，只有直接从事农业生产或者与农业生产有一定联系的个人才能成为农业合作社的社员，现在，仍有个别国家沿袭了这样的规定。①

（2）年龄的限制。多数国家对农业合作社的自然人社员设有年龄方面的限制，要求只有达到一定年龄的自然人才能成为农业合作社的社员。对社员年龄的限制实质上是对社员行为能力的限制。限制欠缺行为能力的自然人成为农业合作社的社员，是出于对农业合作社宗旨和性质的考虑。合作社是为社员独立的经济活动提供服务的，没有社员独立的经济活动，合作社的存在也就失去了

① 欧阳仁根、陈岷等：《合作社主体法律制度研究》，人民出版社，2008年，第160页。

根据。[1] 因此，对于单个的自然人社员而言，只有达到一定的年龄界限，具备相应的独立进行经济活动的行为能力，才能够并且有必要加入农业合作社，获取合作社的帮助和支持。例如，我国台湾地区“合作社法”第71条规定：“合作社社员，应具备下列资格之一：①年满20岁；②未满20岁而有行为能力者。”[2] 根据所谓的“台湾民法典”中关于自然人民事行为能力的相关规定可知，公民20岁为成年，始具有完全民事行为能力；未成年人已婚后，有行为能力。可见，台湾地区要求自然人具备完全民事行为能力方能成为合作社的社员。印度、越南等国的《合作社法》中也有类似的规定。[3] 和我国台湾地区相比，英国对社员行为能力的限制没有那么绝对，其《合作社法》第132条规定：“在章程没有反对的场合下，16岁以上20岁以下的人，可加入合作社为社员，但不得充任合作社的理事、财产管理人、文书或会计等职务。”必须年满21岁才能担任理事等职务。而在英国年满21岁属于成年，具备完全民事行为能力。因此，英国并不完全禁止不具备完全民事行为能力的自然人成为合作社的社员，年满16岁但是不具备完全民事行为能力的自然人亦可以成为合作社的社员，但是不能担任合作社内行使管理职权的职务；而只有具备完全行为能力的社员方能担任管理职务。[4]

（3）对国籍的限制。从世界范围来看，仅有为数不多的国家立法对农业合作社社员的国籍进行限制，并且进行限制的多为发展中国家，发达国家则鲜有这方面的限制。例如，《越南合作社法》规定：“合作社社员必须是本国公民。”菲律宾的《农业合作社法及非农合作社法》为了排斥华侨，对社员资格明文规定了国籍方面的限制。[5] 发展中国家对合作社社员国籍的限制主要是出于政策方面的考虑：一方面，担心外国国籍或无国籍人加入合作社后，利用合作社对国家的政治经济产生不良影响；另一方面，发展中国家普遍将农业合作社作为国家政策支农的实施平台，给予多种金融支持和财税优惠，针对国籍的限制可以防止这些优惠政策最终为外国人利用并获益。

（4）对住所地的限制。少数国家考虑到农业合作社属于地域性的经济组织，从而对社员的居住地有限制，要求社员应居住于一定区域内。例如，日本《农业协同组织法》第12条第1项规定：“农民和在该农业协同组合的地区拥有住

---

① 屈茂辉等：《合作社法律制度研究》，中国工商出版社，2007年，第169页。

② 参见“台湾合作社法”，中国百科网，http：//www.chinabaike.com/law/got/tw/1384555_2.html，2011年4月29日。

③ 屈茂辉等：《合作社法律制度研究》，中国工商出版社，2007年，第169页。

④ 屈茂辉等：《合作社法律制度研究》，中国工商出版社，2007年，第170页。

⑤ 屈茂辉等：《合作社法律制度研究》，中国工商出版社，2007年，第170页。

所的个人且合适于利用该组合的设施者可以加入农协。”[①]

（5）对资信状况的限制。我国台湾地区“合作社法”第13条规定：“下列人员不得加入合作社：①除公权者；②破产者；③吸用鸦片及其代用品者。”[②]

2. 对团体组织社员资格的限制

尽管各个国家由于自身的社会现状和立法背景不同，从而对自然人作为农业合作社社员的资格进行了不同程度的限制，但毋庸置疑的是，从世界范围来看，各国均承认自然人主体能够成为合作社社员。因为农业合作社最初产生的目的即是将单个从事农业生产的自然人联合起来，帮助他们解决生产、销售等方面的问题，从而能够从整体上提高他们的市场竞争力。但是，对于自然人之外的法人和其他团体组织能否成为农业合作社的社员，各国立法却态度不一，并未达成共识。纵观世界上其他国家的立法，对于团体组织的资格限制主要分为三种。

（1）完全禁止。有的国家立法完全禁止自然人以外的法人和其他组织成为合作社的社员，将合作社的社员限定在自然人的范围内。例如，《意大利民法典》第2522条规定，社员应当为自然人；《越南合作社法》第22条规定自然人与家庭可以成为合作社员。[③]

（2）完全没有限制。一些国家则采取了完全不同的态度，允许自然人以外的法人或其他组织成为合作社的社员，并且不设特殊的限制。例如，《英国合作社法》第42条规定：“其他法人可向合作社出资。”[④]

（3）允许非自然人成为社员，但是有一定的条件限制。这是目前多数国家所采取的做法，对非自然人成为社员的限制多是对其与农业合作社生产经营的关联性方面以及营利性的限制。例如，日本《农业协同组织法》第12条规定，法人可加入协同组合，但是该法人须从事农业经营及其附带事业。[⑤]我国台湾地区“合作社法”第12条规定，法人可为合作社社员，但有两个限制：①法人只能加入有限责任或保证责任的合作社；②法人以非营利性法人

---

① 参见《日本协同组合法》，载顾明：《外国经济法（日本国卷二）》，吉林出版社，1992年。

② 参见“台湾合作社法”，中国百科网，http：//www.chinabaike.com/law/got/tw/1384555_2.html，2011年4月29日。

③ 李继生：“论中国农民专业合作社的社员主体资格——以《农民专业合作社法》的相关规定为分析对象”，《中南财经政法大学研究生学报》，2010年第1期，第146、147页。

④ 李继生：“论中国农民专业合作社的社员主体资格——以《农民专业合作社法》的相关规定为分析对象”，《中南财经政法大学研究生学报》，2010年第1期，第146页。

⑤ 参见《日本协同组合法》，载顾明：《外国经济法（日本国卷二）》，吉林出版社，1992年。

为限。①

（二）对社员资格限制的发展趋势

随着农民专业合作社在各个国家的不断发展，由于外界客观经济条件的变化以及合作社自身面临的困境，为了提高自身市场竞争力，合作社不得不作出一定的调整以适应不断变化的市场需要，其中在社员资格限制方面所作出的调整主要体现为对关联性要求的放宽。传统意义上的合作社主要吸收同业者即与合作社有直接业务关系者入社②，但是随着市场竞争的日益激烈以及合作社自身的先天不足，资金短缺已经成为各国合作社发展道路上的最大障碍。仅仅依靠现有社员的出资和政府的财政扶持远远不能满足其发展需求，资信状况不佳又使其难以得到金融机构的贷款。而扩大融资途径，吸收现有社员之外的个人或团体的资金，是解决合作社资金不足问题的有效途径。

因此，一部分国家已经对社员的关联性限制进行灵活处理，允许一些不从事农业生产也与合作社业务没有联系的个人或者团体组织加入合作社，但是为了确保合作社不被异化，在作出这些调整的同时又对不从事农业生产也与合作社业务没有联系的个人或者团体组织占合作社社员的比例及其权利进行限制。例如，根据日本《农业协同组织法》的规定，日本农协的社员分为正式社员和准社员两类：正式社员是指农民以及从事农业活动的合伙公司或从事农业活动的其他公司，正式社员享有选举权和被选举权；准社员则包括居住在农协所在地的居民，或被认为适合使用农协有关措施的人，以及农协所在地之外的农民合作组织等，此类非正式社员不享有选举权和被选举权。③

三、我国立法对农民专业合作社社员资格限制的问题及完善

（一）我国立法对农民专业合作社社员资格的限制

《农民专业合作社法》关于社员资格的规定主要体现在总则第 2 条和第 3 条，以及第三章中的第 14 条和第 15 条。一方面，《农民专业合作社法》采取了世界上多数国家的立法模式，并没有将农民专业合作社的社员仅仅限定在自然

① 参见“台湾合作社法”，中国百科网，http://www.chinabaike.com/law/got/tw/1384555_2.html，2011 年 4 月 29 日。

② 欧阳仁根、陈岷等：《合作社主体法律制度研究》，人民出版社，2008 年，第 160 页。

③ 参见《日本协同组合法》，载顾明：《外国经济法（日本国卷二）》，吉林出版社，1992 年。

人的范围内，而是赋予了自然人和团体组织同样的社员资格；另一方面，该法在贯彻开放性原则的同时，也对能够成为农民专业合作社社员的自然人和团体组织的资格进行了一定的限制。

1. 对自然人行为能力的限制

《农民专业合作社法》采纳了世界上大多数国家的做法，在第 14 条明确规定“具有民事行为能力的公民”才能成为农民专业合作社的社员，将具备民事行为能力作为自然人享有社员资格的条件。

2. 对社员身份及不同身份的社员比例的限制

《农民专业合作社法》第 3 条是规定了合作社应该遵循的基本原则，其中第一个原则即开宗明义地要求“成员以农民为主体”，并且在第 15 条中通过“农民应占成员总数百分之八十”、“成员总数二十人以下的，可以有一个企业、事业单位或者社会团体成员；成员总数超过二十人的，企业、事业单位或者社会团体成员不得超过成员总数的百分之五”等具体规定，对农民专业合作社社员身份的构成比例作了具体的安排。这在一定程度上是对合作社社员身份的限制，即只允许一小部分比例的非农民自然人和团体成为农民专业合作社的社员。

3. 对社员与合作社关联性的限制

《农民专业合作社法》第 2 条是对农民专业合作社内涵的界定，规定“农民专业合作社是在农村家庭承包经营基础上，同类农产品的生产经营者或者同类农业生产经营服务的提供者、利用者，自愿联合、民主管理的互助性经济组织”。该规定同时也总领性地概括了农民专业合作社社员是“同类农产品的生产经营者或者同类农业生产经营服务的提供者、利用者”，即社员需与该合作社生产经营范围相同或者与其存在联系。

《农民专业合作社法》对于团体社员与合作社关联性的规定体现在第 14 条的规定中，要求必须是“从事与农民专业合作社业务直接有关的生产经营活动的企业、事业单位或者社会团体”，并且要求“能够利用农民专业合作社提供的服务”方能有资格成为其社员。此外，还排除了具有管理公共事务职能的单位成为农民专业合作社社员的资格。

（二）我国立法限制农民专业合作社社员资格的问题

《农民专业合作社法》对农民专业合作社社员资格的规定，注重了开放性与限制性二者的协调，具有一定的积极意义，尤其是该法顺应国际立法发展趋势，肯定农民以外的个人和团体组织作为合作社社员的主体资格，符合我国农民专业合作社发展的要求，有利于扩大农民专业合作社的资金来源渠道，增强合作社可持续发展的能力。然而，该法中关于自然人的行为能力、社员身份以及关联性方面设定的限制也在理论界引发了一定的争议，这些规定是否完全合理，尚有待商榷。

1. 对自然人行为能力的限制缺乏灵活性

目前我国有学者主张，《农民专业合作社法》对于社员行为能力的要求过于严格。排除非完全民事行为能力的农民成为社员，不利于对弱势农民的保护。虽然合作社以“互助”、“交易”为主要活动，然而有无行为能力对此并不会产生绝对影响——在开展活动时，这类人完全可以通过委托代理人等方式行使权利、履行义务。另一方面，合作社不追求自身的盈利，宗旨是为成员提供农业生产资料的购买，农产品的销售、加工、运输、储藏以及与农业生产经营有关的技术、信息等服务，社员以其账户内记载的出资额和公积金份额承担有限责任，这与合伙企业法里普通合伙人的责任形式不同，因此没有必要按照普通合伙人的人像设计社员资格。[①] 参考其他国家的立法，虽然有一部分国家对社员行为能力有要求，但也有国家对此不作限制。例如，日本《农业协同组织法》对农民成为组合成员的资格就没有关于民事行为能力的规定。无民事行为能力人可以通过委托代理人等方式处理与合作社的权利义务关系。即使是在对行为能力有限制的英国，也允许一定比例的未成年人成为社员，只是对其社员权利的行使方式进行限制。同时，也有一部分学者认为对社员行为能力的限制也不利于对特殊情况下弱势群体的保护，如未成年子女对合作社社员财产和权利的继承问题，以及现有社员丧失民事行为能力后其社员资格能否延续等问题。

笔者认为，对加入合作社的社员行为能力进行一定程度的限制是合理的。因为合作社毕竟是为社员生产经营提供服务的组织，若缺乏从事生产经营的行为能力而加入合作社，势必影响合作社的运营，也难以保障无行为能力或限制行为能力的社员的利益。但是，对于具有民事行为能力的公民入社后丧失了行为能力抑或合作社社员死亡后其继承人为无民事行为能力或限制行为能力等特殊情况，在立法上也应当给予特别考虑。

2. 农民身份界定不明确

《农民专业合作社法》要求农民专业合作社应以农民为主体，80% 以上的社员应具有农民身份，这是对合作社社员资格限制的一种间接体现，这对于实现合作社为农民服务的目的和宗旨是有裨益的。但是《农民专业合作社法》却没有明确对“农民”的概念进行界定。《农民专业合作社登记管理条例》首次从法律角度对“农民”下了定义，该条例第 15 条第 1 款规定：“农民专业合作社的

① 李继生：“论中国农民专业合作社的社员主体资格——以《农民专业合作社法》的相关规定为分析对象”，《中南财经政法大学研究生学报》，2010 年第 1 期，第 148 页。

成员为农民的，成员身份证明为农业人口户口簿；无农业人口户口簿的，成员身份证明为居民身份证和土地承包经营权证或者村民委员会（居民委员会）出具的身份证明。”

目前，学术界对农民的界定有三种标准：第一种是按照户籍界定，只要具有农村户口的人均为农民；如果按照这种标准我国现在拥有约9.2亿农民。第二种是按照居住地界定，农民是指居住在农村的人；如果按照这种标准我国目前的农民人数约为7.8亿人，其与第一种界定标准下农村人口的差距约为1亿人，这些主要是农村人口中外出进城务工的人员。① 第三种是按照职业界定，凡从事种植、养殖业和直接为种植、养殖业进行产前、产中、产后服务的劳动者，都是农民。由此可见《农民专业合作社登记管理条例》采取了兼具户籍和职业的双重界定标准，即具备农业人口户口簿的皆被普遍的认定为有农民身份，作为补充规则的是，从事农业生产的自然人如果没有农业户口簿，只要其能够提供土地承包经营权证或者村委会出具的证明也可证明其农民身份。然而，按照我国目前城乡一体化的建设进程来看，在全国范围内逐步实行城乡一体化的居民户籍制度是大势所趋。一部分拥有农业户籍的人员长期进城务工，从事第二或第三产业，因此按照户籍标准界定农民身份难以满足时代发展要求。此外，有城市居民从事种植、养殖业，如果单纯按照职业标准来界定农民身份，会使得《农民专业合作社法》关于合作社80%的社员应为农民的规定形同虚设。《农民专业合作社法》规定农民专业合作社中80%以上的社员应当具有农民身份，是立法者为保证农民专业合作社宗旨和目的的实现所设定的最低要求，关系到国家农业政策能否贯彻和落实，也关系到广大的农民群众能否真正成为合作社的主人、并且利用合作社为自己谋取利益。这是原则性问题，故立法应该明确农民身份的界定标准，使80%以上的社员应为农民的规定落到实处，否则一些非农逐利者极易利用这个法律漏洞，进入合作社，滥用国家针对合作社的政策优惠和金融支持。

3. 对关联性的要求过于严苛

农民专业合作社是处于弱势地位的农民的联合组织，同时也是国家支农政策的重要施展平台，肩负着国家各项财政扶持政策和金融支持政策的贯彻和落实重任。为了确保合作社不被非农的逐利资本控制，从而保持“农民合作”的纯粹本性，保证这些优惠政策能够最终被农民和农业合作社所享有，立法对社员与合作社的关联性进行一定的要求是有必要的。但是《农民专业合作社法》

① 王保树：《中国商法年刊（2006）——合伙与合作社法律制度研究》，北京大学出版社，2007年，第373页。

将合作社社员限定在“同类农产品的生产经营者或者同类农业生产经营服务的提供者、利用者”的范围内，并且对于企业、事业单位或者社会团体更要求其从事与农民专业合作社业务“直接有关”的生产经营活动，其对关联性的要求显得过于严苛。

一方面，如前所述，世界各国已经普遍认识到若要解决合作社的资金困境，吸收农民以外的个人和团体组织的资金具有很重要的作用，故逐渐放宽对社员与合作社之间关联性的要求，即允许虽与合作社业务无直接关系，但却拥有资金或技术并愿意向合作社投资的个人及企业成为合作社的成员。另一方面，目前我国的农民专业合作社尚处于发展的初级阶段，自身实力不强，存在着资金不足、技术落后等多方面的缺陷，在市场竞争中始终处于弱势地位，因此更需要引进外部资金和技术增强自身的实力，争取在市场竞争中获得有利地位，实现可持续发展。而实际上，农民以外的个人和团体组织，虽然可能和农民专业合作社的业务范围没有关联性，却拥有资金和技术并且也愿意向合作社投资。将这部分个人和团体组织完全排除在农民专业合作社之外的做法，至少在合作社急需资金实现自身发展的今天是不明智的。并且，《农民专业合作社法》中已经有对社员成分构成的限制性规定，只要坚持以农民为主体，保证至少80%的成员具有农民身份，那么合作社为农民服务的目的就不会落空，国家支农政策也能真正让农民获得利益。至于另外20%的社员，笔者认为放宽对关联性的限制，不仅不会妨碍合作社目的和宗旨的实现，反而更有利于合作社利用外界资金和先进技术，帮助自身发展。

由此可见，《农民专业合作社法》有关社员资格限制的一些规定不仅不符合国际合作社成员资格限制的立法发展趋势，也不适合现阶段我国农民专业合作社发展的需要。

（三）有关社员资格限制的立法的完善

1. 增加对行为能力限制的例外规定

对于农民专业合作社社员中自然人行为能力的限制，应该设立针对特殊情况的例外规定。笔者认为，立法上应保留存续中的合作社中特殊的无民事行为能力或限制行为能力人的社员资格，以维护其正当权益。法律上甚至可以允许无行为能力或限制行为能力的农民加入合作社，以使这些比普通农民个体更弱势的人有机会获得合作社的帮助。这类社员可以通过其代理人行使权利并履行相应的义务。但立法中须将此类社员的社员权同其他正常社员的社员权进行区别，限制其在农民专业合作社的经营管理事项中享有表决权或担任相应的职务。同时，为了保障合作社能够有效运转，实现其互助、互利的目的，在立法上应对无民事行为能力或限制行为能力人在同一合作社中所占比例作出限制性规定。

当然，出于对合作社自治原则的恪守，立法中应允许合作社章程作出限制规定，即合作社章程可以规定禁止无民事行为能力或限制民事行为能力人成为合作社社员。毕竟农民专业合作社是人合性较强的经济联合组织，对于特殊情况下合作社社员资格问题的处理首先应当尊重其他社员的意思。

2. 明确农民身份的界定标准

顺应我国目前户籍制度改革的趋势，仍以拥有农业户口作为界定标准已经不合时宜，并且考虑到“80%限制”对保证农业合作社纯粹性的重要意义，“农民”的范围不宜过分宽泛。因此，应以法定居住地和主要收入来源作为界定农民的标准，即只有在农村有法定的住所且在以农业中获得的收入为主要经济来源的人，才可以认定是农民。①

（四）放宽对社员关联性的限制

具有农民身份的社员，自然是需要与自己加入农民专业合作社具有一定的关联关系，否则便没有加入该合作社的必要。而在保证80%以上社员是农民的前提下，对于剩下20%范围内的非农民社员，立法则可以放宽对其与合作社关联性的限制，允许即使不是从事与农业生产相关的个人和组织积极加入农民专业合作社，为合作社注入新鲜的血液，带来资金和先进的技术。为了避免农民专业合作社被外来逐利资本所控制，偏离其服务农民的目的和宗旨，我国也可以借鉴其他国家合作社中的“准社员”制度，允许非涉农的个人和组织利用自身拥有的资金或专利技术等向农民专业合作社出资，并获得盈余分配权，但却不能获得正式的社员资格，对合作社的经营事项不享有表决权，一般也不参与合作社的管理工作，只是享有一种“准社员”资格。这样的制度安排既能保证农民专业合作社为农民服务的宗旨，也有利于合作社吸引外部资本和技术，实现合作社的可持续发展。

第二节　农民专业合作社的登记

商事登记，是商主体从事商行为的前置关键步骤。根据《农民专业合作社法》第4条的规定，农民专业合作社一经登记，即成为法人。一般而言，商事

① 王保树：《中国商法年刊（2006）——合伙与合作社法律制度研究》，北京大学出版社，2007年，第372页。

登记是商行为参与人成为商法人的重要标志，同时商事登记具有公示的效力。因为管理的需要，我国并没有形成统一的商事登记制度，而是根据法人的性质不同而有着不同的登记制度。在《农民专业合作社法》及其相关法规规章中，主要通过《农民专业合作社登记管理条例》和国家工商总局的若干相关规定对农民专业合作社的登记进行规制。从注册登记、变更登记直至注销登记，登记是伴随法人“终身”的制度。可以说，农民专业合作社法赋予了合作组织以法人地位，而这一目的的实现仍需依靠登记制度来实现。然而在《农民专业合作社法》生效实施三年以来，关于农民专业合作社的登记依然存在一些亟待解决的问题，以下将依次进行分析。

一、商事登记理论概述

（一）商事登记的概念

商事登记是农民专业合作社的登记的上位概念，要研究农民专业合作社的性质就必须从商事登记的性质着手。现代意义的商事登记，系指商主体或商主体之筹办人或负责人、代表人，为设立、变更或终止商事主体资格，依照商法典、专门的商事登记法或其他法律法规中的相关内容及程序，将法定登记事项向登记主管机关提出，经其审查核准，登载于登记簿并公之于众的行为。[①] 商事登记是将申请人的申请登记行为和主管机关的审核登记注册行为相结合的一种综合性行为，是国家对商事活动实施法律调整和进行宏观控制的必要手段和必要环节。[②]

（二）商事登记的意义

商事登记作为交易的前置程序，必然在制度设计上体现效率这一商法的价值。从社会整体角度来看，商事登记并没有增大商主体的交易成本。商事主体设定、出资履行、组织变更合并、增资减资以及解散等方面信息的登记和公告，有助于相关交易主体便利地获取交易信息，从而大大降低交易主体获取信息的成本支出，也为商事主体迅速作出交易决策、降低交易风险创造了条件。

商事登记作为国家对商行为进行调整的一个重要手段，同时也是商主体得以确认的重要标志，对于保障商事主体的合法权益、维护商事交易的安全具有

① 朱慈蕴：“我国商事登记立法的改革与完善”，《国家检察官学院学报》，2004 年第 12 期，第 14 页。

② 赵旭东：《商法学》，高等教育出版社，2007 年，第 54 页。

重要意义，主要表现如下。

(1) 确认商事活动资格，保护合法营业活动。商事登记使商事主体基本条件得以确认，核准商事主体的名称、住所、法定代表人、注册资本、企业类型、经营范围等，使其获得合格的商事主体资格，并在法律规定和确认的范围内独立从事商事活动，享有商法上的权利，承担商法上的义务，维护自己的合法权益。

(2) 公示作用。商事登记的基本作用不仅在于通过法律程序创制或确定经营性主体，而且在于登记确认登记事项的效力，向社会公开经营性主体的信用、能力和责任。商事登记便于社会公众了解商事主体的信息和资料，维护交易安全，通过商事登记公示商事主体的经营身份、经营状况、经营能力，确立经营信誉，可以为商事活动的参加人提供交易相对人的准确信息，使其明智地选择和决定自己的交易行为，进而保护交易相对人和社会公众的利益。商事主体的登记事项与事实有实质性差别的，构成商业欺诈。

(3) 监管手段。商事登记有利于国家的监督管理，维护良好的社会经济秩序。商事登记可以使国家取得各项必要的统计资料，有利于国家及时了解商事主体的经营状态，有利于国家对不同企业的设立和经营进行必要的监督，从而实现国家对商事主体的法律调整和对整个国家商事活动的宏观规划，维护良好的社会经济秩序。①

二、农民专业合作社登记的特征

如前所述，农民专业合作社是一种特殊的商事主体，不同于以公司为代表的企业法人，公司主要是资本的联合，具有资本的特点，采取资本多数决原则，而农民专业合作社主要是人的联合，采取一人一票制；它不同于社会团体法人，社会团体不可以参与营利性的活动；它不同于合伙企业，合伙人对合伙债务承担无限责任，按照法律规定，合作社社员对合作社债务承担有限责任。由于其特殊性质，相关登记也必然在一定程度上存在有别于与其他商事主体的独特性质。

（一）依专门的相关法律法规进行登记

我国尚未制定统一的商事登记法典，因此目前调整各主体商事登记法律关系的法律法规散见于众多的民商事法律和法规规章当中。其中，农民专业合作社登记所依据的法律规范主要有 2007 年 7 月 1 日生效的《农民专业合作社法》以及国务院颁布与《农民专业合作社法》及与其同时生效的《农民专业合作社

---

① 赵旭东：《商法学》，高等教育出版社，2007 年，第 55 页。

登记管理条例》、国家工商行政管理总局《关于农民专业合作社登记管理的若干意见》以及相关的地方法规、规章等。

（二）登记管理机关

我国商事登记机关为国家工商行政管理机关。工商行政管理机关由国家工商行政管理总局、省级工商行政管理局、地市级工商行政管理局、县级工商行政管理局四级组成。上级机关有权纠正下级机关不符合法律和政策规定的行为。

农民专业合作社作为商事主体，也在工商行政管理机关进行登记。其业务范围有属于法律、行政法规或者国务院规定在登记前须经有关部门许可或者批准的项目的，应当报经有关部门许可或者批准。这些部门是农民专业合作社登记前置许可或者审批部门，而不是农民专业合作社的登记机关。

需要注意的是，在农民专业合作社联合发展做大做强的过程中，可能形成农民专业合作社联合会。该团体为社会团体法人，在民政部门进行登记。这与农民专业合作社、农民专业合作社联合社的登记机关有所不同。

（三）登记对象

全国人大法律委员会2006年10月30日在《农民专业合作社法（草案）》修改意见的报告中强调指出："目前各类农民专业合作经济组织正在探索发展，它们的名称、组织形式、管理制度、登记机构很不一样，也不可能统一。"实践中除了《农民专业合作社法》确立的农民专业合作社外，还存在着其他不同的合作组织，如信用合作社、消费合作社等。《农民专业合作社法》第2条规定："农民专业合作社是在农村家庭承包经营基础上，同类农产品的生产经营者或者同类农业生产经营服务的提供者、利用者，自愿联合、民主管理的互助性经济组织。农民专业合作社以其成员为主要服务对象，提供农业生产资料的购买，农产品的销售、加工、运输、贮藏以及与农业生产经营有关的技术、信息等服务。"可见，该法的"专业"，一是紧扣"同类农产品的生产经营"；二是围绕"农产品的销售、加工、运输、贮藏"的产业链条延伸，有利于实现多环节增值的农业产业化经营；三是围绕"同类农产品的生产经营"提供配套服务，有利于合作社提高服务功能。

三、农民专业合作社登记的种类和程序

根据《农民专业合作社法》和《农民专业合作社登记管理条例》的规定，农民专业合作社的登记主要有设立登记、变更登记、注销登记。

（一）设立登记

根据《农民专业合作社登记管理条例》第5条的规定，农民专业合作社的登记事项包括名称、住所、成员出资总额、业务范围和法定代表人姓名。根据上述规定，农民专业合作社的设立登记法定事项同其他商主体的登记法定事项差别并不明显。而出资登记上有所不同是其中的一项例外。

农民专业合作社的出资特征主要有：第一，农民专业合作社的财产由成员出资、公积金、国家财政直接补助、他人捐赠以及合法取得的其他资产这五个部分组成；第二，农民专业合作社对债务承担的是有限责任，即合作社以其全部财产为限承担责任，成员以其账户内记载的出资额和本人分内的公积金为限承担责任。成员账户内记载的内容有三项，分别为该成员的出资额、量化为该成员的公积金份额，以及该成员与合作社的交易量（额）。因此，成员用于对合作社债务负责的出资不仅仅是登记时的出资额，还包括从公积金转为成员出资的份额部分。

据此，为了使农民专业合作社的独立性得到充分展示，社员的权益能得到应有的保护，在进行出资登记时应注意以下三点。

首先，申请设立合作社时要向登记机关提交的文件中，要求有全体设立人签名、盖章的文件：①全体设立人签名、盖章的设立大会纪要；②全体设立人签名、盖章的章程；③载明成员的姓名或者名称、出资方式、出资额以及成员出资总额，并经全体出资成员签名、盖章予以确认的出资清单。如果是实物出资，在出资清单中要求写明实物类别。这三项集中体现成员自治和对出资额、出资方式、评估作价标准的共同认可，而且也最能反映出合作社的“人合”性质。这些文件的签字、盖章不能简化，在登记中一定要严格要求，任何疏漏都有可能引发财产纠纷，造成出资人权益得不到保障，或者债务得不到清偿。

其次，登记人员要做好合作社登记中的行政指导工作，向共同代理人或委托代理人讲解每一项登记要求的法律意义，杜绝冒名顶替、虚报户数和出资、实物出资不详、肆意放大实物作价金额等行为，不模糊出资的真实性，以免给以后的财务管理造成混乱。

最后，最根本的解决途径在于完善制度。应根据合作社需求改变立法角度，在市场准入时充分考虑到明晰财产关系的要求。否则，农民专业合作社即使拥有了法律意义上的法人地位，在市场经济中也有可能得不到真正的认可。另外，有关合作社分支机构的登记与合作社的设立登记基本相同。①

---

① 《农民专业合作社登记管理条例》第30条规定：“农民专业合作社可以设立分支机构，并比照本条例有关农民专业合作社登记的规定，向分支机构所在地登记机关申请办理登记。”

（二）变更登记

农民专业合作社登记的事项在登记后发生变化的，应在法定期限内向原登记机关申请变变更登记，未经核准变更登记的，不得擅自改变。由于法律法规对农民专业合作社在人员构成、出资情况、业务范围上都有所要求，因此，除了设立登记之外，在法定登记事项需要变更时，应当进行变更登记，即农民专业合作社的名称、住所、成员出资总额、业务范围、法定代表人姓名发生变更的，应当向原登记机关申请变更登记。在实践中，业务范围的变化和人员构成的变化最为常见。

农民专业合作社变更业务范围有两种情况：一种情况是变更业务范围不涉及法律、行政法规或者国务院规定须经批准的项目，即不涉及登记前置许可的，农民专业合作社可以自主决定，并依据《农民专业合作社登记管理条例》第 20 条的规定，应当自作出变更决定之日起 30 日内向原登记机关申请变更登记。另一种情况是变更业务范围涉及法律、行政法规或者国务院规定须经批准的项目，即涉及登记前置许可的，农民专业合作社应当将登记前置许可的经营项目报国家有关部门审批，根据第 21 条的规定，自批准之日起 30 日内申请变更登记，并提交有关许可证或者批准文件。

此外，若营业执照的相关事项发生了变化，还应当换发营业执照。依照规定，农民专业合作社业务范围中属于前置许可的经营项目，其许可证或者有关批准文件被吊销、撤销的，以及其许可证或者其他批准文件有效期届满未依法重新办理许可审批手续的，应当自事由发生之日起 30 日内申请变更登记或者依照条例的规定办理注销登记。①

变更登记还适用于在《农民专业合作社法》实施之前既存的类似合作社性质的组织。该类组织可向工商部门提交一份债权债务承诺书、变更登记书和其他必要的材料。工商部门把以前的营业执照收回，换发新的营业执照。需要特别强调的是，是否变更登记，由农民专业合作社自主决定，一切基于自愿。②

（三）注销登记

农民专业合作社因各种原因，无法继续营业时，应当向原登记机关申请办

---

① 赵松娥："合作社法系列解读之六——专业合作社变更登记的规定合作社法系列解读之六"，《农家致富》，2009 年第 20 期，第 14 页。

② 本刊编辑部、韩志峰："规范登记：让社员权益明明白白——国家工商总局个体私营经济监管司登记处杨力军解读"农民专业合作社登记管理条例"起草情况及主要内容"，《中国合作经济》，2007 年第 5 期，第 22、23 页。

理注销登记，其分类如下。

（1）成立合法清算组的农民专业合作社的注销登记。依据《农民专业合作社法》第41条的规定，农民专业合作社因为章程规定的解散事由出现、成员大会决议解散、依法被吊销营业执照或者被撤销解散的，应当依法组成清算组进行清算。成立清算组的农民专业合作社应当自清算结束之日起30日内，向原登记机关申请注销登记，并提交：清算组负责人签署的《农民专业合作社注销登记申请书》；成员大会或者成员代表大会依法作出的解散决议，或农民专业合作社依法被吊销营业执照或者被撤销的文件，或人民法院的破产裁定、解散裁判文书；成员大会、成员代表大会或者人民法院确认的清算报告；《农民专业合作社法人营业执照》（正、副本）；清算组刊登公告的报纸或其复印件（依法免除公告义务的不提交）、清算组全体成员签署的《指定代表或者委托代理人的证明》；清算组成员和负责人产生的文件及名单。有分支机构的，还应当提交其分支机构注销登记的证明。经登记机关注销登记，农民专业合作社终止。

（2）因合并、分立而解散的农民专业合作社的注销登记。依据本条的规定，因合并、分立而解散的农民专业合作社应当自作出解散决议之日起30日内，向原登记机关申请注销登记，并提交：法定代表人签署的《农民专业合作社注销登记申请书》、成员大会或者成员代表大会依法作出的解散决议、成员大会或者成员代表大会做出的债务清偿或者债务担保情况的说明、《农民专业合作社法人营业执照》（正、副本）、法定代表人签署的《指定代表或者委托代理人的证明》。有分支机构的，还应当提交其分支机构注销登记的证明。经登记机关注销登记，农民专业合作社终止。[①]

四、农民专业合作社登记中存在的问题及解决方法

（一）农民专业合作社登记准入制度所面临的问题

农民专业合作社作为一种新型的市场经济组织进入我国市场经济体系，由于各方面经验的缺失及市场变化的不确定性，在一些方面尚不能尽如人意。当前我国涉及农民专业合作社登记的相关法律法规有限，仅有《农民专业合作社法》、《农民专业合作社登记管理条例》等法规，虽然在农民专业合作社的性质、登记标准、内外规范等方面构成了主体框架，奠定了合作社登记的法律基础，

① 赵松娥："合作社法系列解读之九——如何制定农民专业合作社章程"，《农家致富》，2009年第23期，第14页。

但在条款实施细则的某些方面仍然缺乏具体的实施准则。

1. 商事登记制度不合理

关于商事主体资格和经营资格的分合问题，存在两种立法例："统一主义"和"分离主义"。前者是指商事主体资格的证明和营业能力的证明合二为一的立法模型，后者是指将核准登记视为商主体取得主体资格的程序，而将营业执照的签发作为取得营业资格的程序，同时建立两个相对独立的证明体系。我国商事登记并没有对主体资格和营业资格作出严格的区分，因此可以认为我国采用的是"统一主义"立法例。农民专业合作社设立登记也不例外。《农民专业合作社法》第4条规定："农民专业合作社依照本法登记，取得法人资格。"《农民专业合作社登记管理条例》第3条规定："农民专业合作社经登记机关依法登记，领取农民专业合作社法人营业执照，取得法人资格。"即注册登记和营业登记合二为一，一行为产生双重效力。

但这一登记模式可能会导致实际运作中的矛盾。如工商行政管理机关在对企业作出吊销营业执照的行政处罚时，由于法人资格附于营业执照之中，也会随经营资格一并消失，但吊销营业执照的行政处罚在实质上仅仅是对经营主体的经营资格、经营权利的限制或剥夺，法人资格的最终消灭应归结于注销登记。

2. 经营范围难把握①

《农民专业合作社法》第2条规定："农民专业合作社以其成员为主要服务对象，提供农业生产资料的购买，农产品的销售、加工、运输、储藏以及与农业生产经营有关的技术、信息等服务。"由此可知，合作社的经营范围是以第一产业为主，包括其他两大产业在内的各项与农业生产经营相关的诸多内容。但由于并不存在更为明确的可供登记直接参考的具体指导目录，在登记过程中如何判断申请人所申请的经营范围成为一个难题。

3. 跨地域性合作社的登记操作难

农民专业合作社相关各法对成员的所在地域及农业生产地尚无明确要求，是否允许跨区县甚至跨省市的农户共同组成合作社，对该种情况是否应予登记以及应该如何登记，都没有明确的法律依据。在实践中，这也是登记部门及合作社申请人要共同面对的疑难点。

4. 登记材料核审难度大

根据相关法律法规的规定，登记机关应对申请收受材料进行必要的形式审

① 上海市工商局崇明分局课题："农民专业合作社登记实务探讨"，《中国工商管理研究》，2009年第6期，第35、36页。

查。但在实际操作中，经形式审查的申请材料在很大程度上并不能反映申请人的真实情况，主要原因如下。

(1) 成员总数相对较多。合作社的成员总数法定要求在5人以上，而在实践中有的合作社成员多达数百人。申请案中仅成员身份证明材料就达数十页甚至上百页之多，审核人员不可能对材料的真实性全部作出准确判断。

(2) 申请材料复杂多样。仅仅《农民专业合作社登记管理条例》中允许的合作社成员农民身份的证明形式就有户口簿、土地承包合同、村委会（居委会）出具的身份证明等多种方式。同时，在经营场地方面，由于城乡结合部地区房屋状况的复杂性，亦存在《农村宅基地使用证》、《宅基地核查表》、《农村个人建房用地申请批复通知》、《规划工程许可证》、《宅基地实际确权表》等多种形式证明，审核人员难以把握和作出准确判断。

(3) 审核程序烦琐。目前合作社的登记审核程序与普通企业法人申请的审核步骤相当，材料要求严格，不足以体现便捷、合理的登记模式。

(4) 特殊的申请人使得登记程序执行难。当前农民专业合作社的登记对材料的制作和审核程序都有其相对严格独立的要求，甚至相比其他类型的企业都有过之而无不及，但是由于客观上合作社的申办主体很大一部分来自于农民这一特殊群体，文化素质、法律修养等方面的限制使得他们在制作申请材料和履行法定程序的过程中存在较大障碍，在操作中碰到许多实际问题，如申请人对登记专业术语理解不清、对登记材料的要求不明白、相关的协议文书不会制作，甚至标准表式的文件不会填写等，使得具体执行中很难体现支持农民致富的立法本意。

5. 部分前置许可证件申办难

部分合作社经营范围涉及前置许可证件，但农户分散、个体规模小的特殊情况阻碍了其办证结果。当前，农户以散户养殖的经营方式无法申办《动物养殖（防疫）许可证》，而作为实体登记的法定前置要求，办证时必须提交前置许可证件。此外，部分前置行业的办证成本居高不下，如“农家乐”等涉及餐饮、住宿的行业，办证时除了行政事业规费以外，还必须承担像“特种行业监管网络终端设备”等价格不菲的行业配套设施，综合成本至少在2万元以上，严重影响了部分农户的办证积极性，这类矛盾着实成为限制小规模合作社发展的一个重要因素。[①]

（二）对农民专业合作社登记问题的完善建议

针对农民专业合作社登记在发展过程中出现的一些问题和存在的一些隐患，

① 上海市工商局崇明分局课题组：“农民专业合作社登记实务探讨”，《中国工商管理研究》，2009年第6期，第36页。

客观上需要我们予以积极对待和妥善解决。本书通过对当前实际情况的初步分析和探讨，提出以下建议和对策。

1. 提高登记立法位阶，形成统一的商事登记法典①

目前我国并未形成统一的商事登记规则，这些规则散见于商事法律之中，同时在商事立法中还存在着位阶较低的问题。因此，提高立法位阶，建立统一的商事登记规则是解决这一问题的关键，明确商业登记主体资格与商业资格之间的分离，考虑采用“分离主义”的模式，避免出现失去营业资格的农民专业合作社不承担主体责任所带来的困扰。

2. 制定具体行业指导目录，明确农民专业合作社的登记范围

针对现有合作社登记行业范围难确定的情况，建议立法部门或上级登记主管部门借助实际调研和法律探讨等途径，通过发布具体行业指导目录的方式进一步明确登记范围。依据《农民专业合作社法》的立法精神，将“是否有利于促进农业和农村经济的发展”作为判别市场准入行业的根本宗旨。对于一些属于第一产业以外的边缘行业，先分析该行业的根本发展目标，再判别其是否可作为合作社的经营范围，以行政规章的形式明确相关的指导目录，在系统内予以推广或作为其他各级行政部门的同例参考。

3. 制定明确的登记规范指导意见，有针对性地解决合作社发展中涉及全局的问题

对于在合作社发展中存在的特殊需求，如跨区域合作社等特殊登记事项，登记主管机关应制定登记指导意见，明确相关的政策，只要是在相关法律、法规允许的范畴内，登记部门就应当予以受理，具体的授权和登记规范可由上级登记部门制定专项登记指导意见予以明确，这样有利于彻底解决合作社的地域限制，避免全国各地做法各异，妨碍合作社的发展。

4. 提高企业注册人员专业素质，提升农民专业合作社的核审效率

提升企业注册人员的业务水平是解决农民专业合作社登记“人员总数多、材料形式杂、审核程序繁”难题的重要途径。此外，在业务开展和指导上我们还可以采取按照核审程序类别分别对注册官赋权和分工；预先按照材料审查顺序进行材料排序；协调相关职能部门尽量统一申请材料形式；按照法律条款辅导、引导合作社合理简化机构等措施，多方面提升申请案的核审效率。

5. 适当简化登记程序要求，贯彻农民专业合作社的扶持精神

从农民专业合作社发展情况看，存在着“登记专业知识要求较高与农民普

① 艾围利：“我国商事登记制度之检讨”，《政法学刊》，2010 年第 4 期，第 46、47 页。

遍综合素质较低”的矛盾。从长远来看，提升农民人口的综合素质是解决问题的根本路径，但在短时期内如何合法、合理地简化登记要求才是缓和矛盾的有效途径。为此，建议在收取必要登记材料的基础上进一步简化登记申请表格，合并重复内容表式，删减赘余申请材料，允许合作社成员间的适当授权行为，并从申请程序上尽可能地减少申请人的往返次数，降低成本，提高登记效率。

第三节　农民专业合作社的产权制度

一、产权制度概述

“产权”是一个被经常使用的概念，频繁出现在经济学和法学的文献中。而产权概念的确切含义是什么，产权与物权、所有权、财产权这些法学概念之间的关系如何，理论界却一直未达成共识。

（一）产权的概念

目前，对产权理论与法律制度方面的研究形成了多种学派的观点，概括起来主要有以下几种。

1. 产权是一组权利

最早萌生“产权是一组权利”想法的是霍菲尔德。① 他坚持财产权的法律关系是人与人之间的关系，而非人与物的关系。② 霍菲尔德虽然没有使用“权利束”的比喻去描述财产权，但是他的权利义务相对立与相关联理论以及他将“对物权”简化为对人权的集束意图，为这一比喻提供了理论上的支持。

施瓦茨也认为，“产权不仅仅是人们对有形物的所有权，同时还包括人们有权决定行使市场投票方式的权利、形式特许权、履行契约的权利以及专利和著作权”③。他极大地扩展了产权概念的外延，物权、债权和知识产权等都被视为产权。

---

① Hohfeld，Wesley Newcomb，Some Fundamental Legal Concentration as Applied In Reasoning，The Yale Law Journal，1913，Vol，No. 1。韦斯利·纽科姆·霍菲尔德（Wesley Newcomb Hohfeld），美国法学家，分析法学的代表人物之一，曾任教于斯坦福大学和耶鲁大学。代表论文为《司法推理中使用的基本法律概念》，于1913年发表。

② 〔美〕肯尼斯·万德威尔德：“十九世纪的新财产：现代财产概念的发展”，王战强译，《经济社会体制比较》，1995年第1期，第39页。

③ 刘伟、李风圣：《产权通论》，北京出版社，1997年，第12页。

被认为是现代西方产权经济学创始人的科斯[①]，虽然并未明确给产权下过定义，但他所指的产权也包括了占有权、处置权、收益权在内的一组权利束。他说："产权是一种权利。人们所享有的权利，包括处置这些桌椅的权利。这个问题就跟我们讨论交易成本时一样，无非是一个术语问题。这意味着应该明确人们所享有的权利。比如，你拥有一把椅子，这是什么意思？你能送给别人吗？有时可以，有时却不可以。你能有什么权利？能把这把椅子搬到另一个地方吗？有时可以，有时却不可以，但你能说出你能做什么。假如你拥有一块土地，你能用它干什么呢？能做的事当然很多呀，这就是你的权利所包含的内容。我没有被这些定义问题所缠绕。"[②] 因此，从法律的观点来看，产权就是一组权利，这些权利描述一个人对其所有的资源可以做些什么，不可以做些什么，他可能占有、使用、改变、馈赠、转让或阻止他人侵犯其财产的范围。[③]

2. 产权是对有体物的支配权利

产权，"property rights"，直译即为"财产权"。普通法之父布莱克斯通[④]认为，财产权是一个人能够在完全排斥任何他人权利的情况下，对世间的外部事物所主张并行使的那种专有的和独断的支配权。[⑤] 这个定义主要强调了两点：第一，财产权是一种对物权，这里的物主要指有体物；第二，这种权利是一种专断的支配权，彻底排除任何人的干预，强调财产权的绝对性。

3. 产权是一种有关物的人与人之间的关系

1936 年《美国财产法重述》第一版给财产权下的定义是："财产权在本书中是用来表示有关物的人与人之间的关系。"[⑥] 菲吕博腾和配杰威齐是这一观点的代表人物。他们主张，产权不是指人与物之间的关系，而是指由物的存在及关于它们的使用所引起的人们之间相互认可的行为关系。产权安排确定了每个人相应于物时的行为规范，每个人都必须遵守他与其他人之间的相互关系，或承担不遵守这种关系的成本。因此，对共同体中通行的产权制度是可以描述的，

---

① 罗纳德·哈里·科斯（Ronald H. Coase），英国经济学家，新制度经济学的鼻祖，1991 年诺贝尔经济学奖的获得者。科斯曾担芝加哥大学教授和《法学与经济学杂志》主编。代表作是两篇论文，1937 年发表的《企业的本质》和 1960 年发表的《社会成本问题》。

② 经济学消息报社：《诺贝尔经济学奖得主专访录》，中国计划经济出版社，1995 年，第 135、136 页。

③ 罗伯特·库特、托马斯·尤伦：《法和经济学》，张军等译，上海人民出版社，1994 年，第 125 页。

④ 威廉·布莱克斯通（William Blackstone），英国法学家。曾任牛津大学教授。代表作是《英国法释义》。

⑤ 王利明：《物权法论》，中国政法大学出版社，1998 年，第 2 页。

⑥ 龙俊华：《民法中的财产权概念比较与反思》，四川大学 2004 年硕士学位论文，第 2 页。

它是一系列用来确定每个人相对于稀缺资源使用时的地位的经济和社会关系。[①]产权的这种定义，实质上是把人与物的关系只看成是产权由此产生的直接现象性原因，而把人与人的关系看成是产权的本质。

4. 产权是形成人们资产权威的制度形式

这种观点被称为“法律说”，代表人物是新制度学派的学者阿尔钦[②]。阿尔钦认为，产权是赋予个人某种权威的方法，利用这种权威，可以从不被禁止的使用方式中，选择任意一种对特定物品的使用方式。[③] 阿尔钦不仅仅把产权看成是一种权利，而且更加强调了作为一种制度规则的产权，它起到界定人们对资产是否拥有权利的作用，是旨在保障人们对资产的排他性权威的制度规则。

综合各国各学者的观点，本书主张采用“权利束”的方式来定义产权，即产权是指存在于财产之上的一切私人的权利。并且此所谓财产并不局限于物，还包括债、智力成果，甚至一些利益，如采光、通风等。

（二）产权的特点

从产权的定义可以看到，产权具有以下几个特点。[④]

（1）产权是一组权利。产权不是一项单一的权利，它至少包括所有权、使用权、收益权、转让权、不受侵犯权。

（2）产权可以分割。产权可以分割，由不同的主体行使，满足不同主体的需要，提高经济效益。

（3）产权可以转移与组合。依照一定的法律规则、经济规则或社会习惯，产权可以在不同的主体之间进行转让，并在此基础上进行组合和利用。

（4）产权的外延逐渐扩大。最初的产权是与物联系在一起的。但是随着社会的发展，产权的外延在两个方面不断扩大：一是新的产权的产生，使产权不仅仅局限于物上，逐渐与其他财产形式、各种利益联系起来；二是物的范围本身的扩大，由最初的有体物，发展到后来的无体物，且有体物和无体物本身所包含的范围也在不断扩大。从这个意义上讲，产权也可以说是一个开放的概念，开放的体系。

---

① E. G. 菲吕博腾、S. 配杰威齐：“产权与经济理论：近期文献的一个综述”，载科斯等：《财产权利与制度变迁：产权学派与新制度学派译文集》，刘宁英等译，上海三联书店、上海人民出版社，1994年，第204、205页。

② 阿曼·阿尔钦（Armen Albert Lachlan），美国经济学家。曾任加利福尼亚大学洛杉矶分校教授。代表作有1961年出版的《产权经济学》、1973年出版的《产权范式》等。

③ 何维达、杨仕辉：《现代西方产权理论》，中国财政经济出版社，1998年，第52页。

④ 吴易风、关雪凌等：《产权理论与实践》，中国人民大学出版社，2010年，第185、186页。

（三）产权与所有权

产权和所有权是英美法系和大陆法系财产制度中重要的概念。产权的内涵，可以从其与所有权的区别方面把握。

所有权，是指所有人在法律规定的范围内，对自己的财产以占有、使用、收益、处分等方式进行全面支配，并排除他人干涉的权利。①

对于产权与所有权的关系，有三种不同的观点：第一，产权即所有权。《牛津法律大辞典》即持这种观点。② 第二，产权的范畴比所有权更为广泛。施瓦茨是这种观点的代表人物，他认为产权可以把物权、知识产权、市场投票权、行政权和各类法权通通包含进来。③ 第三，所有权的范畴比产权的更为广泛。

本书认为，产权和所有权是两个不同的概念，所有权是产权的内容之一。

（1）产权是权利束，是一组权利的集合。而所有权是一个单一的权利。

（2）产权可以分割，而所有权具有整体性和弹力性。由于产权是权利的集合，因此产权具有可分割性，分割出来的权利可以由不同的主体行使。与此相反，所有权具有整体性。根据我国《物权法》对所有权的定义④，所有权包含诸多权能，但它并不是这些权能的相加或综合，而是各种权能浑然一体的整体性权利。因此，所有权本身不得在内容或时间上加以分割。⑤ 但同时，所有权也具有弹力性，即所有权的单一内容可以自由伸缩，其权能可以于一定情况下往复分出、回归。因此，基于所有权而设定用益物权、担保物权或者作债权使用时，并不是分割出所有权的某项权能，而是将所有权之内容的一部分予以具体化，由他人享有。所有人对所有物的全面支配因受到限制而缩减，但该限制解除时，所有人又可恢复对物的圆满支配状态。⑥

（3）产权的内容比所有权广泛。所有权具有广泛的权能，如占有、使用、收益和处分。虽然占有权、使用权、收益权和处分权也是产权的重要内容，但产权绝不仅限于此范围内。例如，经营权、出租权等就无法归属于所有权的权能之中。

（4）产权是基于各种财产的权利，而所有权的客体是物。产权是存在于财

---

① 江平：《民法学》，中国政法大学出版社，2007 年，第 336 页。

② David Me Walker：《牛津法律大辞典》，光明日报出版社，1988 年，第 729 页。

③ 刘伟、李风圣：《产权通论》，北京出版社，1997 年，第 12 页；王莉：“关于产权概念的比较分析”，《山西大同大学学报》（社会科学版），2009 年第 2 期，第 83、84 页。

④ 参见《中华人民共和国物权法》第 39 条。

⑤ 梁慧星、陈华彬：《物权法》（第三版），法律出版社，2005 年，第 103 页。

⑥ 江平：《民法学》，中国政法大学出版社，2007 年，第 337 页。

产之上的一切私人权利，物、债、智力成果、各种利益等都是其客体。而所有权作为物权的一种，其客体仅限于物。

(5) 同一物上可以有诸多产权，但只能有一个物权。“一物一权”是物权法的基本原则，一个物上不可存在两个内容相互排斥的物权，因此，一个物上只存在一个所有权。但产权不同，产权包含诸多权利，一个物上可以存在多个产权人。

(6) 二者的关注点不同。产权关注财产的利用，而所有权重在物之归属。

(四) 产权制度

产权制度，也称产权安排，是指既定产权关系和产权规则结合而成的且能对产权关系实现有效的组合、调节和保护的制度安排，包括产权归属的界定、产权的分割与重组、分配制度等内容。

产权制度具有下列功能。

1. 资源配置功能

产权的资源配置功能，是指产权安排或产权结构直接形成资源配置状况或驱动资源配置状态的改变或影响对资源配置的调节。产权对资源配置的调节作用主要表现在以下几个方面。[①] ①相对于无产权或产权不明晰状态而言，设置产权就是对资源的一种配置，减少不确定性。②任何一种稳定的产权格局或结构，都基本上形成一种资源配置的客观状态。③产权的变动也同时改变资源配置状况，包括改变资源在不同主体间的配置，改变资源的流向和流量，改变资源使用的分布状况。④产权状况影响甚至决定资源配置的调节机制。

2. 激励与约束功能

产权的界定就是确定谁拥有什么权利或责任，明确谁所有、谁支配、谁受损、谁受益。明确界定的产权会产生一种激励作用，激励人们有效地利用财产和资源。而约束和激励相互联系，从某种意义上讲，约束也是一种反面的激励。产权的约束一般分为自律（内部约束）和他律（外部约束）两种。自律是指产权主体知道自己权利的边界，也可以总体预测自己产权的承担能力，这时他就会限制自己行为的作用范围或利益获取方式和数量，不越权或侵权；他律是指来自于产权主体自身以外的约束。

产权的激励与约束功能最终都将降低交易费用，从而直接决定了资源使用的效率。

---

① 张卫东：“产权安排与资源配置：产权理论简析”，《山东行政学院山东省经济管理干部学院学报》，2009 年第 6 期，第 41 页。

3. 收入分配功能

产权之所以具有收入分配功能，是因为产权本身就包含着利益内容。产权的收入分配功能体现在：①产权在不同主体之间的划分，本身就是收入或获取收入手段的分配。②产权是收入分配的基本依据。③产权的界定和明晰有助于收入分配规范化。①

综上所述，产权制度在各方面的功能不容忽视，尤其在优化资源配置上，起着基础性的作用。因此，如何界定产权，如何安排产权，将对经济发展产生重要的影响。

二、农民专业合作社的产权制度

农民专业合作社作为一类独立的商事主体，其发展经营受到产权制度的深刻影响。一个好的、适合农民专业合作社的产权制度会推动合作社的发展，促进其目标和功能的实现，为成员谋得更多的利益。相反，如果产权制度不适合农民专业合作社，则会产生抑制、阻碍其发展的不利后果。

就像资本三原则和有限责任天生适合于公司、合伙企业与无限责任结合得天衣无缝一样，农民专业合作社也有与其相适应的特殊的产权制度。这种制度必须符合它的性质和特点，配合它的特殊性，以期最大限度地发挥农民专业合作社的制度价值，使成员获得最大的利益。

（一）国外农民合作社的产权制度安排

国外的合作社经历了较长时间的发展，各项制度相对完善。这里以丹麦、法国和美国为代表，重点介绍这些国家合作社的产权制度安排，以期为我国农民专业合作社的产权安排提供制度借鉴。

1. 丹麦合作社的产权制度安排②

丹麦早期农民营销合作社深受罗虚代尔公平先锋社的影响，以“丹麦皇冠”屠宰合作社为例，其产权安排也大致遵循“罗虚代尔原则”。

（1）完全开放的社员制。加入屠宰合作社不需要交纳股金，任何人只要拥

---

① 张卫东：“产权安排与资源配置：产权理论简析”，《山东行政学院山东省经济管理干部学院学报》，2009 年第 6 期，第 41 页。

② 刘颖娴：“我国农民专业合作社的产权安排研究”，福建师范大学 2009 年硕士学位论文，第 15～17 页；全国供销合作总社考察组：“瑞典与丹麦合作社考察报告”，《科学决策月刊》，2007 年第 2 期，第 45、46 页。

有合作社的交易合同，即可成为成员，并拥有股份。社员可以自由退出，而不需缴纳任何费用，但是退出后，他所占有的股份随即马上取消。

(2) 按交易量入股分红。屠宰合作社坚持限制资本报酬、惠顾者利润返还的原则。社员依据与合作社交易的产品数量，决定他占有股份的多少。合作社再根据股份的数量，对农民进行盈余返还。但是社员股份只能参与分红，而不能出售和转让。

(3) 留足积累并可退还。丹麦的合作社普遍采取定额积累，屠宰合作社每年留下利润的50%左右作为增加投资的资金，剩余才对社员进行利润返还。与“罗虚代尔原则”不同的是，合作社清算时，社员可以分得自己的部分。

“丹麦皇冠”屠宰合作社的产权制度安排遵循合作社的所有者与惠顾者的一致性，以“交易”为核心。入社只需具有交易合同，无须缴纳任何费用；入股分红也以交易量为依据。此外，按交易量进行盈余返还，体现公平分配的原则，多交易的社员，为合作社做的贡献越多，收入也就越多，有很好的激励作用。但同时，其产权安排也存在一定程度的弊端，尤其是开放的社员制，将产生“搭便车”问题，新社员的加入将摊薄原有的旧社员的利益。合作社的资产包括许多种，如固定资产、现金存款等，这些资源都是有限的。新成员加入后，就可以使用和拥有这些共有财产，而他们又无须交纳任何股金，这将降低原有的旧成员的使用水平，在一定程度上将打击成员的积极性。

2. 法国合作社的产权制度安排①

(1) 较开放的社员制。凡是承认合作社章程的农民都可以申请加入。小规模的合作社要求由董事会决定是否接纳入社，大规模的只需要分区管理委员会同意即可。社员入社时一般要根据与合作社预期交易的农产品量缴纳股金，交易量增加时需要补交股金，减少时则维持不变。社员退社自由受到一定限制，如入社必须达到一定时间，否则退社要缴纳罚金等。合作社可以和非社员联合，以吸引外来投资。

(2) 对内不以营利为目的，公平分配利润。理事会成员可以根据参加会议的次数领取补贴，但不领取工资。总经理和其他管理人员获得理事会决定的工资。股东的股金获得一定的利息，计入合作社成本。对非社员股东仅给予比社员较高利率的红利。净盈余的分配由理事会提议，全体大会决定。

(3) 保留不可分割的公共积累。合作社的盈余，一部分作为合作社的发展基金，一部分按照社员与合作社的交易额进行盈余返还，留下的公共积累不能

① 白立忱：《外国农民合作社》，中国社会出版社，2006年，第27、28页；刘颖娴：“简评国外农民合作社产权安排”，《福建论坛（社科教育版）》，2008年S1期，第64、65页。

分割。法国合作社法规定，当合作社解散清算时，其剩余财产须交另一家合作社或能体现公共利益的组织。

法国的合作社区分社员与非社员，且在产权制度上稍有不同。此外，与丹麦不同，交易量在法国合作社中并没有核心的地位，社员入社需缴纳股金，利润平均分配。在合作社解散时的公共积累分配上，法国与丹麦也有较大区别，前者交予其他合作社或者公益组织，后者分配给社员。法国合作社的产权制度使合作社可以保持一定的公共积累，有利于增强合作社发展潜力。资本是扩大再生产的有力保证，对于合作社来说必不可少。法国合作社的产权安排使合作社具有了一定的资本保证。

3. 美国合作社的产权安排①

1992 年明尼苏达州精菜合作社的建立标志着美国新一代合作社的诞生。与传统的农民合作社相比，新一代合作社在产权制度上有许多特点。

（1）交易份额制和投资成员制。与传统合作社以为社员服务为宗旨不同，新一代合作社通过交易份额制和投资成员制，实现其“投资-利益”取向。合作社根据其加工能力，设计初级农产品的加工数量和希望筹集的资本总量，再将加工数量分为若干等量和特定质量的初级农产品份额并对应一定的资本量。农场主通过购买原料农产品的交易份额或交易权入社。这实际上是社员与合作社签订前定的生产合约，农民负责足额、保质地向合作社交纳农产品，合作社负责收购加工。由于社员购买交易额，单位交易额代表的资本量就是单位交易额的价格，因而是一种投资成员制。新一代合作社将 30%～50% 的发起资本作为社员权益。年终，在合作社出售加工增值的全部农产品中扣除成本和费用后的利润，按交易额分配给社员。这样既坚持了所有者和惠顾者统一的原则，又将会员权利和资本权力联结了起来。其余的股金，通过负债和发行优先股获得，优先股股东没有投票权，只获得固定的股息。优先股可以广泛的在那些关心社区发展的人士和社团间发行，它增强了合作社的融资能力。但是 1922 年美国国会通过的《卡帕-沃尔斯坦德法》规定合作社的股金红利率不得超过 8%，为非社员的服务量不得超过为社员服务的总量，否则就将受到《谢尔曼托拉斯法》的限制。

（2）封闭的社员资格。新一代合作社由于投入资金多，风险大，所以它成

① 傅晨：《中国农村合作经济：组织形式与制度变迁》，中国经济出版社，2006 年，第 54 页；刘颖娴：“我国农民专业合作社的产权安排研究”，福建师范大学 2009 年硕士学位论文，第 20～23 页；刘颖娴：“法、美、日的农业合作社概况及其产权安排”，《重庆工商大学学报（社会科学版）》，2008 年第 4 期，第 55～57 页。

立时，要根据经济条件、生产能力及个人信誉度，挑选提交申请的农民入社。合作社成立后，除非有特殊情况，社员不能退出，也不接纳新社员。

（3）可转让的社员股份。社员的股份在得到理事会批准后可以转让，股份的交易价格根据合作社经营绩效的预期而变动，但要优先卖给内部社员。

（4）较少的公共积累。由于社员股金充足，新一代合作社一般不留公共基金，将经营利润全部按交易份额返还给农民，当合作社需要资金时，就再由社员认购交易份额来获得资金。

美国新一代合作社的产权制度较好地解决了合作社的资金问题，增强了合作社的资金实力，稳定了合作社与社员的交易关系。但其弊端也是明显的。首先，它将贫困农民排除在外，且封闭的成员资格也不符合合作社的基本原则。其次，它引起资本对劳动力的排斥。合作社通过发行优先股的方式向社会募集资金，由此而产生对合作制“劳动者的联合”这一性质的背离和资本对劳动力的排斥，使得合作社有异化为股份公司的倾向。①

（二）关于农民专业合作社产权制度的学说

可以看到，尽管各国在实践上不断探索农民合作社的产权安排，但各国制度中均存在着不足。在我国理论界，学者们也试图找到一种方式来界定农民专业合作社的产权，以期最大限度地符合农民专业合作社的性质。其中，以下三种学说最具代表性。

1. 私有财产说②

农民专业合作社的产权结构以个人所有为核心，实质是私人产权。

私有产权说的依据是股金个人所有属性，但我国的农民专业合作社并不是股份制的，没有股金的概念。在我国的农民专业合作社体制下，与股金对应的是成员出资，而成员出资是否为个人所有仍是一个值得讨论的问题。另外，该说也忽视了合作社的其他财产。

2. 集体产权说③

农民专业合作社由联合起来的劳动者共同筹资，共同占有、使用生产资料，共同享有劳动成果，是劳动群众集体所有。

---

① 王景新：《乡村新型合作经济组织崛起》，中国经济出版社，2005 年，第 197 页。

② 刘丽萍：“合作社产权制度探析”，载王保树：《中国商法年刊（2006）——合伙与合作社法律制度研究》，北京大学出版社，2007 年，第 279～282 页；吴涛：“我国农民专业合作社产权制度研究”，重庆大学 2009 年硕士学位论文，第 9 页。

③ 朱贤强、张佳锋：“我国农民专业合作社产权结构的法律制度完善”，《法制与社会》，2009 年第 18 期，第 265 页。

“集体产权说”意在表明合作社的财产为所有成员共同共有。但这种共同共有实际上对合作社的发展十分不利，因为它不能清晰地界定各类财产权益的边界，从而无法明确各主体的权利和义务。此外，对共同共有的财产的处分，需要全体共有人的一致同意，这对合作社的经营和运作来说，是不现实的，也是无法做到的。

3. 复合产权说，也称多元所有说①

该说认为，农民专业合作社的财产应多元所有，它有两层含义：一是由众多数量大体均等的个人产权复合而成；二是由已经集合的个人产权和集体产权复合而成。它是同一类主体按一定原则，将各自所有的资源和共同所有的资源集中到一起所形成的特殊产权。因此，合作社的产权和管理制度体现在：一是实行个人所有和集体所有相结合的产权关系；二是实行集体占有、使用的经营关系。

该说同样存在上述“集体产权制”的弊端，且将公共积累财产归于集体所有并不合理。

4. 联合所有说②

农民专业合作社应坚持“民有”原则，这种“民有”应该是一种联合所有。资产一旦进入到合作社，合作社就享有集体的终极所有权。成员可以通过虚拟量化比例和数量来获取利益。财产的最终归属权实质上应为合作社成员所有，形式上则由合作社依法、依章程行使，本质上要明确“联合所有”是社会主义集体所有制的一种实现形式。

联合所有说一方面认为合作社享有集体的“终极所有权”，另一方面又认为财产的“最终归属权”应为合作社成员“所有”。但“终极所有权”和“最终归属权由成员享有”究竟所指为何，并没有说明。若仅从字面意思上理解，所谓“终极”也就是“最终”，那么合作社的“所有”就和成员的“所有”相矛盾。

5. 法人财产说③

该说认为，出资者因出资而取得社员资格，享有社员权（包括自益权与共

---

① 彭真明、文杰：“农业合作社的法律分析”，载王保树：《中国商法年刊（2006）——合伙与合作社法律制度研究》，北京大学出版社，2007 年，第 372 页。

② 李长健、冯果：“我国农民合作经济组织立法若干问题研究（下）”，《法学评论》，2005 年第 5 期，第 3 页；陈彦晶：“合作社的法律地位及其财产权”，载王保树：《中国商法年刊（2006）——合伙与合作社法律制度研究》，北京大学出版社，2007 年，第 308～310 页。

③ 朱贤强、张佳锋：“我国农民专业合作社产权结构的法律制度完善”，《法制与社会》，2009 年第 18 期，第 265 页。

益权）。而合作社则取得了对该项财产的直接支配权，摆脱了对出资者的直接依附。

法人财产说是建立在将农民专业合作社定性为法人的基础上的。前文提到，农民专业合作社是特殊的企业法人，法人财产说将成员的出资行为认定为向合作社让渡所有权，可以说很好地体现并契合了合作社的法人属性。但农民专业合作社与公司不同，其除了成员出资以外，合作社中还有其他财产，该说对其产权的界定过于笼统，忽视了农民专业合作社的特殊性。

（三）农民专业合作社的特殊性与其产权制度

如前所述，农民专业合作社是指在农村家庭承包经营基础上，同类农产品的生产经营者或者同类农业生产经营服务的提供者、利用者基于满足其共同的经济和社会需求而成立的、实行民主管理之方式的自治性商事组织。

农民专业合作社具有许多不同于其他商事组织的特点，这些特殊性也决定了它应当建立与其自身特点相符的产权制度。

1. 农民专业合作社以劳动的联合为基础，资本的联合从属于劳动的联合

农民专业合作社之所以能够成立，基础就在于其主要成员均从事性质相同或相似的劳动，从而产生相同的需求，而合作社就是为从事这类特定劳动的人提供服务，以满足他们共同的需求。合作社的成员同时也是合作社服务的对象。

农民专业合作社的这一特点对成员的出资制度具有重大意义。它决定了出资不应当有限额限制，决定了成员退社时合作社应当无条件退还其出资。

2. 农民专业合作社以服务和互助为宗旨

从农民专业合作社的定义就可以看出，农民专业合作社的设立是为了服务其成员。它是农民这一弱势群体组成的互助性经济组织，目的在于通过为成员提供购买、销售、加工、运输、储藏、技术、信息等方面的服务，使成员联合进入市场，形成聚合的规模经济，以节省交易费用、增强市场竞争力、提高经济效益、增加成员收入。因此，农民专业合作社最主要的使命在于为社员提供服务，并通过提供服务为社员谋取利益。

农民专业合作社的这一特点决定了其特有的分配制度。分配制度是产权制度的应有内容，分配意味着财产的收益权。农民专业合作社不以出资额的大小决定分配比例，而是以交易量为基础。农民出资加入合作社的目的并非获得资本的增值，而是获得服务；另一方面，合作社经营的目的也非自身利益的最大化，而是为成员提供服务。所以，农民专业合作社不可能与公司一样以红利的方式分配利润。

3. 农民专业合作社坚持“入社自愿、退社自由”原则

该原则是合作社本质的体现，却使得合作社的财产处于一个十分不稳定的状态，这就要求合作社必须有足够多的财产来弥补这种不稳定带来的弊端，因此其产权制度必须有利于合作社自身财产的积累。

三、我国农民专业合作社的产权安排

（一）对我国农民专业合作社产权制度的理论探讨

根据法律规定，我国农民专业合作社的财产由五部分构成，即成员出资、公积金、国家财政直接补贴、他人捐赠以及合法取得的其他资产。农民专业合作社的产权制度必须涉及对这些财产产权的界定以及分配制度的规定。

1. 成员出资

农民[①]要加入农民专业合作社，成为合作社的成员，需要按照章程的规定向合作社出资。成员的出资，可以说是构成农民专业合作社初始资本的主要部分。

尽管前文已提到，农民专业合作社是劳动的联合，合作社得以成立的根本要求是有从事性质相同或相似劳动、具有相同需求的人，但由于成员的出资是合作社初始资本的重要来源，对合作社最初的经营有着至关重要的作用，所以成员的出资又必不可少。因此，如何界定成员的出资就是一个十分重要的问题，一方面要契合合作社的本质属性，另一方面又要为合作社的设立和最初的经营提供资金上的保障。

笔者认为，成员出资在合作社存续期间应界定为农民专业合作社所有，以保障合作社的经营需要及对外责任的承担。但基于合作社的特殊性，在成员退社时合作社又必须无条件退还成员的出资。

成员的出资行为应理解为是一种所有权转移行为，农民专业合作社因成员的出资而取得这部分财产的所有权。在合作社的设立阶段，来自于成员的出资是其资金重要甚至唯一的来源。农民专业合作社的劳动联合属性并不否认资金联合的重要性，将这部分财产的产权界定为合作社所有，有利于合作社对财产的自由支配和利用，最大限度地发挥成员出资在设立阶段的作用，保障合作社的设立以及在成立之初的经营活动。

但是，农民专业合作社毕竟是不同于公司的特殊的企业法人，它的劳动联合性与“入社自愿、退社自由”的基本原则都决定了其对成员出资的态度应与

① 农民专业合作社的成员不限于农民，此仅以农民为代表。

股东出资不同。股东不能抽逃出资，只能通过转让股份或公司回购股份的方式退出公司。但农民专业合作社坚持“退社自由”的基本原则，退社没有条件限制；合作社的劳动联合性也表明，合作社更看重农民的身份，而非其财产；此外，成员的出资也不具有可转让性。以上三点均要求合作社在成员退社时退还其出资，即是所有权的又一次转移，或者说是所有权回转。这是对社员退社自由的保障，也是劳动联合性的重要体现。

2. 盈余

盈余是合作社在经营的过程中获得的财产。盈余的处置，按顺序通常分为三种方式。

（1）弥补亏损。农民专业合作社的盈利首先要用来弥补上个年度的亏损。

（2）提取公积金。公积金是合作社从盈余中提取的，作为合作社的公共积累，是合作社持续发展的资金保障。对于公积金的产权归属，一般均认为属于共有，即合作社全体成员共同所有。在共有这个大前提下，关于公积金是否可分割，又有三种不同的观点。①

第一种观点认为，合作社的公积金不可分割，从权利上讲是一种共同共有的关系。此观点的主要论据是《国际合作社联盟关于合作社原则》第 3 条。该条规定，社员对合作社的资本作出公平的贡献并加以民主的控制，资本至少有一部分通常是合作社的共同财产。此外，国际合作社联盟的一些相关背景资料对这一原则的解释是，积累归合作社集体所有，以反映社员支持合作社的一种集体成就。

第二种观点认为，合作社的公积金是可以分割的，从权利上讲公积金是按份共有。原因有两点：首先，合作社的任何社员都对合作社的发展壮大有贡献，如果认为贡献应获得相应回报，就要在社员退社时给予适当补偿；其次，合作社“入社自愿、退社自由”意味着合作社在创立和发展中，不断有新社员加入，如果公积金不可分，则意味着新老社员对合作社资产享有同等权利。

第三种观点认为，合作社的公积金是否可分割不能一概而论，要据其不同成因不同对待。如果积累是因土地升值或国家对合作社的优惠政策而形成，就不应分割，所有权就应归成员共同共有；如果积累的形成是因纯粹的合作社投资经营而生成，则可进行分割。这种观点目前不占主流。

笔者认为，公积金不宜被认定为全体成员的共有，而应界定为农民专业合作社所有，且不可分割。因为农民专业合作社资金有限且不稳定，逐渐积累一

① 刘丽萍：“合作社产权制度探析”，载王保树：《中国商法年刊（2006）——合伙与合作社法律制度研究》，北京大学出版社，2007 年，第 280、281 页。

笔属于合作社自己的资金非常必要，其原因有以下几点。

第一，农民专业合作社的财产有限。尽管成员入社需要缴纳出资，但由合作社的性质所决定，法律并没有规定成员的最低出资额，也没有要求合作社成立需要的最低资本额。此外，农民专业合作社的成员大部分都是农民，农民在我国属于弱势群体，相对贫穷，其出资能力必定有限。所以，合作社不可能依靠成员出资获得较多的财产。一定的财产积累是合作社经营运作的保障，因此，将公积金界定为由合作社所有十分必要。

第二，农民专业合作社的财产不稳定。由于合作社坚持“入社自愿、退社自由”的原则，新成员的加入以及因旧成员的退出而返还其出资，都会造成合作社财产的变动。财产的变动性会妨碍合作社对财产支配的长远计划，不利于合作社的发展。

第三，若将公积金界定为共有，不论是共同共有，还是按份共有，都不能使公积金得到最大限度的利用。首先，合作社的成员众多，且不断变化，共有人是不确定的，处于一种不断变动的状态；其次，合作社的成员并不能直接使用、支配公积金，公积金最终还是由合作社来支配的。所以，成员共有似乎并没有任何实质的意义。相反，由合作社所有、支配，能最大限度地发挥公积金的作用。

第四，不分割公积金不会造成新成员摊薄老成员利益的现象。多数主张对公积金进行分割的学者都将“防止新成员摊薄老成员的利益”作为论据。在公积金为全体成员共有的前提下，不对其进行分割确实会造成新老成员享受同等利益的现象。但是，在把公积金归属为由农民专业合作社所有后，情况就有以下不同。首先，合作社用提取的公积金扩大经营，更好地为成员提供各项服务。公积金不再只是成员账户中的一个数字，而转化成了合作社更大的规模、更优质的服务。每个成员，不论新老，均有享受合作社服务的权利。这样做不论是对合作社，还是对合作社的成员，都是一个双赢的选择。其次，量化公积金到成员账户，并在其退社时退还该份额的确可以最大限度保障公平性，但是，如果任何一个成员在任何时间退社都分割一次公积金，那么公积金制度的功能就被架空了。合作社提取公积金的初衷就是为了克服其财产的有限性与变动性，但是，成员退社就分割公积金将使合作社无法维护其财产的稳定性，并且如果退社的人员较多，合作社的财产就会不断减少，使本就不多的财产更加缺乏。所以，只有成员中途退社不分割公积金，才能最大限度地实现公积金制度的价值。最后，农民专业合作社解散时，以记载在其账户内的交易量（额）比例分配公积金。合作社解散时，公积金作为剩余资产应当分配给各个成员。由于公积金来源于合作社的盈利，每个成员对合作社的盈利都有贡献，但贡献程度却各不相同。成员与合作社的交易量（额）正是衡量其贡献大小的标准。所以，在解散时，依据成员账户内记载的交易量（额）比例，分配公积金，就能做到公平。另外，将成员账户内的公积金份额作为可分配盈余的分配依据之一，也能够保障公平目的的实现。

(3) 可分配盈余。在弥补亏损、提取公积金后的当年盈余，就是农民专业合作社的可分配盈余。

可分配盈余的产权应界定为成员所有。可分配盈余一般按照成员与合作社的交易量（额）比例返还。

可以看到，可分配盈余的产权安排与公积金的产权安排是相辅相成的。可分配盈余和公积金都来自于合作社的盈利，而合作社的盈利是与成员和合作社的交易量（额）分不开的。因此，盈余按照交易量（额）返还体现着公平的基本原则，符合成员个人利益，也是一种有效的激励机制。合作社提取公积金并由其所有，且成员中途退社不能分割，则体现着合作社的整体利益。每个成员对合作社的贡献程度确实存在差别，因此盈余的分配需要以这种差别为依据。反过来，成员获得利益与合作社提供的服务也是密切相关的，因此公积金也可以看做是成员获得利益的对价。况且合作社提取公积金的目的也是扩大经营，是为了给成员提供更好的服务，最后还是对成员有益。在解散的时候，公积金依照成员交易量（额）分配，则又是对公平的体现。

综上所述，农民专业合作社的公积金应由合作社所有，且在解散之前不得分割。合作社的可分配盈余由成员所有。这样的产权安排既能保证合作社各成员之间的公平，又能为合作社自身争取到更多、更稳定的财产，并且符合农民专业合作社的性质与特征，是多赢的选择。

3. 国家财政直接补助和他人捐赠

国家财政补助和他人捐赠在合作社的财产中处于一个特殊的地位，一方面是因为这些财产的获得是无偿的，另一方面也由于这些财产承载着特殊的目的。

国家给予农民专业合作社补助，以及他人给合作社捐赠财产，其目的都是支持农民专业合作社的经营，推动农民专业合作社事业的发展。因此，笔者认为，这部分财产的产权属于农民专业合作社。争议在于合作社破产或者解散时这部分财产的处置问题。

首先，如果农民专业合作社破产，那么合作社必然已陷于资不抵债的状态，其所有资产均应用于偿还债务，以充分保护债权人利益，国家补助和他人捐赠也不例外。

其次，如果农民专业合作社是正常解散，那么国家补助和他人捐赠则不能作为剩余财产在成员中分配。这是由这部分财产的特殊目的决定的。国家和捐赠者向合作社投入资金，目的是支持合作社的发展，因此，当合作社解散时，如果将这部分财产分配给成员就会与和该目的背道而驰，同时也容易滋生利用设立合作社骗取国家补助的违法行为。所以，笔者主张，在合作社解散时，这部分财产仍作为国家补助和他人捐赠，转入其他农民专业合作社或者支持农民专业合作社的其他组织。

一言以蔽之，农民专业合作社对国家直接补助和他人捐赠的财产享有产权，但受其特殊目的的影响，合作社对其处分权受到一定的限制。

至于国家补助和他人捐赠是否需要量化到成员账户的问题，笔者认为也无必要。因为不论是补助还是捐赠，其对象都是农民专业合作社本身，与其成员并没有直接的关系。此外，无论是成员退出，还是合作社解散，成员均不能获得这部分财产，那么量化到其账户也没有实质的意义，徒增麻烦。

综合上述分析，农民专业合作社对成员出资、公积金、国家财政直接补助和他人捐赠的财产享有所有权，但成员出资在成员退社时应返还，国家财政直接补助和他人捐赠的财产在合作社解散时的处分权受到限制。

这种产权安排相对合理，既符合农民专业合作社的本质，又兼顾了成员个人利益和合作社整体利益，但农民专业合作社仍然面临着一个问题——责任财产不足。

农民专业合作社对外承担责任的财产由成员出资、公积金、国家财政直接补助和他人捐赠构成。其中，成员出资受农民经济实力的限制，总额有限，且受到成员退社的影响；国家财政直接补助的数额大小、他人是否捐赠以及捐赠多少，农民专业合作社自身都无法控制，并且合作社对这部分财产的处分权也受到限制。合作社对公积金拥有完全的产权，但是公积金是从合作社当年的盈余中提取的，数额多少由合作社的经营状况决定。如果合作社亏损，或者盈利微薄，则公积金无法提取，或者很少。此外，公积金是随着合作社的经营逐年积累的，增长速度较慢，尤其是在农民专业合作社成立初期，几乎不会有多少公积金，数额更为有限。

农民专业合作社财产的来源决定了合作社无法避免地面临着责任财产不足的问题。责任财产有限，意味着农民专业合作社的对外信用将受到影响，意味着债权人的利益无法得到最好的保障，对农民专业合作社的经营、发展十分不利。

为了解决这个问题，就要求扩大农民专业合作社责任财产的来源渠道。因此，笔者认同主张将成员保证责任引入农民专业合作社的责任承担制度。成员保证责任，是指成员对农民专业合作社债务清偿作出一定数额的承诺，但不是实际向合作社以出资的方式作为他的债务担保。换句话说，它仅仅是一个承诺，而不是实际的财产转移或者财产交付。合作社成员以其承诺的财产数额，而不是以出资额或其他为限，对合作社债务承担有限责任。同时，对合作社而言，全体成员承诺的责任数额也成为其责任财产的一部分了。① 德国和我国台湾地区的立法均有相关规定。②

（二）《农民专业合作社法》的立法规定

《农民专业合作社法》第4条规定，农民专业合作社的财产由成员出资、公积金、国家财政直接补助、他人捐赠以及合法取得的其他资产构成。

农民专业合作社对上述财产享有占有、使用和处分的权利，并以该财产对债务承担责任。

1. 成员出资

成员出资不仅是取得成员资格的条件，也是农民专业合作社取得法人资格的条件之一。但是法律没有规定成员出资的最低限额，也没有设定农民专业合作社成立的最低出资额，而是交由合作社依章程自治。成员的出资额记载于该成员的账户内，并于成员退社时按照章程规定的方式和期限退还。③

2. 公积金

公积金按照章程规定或者成员大会决议，从农民专业合作社当年的盈余中提取。公积金用于弥补亏损、扩大生产经营或者转为成员出资。

农民专业合作社每年提取的公积金按照章程规定量化为每个成员的份额，并记载于成员账户中。成员退社时，其账户内的公积金份额连同出资额一起退还给该成员。④

3. 可分配盈余

在弥补亏损、提取公积金后的当年盈余，为农民专业合作社的可分配盈余。可分配盈余需返还或者分配给成员，具体分配办法由章程规定或者成员大会确定，法律仅给出两个原则：①按成员与本社的交易量（额）比例返还，返还总额不得低于可分配盈余的60%；②按前项规定返还后的剩余部分，以成员账户中记载的出资额和公积金份额，以及本社接受国家财政直接补助和他人捐赠形成的财产平均量化到成员的份额，按比例分配给本社成员。

成员如果退社，那么在其资格终止前的可分配盈余也要退还。⑤

---

① 任大鹏、张颖：“农民专业合作社责任制度的完善——合作社成员承诺责任的引入”，《河北法学》，2009年第7期，第5页。

② 关于保证责任的具体内容，参见本章第四节。

③ 参见《农民专业合作社法》第10条、第18条、第21条、第36条。

④ 参见《农民专业合作社法》第21条、第35条、第36条。

⑤ 参见《农民专业合作社法》第21条、第37条。

4. 国家财政直接补助

《农民专业合作社》第46条规定，农民专业合作社接受国家财政直接补助形成的财产，在解散、破产清算时，不得作为可分配剩余资产分配给成员，处置办法由国务院规定。

（三）对我国农民专业合作社产权制度的评析

1. 肯定了农民专业合作社享有独立财产权

《农民专业合作社法》第4条第2款明确成员出资、公积金、国家财政直接补助、他人捐赠以及合法取得的其他资产所形成的财产是农民专业合作社的责任财产，是对合作社享有独立财产权的肯定。

根据法律的规定，成员出资和量化的公积金份额均记载在成员账户内，并于退社时返还给成员。如何解读法律对成员出资和公积金的产权界定，关键在于对成员账户的理解。笔者认为，首先，成员账户只是对成员权益的一个记载和显示，并不影响所有权的归属。通过成员账户，农民可以很清楚地看到其享有的权益和对合作社的贡献，是鼓励农民加入合作社的有效方式。其次，由于成员退社时须返还其出资，成员账户的设计是贯彻“入社自愿、退社自由”原则的体现。最后，成员账户的存在也是盈余分配的需要。因为合作社盈余的分配要综合考虑成员与合作社的交易量（额）、出资额、公积金份额等因素，而这些内容均记载在成员账户中。综上，成员账户实际只是表明成员利益、方便合作社各项制度运作的一个工具，不能简单地理解为记载在成员账户中的财产就为成员个人所有。所以，法律实际上肯定了成员出资和公积金为合作社所有，是合作社的独立财产，成员退社时转移的是财产所有权，而非占有权。

关于国家直接补助形成的财产，《农民专业合作社法》第46条规定，在解散和破产清算时，这部分财产不得作为可分配剩余资产分配给成员，具体处置办法须由国务院规定。由于国务院尚未就此问题颁布行政法规或规章，这部分财产的产权归属存有争议。如前所述，笔者认为，这部分财产当属农民专业合作社所有。

首先，在农民专业合作社解散时，受其目的限制，国家直接补助形成的财产不得在成员中分配。这是对合作社处分权的限制，是由财产本身的属性决定的。在合作社运作期间，国家直接补助无疑是其财产的组成部分，这也是国家扶持农民专业合作社的具体表现，即增加其财产以支持其发展。

其次，在农民专业合作社破产清算时，国家直接补助的财产虽然不得作为可分配的剩余资产分配给成员，但其是合作社的责任财产之一，法律并未禁止其作为破产财产用于清偿债权人的债务。《农民专业合作社法》第48条也规定，农民专业合作社破产适用企业破产法的有关规定。因此，第46条与第4条的规定并不矛盾，国家直接补助形成的财产是为农民专业合作社所有的独立财产。

2. 财产有限且变动频繁

虽然法律肯定了农民专业合作社的独立财产权，但如前所述，根据现有法律的安排，合作社的财产十分有限且变动频繁。

第一，关于成员出资。农民专业合作社的成员主要由农民构成。在我国，农民处于经济的弱势地位，相对贫穷，出资有限。再加上合作社坚持“入社自愿、退社自由”的原则，成员变动频繁，而成员的每一次变动都会引起出资额的变化，造成本就不多的成员出资总额处于一个不稳定的状态。

第二，关于公积金。公积金从农民专业合作社当年的盈余中提取，所以，合作社的盈利状况直接影响到公积金的多少。此外，公积金被量化到每个成员的账户，若成员加入则需重新量化，而成员退出就要分割退还。所以，公积金也不是合作社稳定的财产来源。

第三，国家直接财政补助和他人捐赠。首先，国家是否有补助、他人是否会捐赠尚不可知；其次，国家补助和他人捐赠的多寡也非农民专业合作社自身所能控制的。可见，这两部分财产完全没有保障。

综上所述，在现有立法规定下，农民专业合作社财产的每一种构成要素都十分有限且处在变动之中，因而导致了农民专业合作社财产总体的不足和变动。这对于合作社的经营和发展、对于债权人的保护是十分不利的。

第四节　农民专业合作社的责任形式

农民专业合作社的责任一般有狭义和广义两种界定。狭义上的责任仅指农民专业合作社的民事责任，它本质上是指合作社成员对合作社民事责任承担的方式。广义上的责任则宽泛地指农民专业合作社作为一个法律主体因违反《农民专业合作社法》等法律、法规应承担的责任，既有民事责任又包括行政责任和刑事责任。本书从私法的角度探讨的是狭义上的农民专业合作社的责任。在农民专业合作社运作过程中，会产生两种责任：一为外部责任，即农民专业合作社对其在进行经济活动中所产生的民事债务所承担的责任，此种情况是农民专业合作社自身的民事责任。二为内部责任，即合作社成员因违反法定或约定义务，而应对合作社承担的责任；此外，内部责任还包括在农民专业合作社承担无限责任、保证责任等类型的责任时，外部责任转化而来的相应的内部责任。外部责任的界定对内部责任的承担具有前提性的意义，因此本节在着重论述外部责任时，对内部责任一并加以阐述。

农民专业合作社责任的清晰界定对厘清合作社、成员的权利义务具有关键性的意义，同时具有保护交易的作用。同时，农民专业合作社的责任承担是以其产权和主体地位的界定为前提的，只有在明确农民专业合作社的法律地位和产权归属之后才能以此为据，根据权责统一之原则，确定各方承担责任方式和责任大小。

一、域外立法例考查

纵观域外相关立法情况可知，多数国家和地区都赋予了农民专业合作社以独立的法人地位。根据法人的一般属性，具有法人地位并不意味着一定是有限责任。因此可以看到各种不同的责任形态繁杂地出现在各国的立法中，其中包括无限责任、有限责任、两合责任以及保证责任等。

（一）农民专业合作社社员的无限责任

无限责任，是指成员对合作社的债务承担着无限的连带清偿责任。无限责任要求成员对合作社的债务有向债权人全部给付的义务，只有合作社将债务全部清偿后，各成员才能免除责任，不得以成员出资的多少或盈余分配的多少作为拒绝给付的理由；在合作社的资产不足以清偿债务时，债权人有权要求各成员予以清偿，因此无限责任又是连带责任。但是这种连带责任在社员之间的内部关系上是有份额划分的，具体则以股额为标准或者由章程予以具体规定。当某一或某些社员偿还的债务超过了自己应当承担的份额时，享有就其超额部分向其他社员追偿的权利，其他社员负有偿还的义务。从合作社的发展历程看，在其发展初期，为保证债权人的债权能得到清偿，一般采取无限责任的形式，且至今仍被一些国家采用。例如，丹麦的合作社法向来采用无限责任，因此丹麦合作社向金融机关融通资金非常便利。①

对于无限责任，我国台湾地区的立法对其进行了时间上的限制。我国台湾地区的“合作社法”② 第31条规定：“无限责任或保证责任的合作社社员，对于

① 蒋学跃：“合作社发展的内在矛盾及我国合作社立法难点”，中国民商法律网，http：//www. civillaw. com. cn/wqf/weizhang. asp？ id=31305，2011年8月8日。

② 台湾地区“合作社法”是在1934年3月1日，由国民党政府制定颁布的。国民党政府迁至台湾以前修正过3次，迁至台湾以后修正过2次，特别是2002年12月11日的修正，涉及内容较为广泛。“合作社法”之下，由合作社主管机关制定颁布“合作社法施行细则”，也经过多次修正。另外，台湾还于1993年制定了“信用合作社法”。参见马跃进：“借鉴台‘合作社法’，推动海峡两岸合作社立法”，新华网，http：//www. fj. xinhuanet. com/news/2006-08/19/content_ 7822439. htm，2011年8月8日。

出社前合作社债权人的责任，自出社决定之日起经过两年，始得解除。”因此这一无限责任亦不同于传统民法意义上永久承担的无限责任。

（二）农民专业合作社社员的有限责任

在有限责任下，农民专业合作社以其全部自有财产对外独立承担责任，成员则以其出资额为限承担有限责任。成员在其出资以外，对合作社债务不承担连带清偿的责任。在这种情况下，合作社的财产是其自有财产，非社员所有或社员共同所有。较有代表性的国家为美国，其合作社基本上都为有限责任，例如，俄亥俄州及田纳西州的合作社法均作此规定。随着合作事业的发展，合作社力量的增强以及管理的逐步规范，大部分国家在合作社立法时，规定合作社承担有限责任。日本《农业协同组织法》规定，股份制合作社成员以其对合作社持有的股份为限对合作社债务承担责任，非股份制合作社以其对合作社支付的费用为限承担责任；英国《合作社法》第5条规定合作社为有限责任组织；法国也采用有限责任的形式。①

（三）农民专业合作社社员的两合责任

两合责任，是指社员中的一人或一人以上负无限责任，其余人则负有限责任。两合责任的合作社大都因法律的直接规定所致。而立法的规定源于有限责任自身的瑕疵。在社员承担有限责任的情况下，合作社具有同公司制度类似的有限责任，但不同的是，农民专业合作社在出资上并不如公司那样对出资形式严格要求，其讲求多样性，允许以实物作价，甚至使用权亦可以作价出资，一般也没有最低出资额的限制。这就可能导致不公平的情况发生，以所有权出资者面临比使用权出资者更大的风险。尤其是如果用以出资的实物是动产，使用权不能构成独立的他物权时，就成为一种因合同而产生的单纯的使用权，不利于保护交易安全。为了纠正这种情形，很多国家采取了让不同的出资者承担不同的责任以消除这种不平等。比如，意大利《合作社法》规定，在同一合作社中，以所有权出资的社员可以承担有限责任，以使用权出资的社员对合作社承担无限责任。②

这种责任方式的规定将有限责任和无限责任的优点相结合，综合考虑各方利益保护和均衡的局面，具有较为显著的优点。

---

① 屈茂辉：《合作社法律制度研究》，中国工商出版社，2007年，第165～167页。

② 屈茂辉：《合作社法律制度研究》，中国工商出版社，2007年，第165～167页。

（四）农民专业合作社社员的保证责任

保证责任，是指成员以其出资和保证金额为限，对合作社债务承担责任。保证责任也是一种有限责任，只不过是所负责任的限度除了其所出资的财产外，还包括其所保证的金额。农民专业合作社领域的保证责任不同于债法一般意义上的保证责任：首先，农民专业合作社领域的保证责任在社员之间不具有连带关系，因此也无代位求偿权一说；其次，合作社社员的保证金额预先在合作社章程中载明，对合作社在经营活动中的所有债务承担保证责任，以记载的金额为限，而债权法上的保证责任则是对主债务的担保，并以主债权为限。

保证责任在没有突破有限责任界限的情况下，扩大了责任承担的范围。把有限责任和信用提高有效地结合在一起，平衡了交易双方的利益，对于保障交易安全有一定的作用。我国台湾地区“合作社法”就规定了保证责任①，即社员以其所认股额及保证金额为限，负其责任。但是对合作社和成员来说，无疑是增加了承担责任的幅度。

各种责任类型纷繁复杂，各国专业合作社立法对于专业合作社的责任承担规定极不统一，在同一国家的立法中也会选择一种或多种的责任类型，甚至在同一国家不同时期的合作社立法也是不一致的。以德国为例，德国早在合作社法未颁布前，就规定团体债务由社员承担无限责任。1867 年的普鲁士《合作社法》、1871 年的德国北部的《合作社法》及 1889 年的德国《合作社法》采用的都是无限责任。到了 1889 年的合作社法中，德国开始放弃单一无限责任的规定，转而采用无限责任、保证责任、有限责任、补充责任的规定。印度《合作社法》、埃及《合作社法》规定合作社的责任为无限责任与有限责任两种。日本第二次世界大战前的产业组将合作社的责任类型完全授权于合作社的章程，但相互保险合作社只适用股份公司的有限责任的规定。我国香港地区根据注册官的决定确定责任类型为有限和无限。根据《香港合作社条例》第 4 条，“合作社所负之责任属有限或无限，则由注册官决定；但注册合作社若有一个或多个社员本身亦为注册合作社，则其所负之责任应属有限”。意大利的立法采用有限责任、无限责任和两合责任：《意大利民法典》第 2513 条规定了“无限责任合作社”类型，“在无限责任的合作社中，社员要以其财产对合作社债务承担责任，并且在行政性强制清算和破产的情况下，根据第 2541 条的规定，社员连带地和

① 台湾地区“合作社法”第 4 条直接规定了合作社的责任形式：“合作社之责任，分左列三种：一有限责任，谓社员以其所认股额为限，负其责任。二保证责任，谓社员以其所认股额及保证金额为限，负其责任。三无限责任，谓合作社财产不足清偿债务时，由社员连带负其责任。”

无限地承担补充清偿责任”，这一类型与第2514条规定的“有限责任合作社”相并列。我国台湾地区“合作社法”第4条明确规定：“合作社所负之责任分为三种：有限责任、保证责任与无限责任。”但它的县级合作社组织大纲规定对于兼营业务各级合作社则一律为保证责任。①

二、《农民专业合作社法》的规定

《农民专业合作社法》第5条直接明确了“农民专业合作社成员以其账户内记载的出资额和公积金份额为限对农民专业合作社承担责任”。此外，该法第3条、第4条、第35条也从农民专业合作社的法律地位和财产归属等方面，间接地反映出我国立法对这一问题的认定。第3条规定了农民专业合作社的基本运作原理：“农民专业合作社应当遵循下列原则：（一）成员以农民为主体；（二）以服务成员为宗旨，谋求全体成员的共同利益；（三）入社自愿、退社自由；（四）成员地位平等，实行民主管理；（五）盈余主要按照成员与农民专业合作社的交易量（额）比例返还。”第4条对专业合作社的独立法人地位作出规定：“农民专业合作社依照本法登记，取得法人资格。农民专业合作社对由成员出资、公积金、国家财政直接补助、他人捐赠以及合法取得的其他资产所形成的财产，享有占有、使用和处分的权利，并以上述财产对债务承担责任。”第35条规定的公积金是成员受益分配的重要来源：“农民专业合作社可以按照章程规定或者成员大会决议从当年盈余中提取公积金。公积金用于弥补亏损、扩大生产经营或者转为成员出资。每年提取的公积金按照章程规定量化为每个成员的份额。”

从以上规定可以看出，我国农民专业合作社采取的是有限责任的形式。农民专业合作社成员以其账户内记载的出资额和公积金份额为限对农民专业合作社承担责任。同时，立法也没有限制或者禁止其他责任形式。

我国立法最终采取有限责任的形式，反映了有限责任更符合我国农民专业合作社发展的现状的观点。我国的合作社还处于发展过程中，由弱小的农民组成，农业经营规模小，采取无限责任，对农民建立或者加入合作社并利用合作社从事生产经营是不利的，过重的责任形式不适合弱承受力的农民，会打击其对合作社的信心，失去一个很好的发展平台；同时，采取有限责任的形式也符合历史的趋势，从合作社发展的历史看，无限责任的形式越来越少，而更多的是采用有限责任的形式。世界各国立法也多数采有限责任这种形式。笔者认为，

① 屈茂辉：《合作社法律制度研究》，中国工商出版社，2007年，第158页。

现行法律适应我国现阶段的发展现状，采用有限责任类型是恰当的。

尽管《农民专业合作社法》并未明确禁止或限制合作社采用其他责任形式，但仅涉及有限责任而不反对其他责任形式的规定在中国现实的语境下，实际上宣告了其他责任形式的不可能，包括前文述及的担保责任等形式。立法不予以正面规定，就不可能发挥其应有的作用。这一问题的解决需要现行法规定的添加、司法解释的出台并辅之以政策普及。需要强调的是，保证责任制度可以作为现行法规定的责任制度基础上的可选择制度，而不是替代制度，法律应许可合作社通过成员大会决议或者章程来选择有限责任或者保证责任等形式。交易过程中，交易对方可根据农民专业合作社的责任承担类型，判断合作社的实力，考虑市场风险，作出相应的选择。

第五节　农民专业合作社联合社

在发展农民专业合作社的实践中，单个的、弱小的合作社在市场中的弱势日渐明显，使合作社之间的联合成为必要。但《农民专业合作社法》中并无农民专业合作社联合社的法律规定，因此农民专业合作社联合社的合法性便成为亟待解决的问题。农民专业合作社作为市场主体的一种，在发挥其作为市场主体的作用时，“做大做强”也是一种必然的发展趋势。以下将以北京市密云区的奶牛联合社案例作为探讨基础，讨论农民专业合作社联合社的定义、法律性质界定、实践中存在的问题及解决此类问题的思路。

一、农民专业合作社联合社的实例

密云的奶牛联合社①成立于2006年。为了对抗大型奶业加工企业的“压迫”，各村奶农以专业合作社的形式来与奶业加工企业谈判，通过小范围的联合争取在交易中的有利地位。因此，几年后密云的奶业发展格局是“奶农+奶业合作社”、“奶农+奶牛养殖场”的形式。随着奶业合作社的发展，为谋求更好的市场地位和利润空间，奶业合作社的联合出现。“联合本县境内所有的奶牛合作社，

① 之所以选择密云县奶牛联合社作为讨论农民专业合作社联合社的基础性案例，是因为密云县奶牛养殖业的突出地位及奶牛专业合作社发展的突出成绩。在密云县拥有奶牛养殖专业合作社20个，入社成员352户，存栏奶牛16 955头，年产鲜奶7.8万吨，产品主要销售给伊利、蒙牛、三元、光明等乳业巨头。2008年，奶牛产值达1.95亿元，占全县鲜奶产值的比例的96%。参见王良忠：“合作社成为密云县农业产业发展首要组织方式”，《中国农民合作社》，2009年第9期，第26、27页。

并同时吸纳了几家规模奶牛养殖场，成立了奶牛合作联社，其鲜奶生产规模很快占到了全县总产量的70%以上。”① 而由图4-1可以看出：奶牛合作社占奶牛产业的比重在2008年达到了96%，可见农民专业合作社举足轻重的作用。

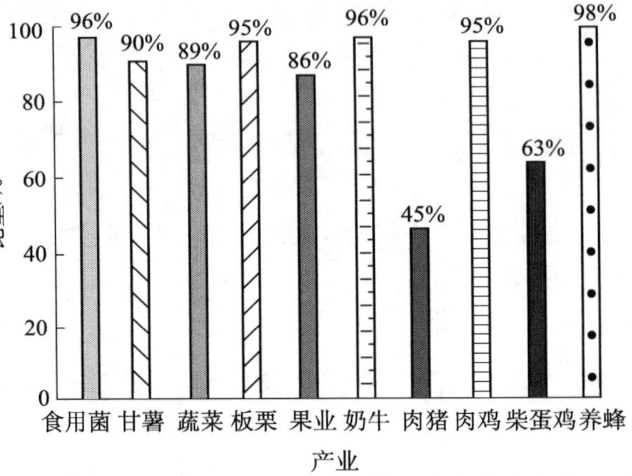

图4-1　2008年密云县农民专业合作社占各产业产值比重

资料来源：王良忠：“合作社成为密云县农业产业发展首要组织方式”，《中国农民合作社》，2009年第4期，第27页。

类似的农民专业合作社联合社在我国其他地区也陆续出现。例如，山东省高密市柏城胶河马铃薯专业合作社联合社，是山东省首家农民专业合作社联合社，是由15家马铃薯专业合作社在自愿的基础上通过基层社出资设立的。②2009年5月由江苏省供销合作总社牵头成立了该省首家跨地区农民专业合作社联合社——江苏苏茶茶叶专业合作社联社。该联合社由江苏省供销合作总社所属的省茶叶公司联合苏州洞庭西山碧螺春茶叶专业合作联社等26家茶叶专业合作社共同出资组建，是集良种培育、种植、加工、国内外贸易、研发于一体的大型联合体。联社拥有成员2110个农户，带动茶农近万户，产值近亿元，出口创汇500万元，产量3000余吨，占全省绿茶总产量约1/5。联社的宗旨是发挥优势，形成合力，实现茶叶产业化、规模化、标准化生产，做大苏茶产业，做强“苏茶”品牌，发展高效农业，帮助农民增收致富。联社的成立，将有利于促进该省从事茶叶种植、销售的农民专业合作社形成利益共同体，引导农民专业合作社规范发展，保护农民专业合作社及其成员的合法权益；有利于突出农

① 李威：“合作社：联合之后 路在何方?”，《中华合作时报》，2010年8月24日。

② 高宣：“山东省首家农民专业合作社联合社在高密市成立——农民联合合作组织凸显市场竞争力”，《三农聚焦》，2009年第12期，第11页。

民专业合作社产品的地域特色，形成规模优势，最大限度地降低交易成本，增强市场竞争力；有利于联社的成员单位统一品牌策划、统一生产标准、统一产品价格，避免恶性竞争；有利于搭建“品牌兴农”平台，不断提高该省茶叶产品的品牌竞争力，带动一方经济发展。[①] 随后，常州首家农民专业合作社联社成立。[②] 该合作联社由 5 家农民专业合作社共同出资组建，注册资金为 1180 万元，是集培育、种植、养殖于一体的相关产业链的联合体，共拥有农户成员 64 个。

二、农民专业合作社联合社的形成原因

密云奶牛合作联合社的形成过程中掺杂了政府因素、个人因素、基层社因素等各种因素。国家关于农民专业合作社发展的立法保障和政策支持尤为必不可少。在众多的因素当中，最重要的“就是因为和产业资本相比，合作社还是一个相对弱势的群体，只有联合起来，才能形成一定的市场谈判力，才有可能和供应商、加工商进行平等的谈判，能进到这个层面，完全是有一定的外在压力形成的，更容易形成一种民主管理的氛围”[③]。

从实践中看，农民专业合作社联合社的形成原因主要有以下三点。

（1）基层社自发地追求共同利益。在密云奶牛联合社的成立过程中，第一次召开会议时的联合社的理事长和主要负责人是由政府指定的，其结果是不欢而散，后来在各个成员自愿组织遴选中重新确定了上述人选，虽然最后的结果与政府指定的只差一人，但是不难发现，其中基层社的自愿民主联合才是最为关键的因素。江苏省首家联合社成立的宗旨也充分说明了基层社及其成员追求更大的共同利益的目的。

（2）政府的财政扶持和鼓励。上文所提及的密云县政府给予奶牛联合社的 300 万的资金支持和政策方面的引导在密云奶牛合作社联合社的成立和发展中起到了重要的支撑作用。

（3）基层“农民”的“领先”的思想和运作。在农民专业合作社联合社的发展中，敢于迈出第一步，应该是基层“农民”的作用，在其中包括真正的农民，即种粮大户、奶牛大户等，也包括以农民为主要组织成员的基层合作社等组织。

---

① 江苏省供销合作社：“省总社组建全省首家跨市农民专业合作社联合社”，无锡市供销合作总社，http：//coop. wuxi. gov. cn/web101/hyyw/zsjssyw/570307. shtml，2010 年 12 月 5 日。

② 王震琰：“常州首家农民专业合作社联社成立”，《江苏法制报》，2009 年 6 月 5 日，第 8 版。

③ 苑鹏：“苑鹏回顾农民专业合作社三年发展”，中国供销合作社网，http：//zb. chinacoop. gov. cn/chat/chat/chatListAll. jsp，2010 年 12 月 5 日。

三、农民专业合作社联合社的界定

（一）联合社的定义

关于农民专业合作社联合社，学者讨论极少，而农业部农村合作经济经营管理总站给出了可以视为“官方”的定义：“专业联合社由3个以上专业合作社为主体，参照《中华人民共和国农民专业合作社法》自愿联合成立，在工商管理部门注册登记为合作社法人，开展相关生产经营活动。”①

与之对应，实践中出现了“基层社”的概念，即作为农民专业合作社联合社成员的农民专业合作社。

上述定义的问题在于：①联合社的成员仅限于专业合作社，排除了其他农业生产大户的进入，不利于联合社的发展；②3个基层社的数量限制似乎并不必要。即使仅有2个基层社联合，但是基层社的社员人数较多，且确有联合之必要，也应当允许其联合。

因此，农民专业合作社联合社可以定义如下：农民专业合作社联合社是农民专业合作社基层社及其他主体，依照《农民专业合作社法》自愿联合设立的以营利为目的的企业法人。

（二）农民专业合作社联合社与联合会

“专业联合会由3个以上专业合作社或者专业协会为主体，自愿联合成立，在民政部门注册登记为社团组织，开展相关咨询服务、行业协调等活动。”② 联合会也是基层社的联合的一种形式，但是联合会不从事市场经营活动，其依照《社会团体登记条例》的规定，取得社会团体法人资格，不能从事相关的营利活动。

具有商事主体性质的农民专业合作社联合社与社会团体性质的农民专业合作社联合会的区别主要有：①登记机关不同，具有企业性质的农民专业合作社联合社在工商行政管理部门登记，具有社会团体性质的农民专业合作社联合会在民政部门登记。②业务范围不同，具有企业性质的农民专业合作社联合社既可以向基层社提供技术、信息上的支持与服务，又可以开展营利性的经营活动，独立作为市场主体参与市场竞争；而具有社会团体性质的农民专业合作社联合会

① 农业部农村合作经济经营管理总站：“农民专业合作组织蓬勃发展”，载孙政才：《农业农村改革发展三十年》，中国农业出版社，2009年，第227页。

② 农业部农村合作经济经营管理总站：“农民专业合作组织蓬勃发展”，载孙政才：《农业农村改革发展三十年》，中国农业出版社，2009年，第227页。

则不具有营利性，其主要以服务于基层社为宗旨，向基层社提供技术和信息支持。此外，从商事主体性质上讲，农民专业合作社联合社与社会团体性质农民专业合作社联合社在联合社财产使用、设立程序及所发挥的作用上①也有较大区别。

从我国目前的农民专业合作社联合社的实践情况看，在法律并未对农民专业合作社联合社这一特殊组织的法律地位作出明确规定的情况下，笔者认为出于监管需要，将农民专业合作社联合社规定为企业法人更为适宜，而将合作水平较低的联合会规定为社会团体法人。从国外的农民专业合作社联合社实践来看，多数农民专业合作社联合社与其他开展市场经营活动的企业法人并无太大差异，因此未来大量企业法人性质的农民专业合作社联合社在很大程度上将成为我国农业组织发展的主流。鉴于此，我们应该在立法上为企业法人性质的农民合作社联合社提供必要的发展条件，同时也要承认农民专业合作社联合会的存在的必要性和积极意义。

农民专业合作社联合社登记为企业法人，由工商管理部门颁发相应的农民专业合作社联合社法人营业执照，作为市场主体开展经营活动，同时也对其内部的基层社提供服务；农民专业合作社联合会登记为社会团体法人，领取民政部门颁发的社会团体法人执照，其性质为对其下的基层社开展一系列的内部互助服务活动，并不直接从事经营行为。从两种合作组织成立的不同目的来说，对这两种农民专业联合组织在登记时作严格的区分是十分必要的。

从现实意义角度出发，这两种组织形式都有存在的必要，市场经济的自由性应当是鼓励一切合法的自由经营行为。至于选择哪一种形式，笔者认为主要应考量以下两方面的因素：①考虑农民专业合作社联合组织的成立意图，农民专业合作社联合组织下的若干农民专业合作社以及其最基本的分子——农民，出于不同的意愿成立不同的农民专业合作社联合组织，有的可能是基于组成更大的经营主体参与市场竞争，提高其自身的竞争能力，这时农民专业合作社联合社就成为一种最优的选择；也可能基于向各基层社提供一些基础性服务的意愿，成立松散的农民专业合作社联合会，专门向各农业合作社提供市场信息，介绍新的农业技术，引导各农民专业合作社正确地开展经营活动。②是否符合法律的规定，尽管现行的《农民专业合作社法》对于农民专业合作社联合社及农民专业合作社联合会并未作出明确规定，但是不可否认，处于维护市场交易

① 联合会的作用主要体现在：“联合会努力加强自身建设，切实为农民专业合作社做好服务，积极发挥好作为信息交流、技术协作、教育培训平台的作用，积极拓展沟通、组织、规范和创新功能，使联合会真正成为农民走向市场的组织者、引导者和服务者。”参见孟杨斌：“杭州农民专业合作社联合会成立”，中国农民合作组织研究中心网，http：//www. ccfc. zju. edu. cn/a/xinxijianxun/2010/1001/2933. html，2010 年 12 月 5 日。

安全和监管的需要，在未来的《农民专业合作社法》修改过程中，农民专业合作社联合组织一旦入法，则必然对其成立条件作出相应规定。只有满足对应的法定条件，才可以成立相对应的农民专业合作社联合组织。

成立社会团体性质的农民专业合作社联合会，其成立要件除满足社会团体法人成立的一般要件外，还必须遵守《社会团体登记管理条例》的相关规定。而成立企业法人性质的农民专业合作社联合社，其一般要件是：①依法成立；②有独立的财产；③有自己的名称、组织机构、场所；④必须独立承担民事责任。此四项一般条件的关键又在于独立财产、独立承担民事责任的能力。而作为商事主体，如果农民专业合作社联合社没有独立的财产，则独立承担民事责任也是无从谈起的。笔者认为，与基层社类似，对于企业性质的农民专业合作社联合社，农民专业合作社联合社的独立财产应当主要来自于各个农民专业合作社的出资，此外农民专业合作社联合社的财产还可以来自于政府补助、公积金、他人捐赠以及合法取得的其他资产。各个基层社一旦以其财产对农民专业合作社联合社出资，则该部分出资份额由农民专业合作社联合社完全享有所有权。农民专业合作社联合社以其注册登记的全部财产对外承担无限责任，各个农民专业合作社分社以其出资额为限对农民专业合作社联合社承担有限责任。这也是农民专业合作社联合社独立企业法人地位的体现。

对于企业性质的农民专业合作社联合社，如有利润分配或者解散清算时，可以按照各个成员的出资进行利润、剩余财产分配，也可以根据各个成员社的意思自治而为之。

四、农民专业合作社联合社存在的问题及解决途径

农民专业合作社联合社正处于发展的初始阶段，一些问题已经初步显现。及早重视并研究、解决此类问题，直接关系到农民专业合作社的生存与发展。

（一）农民专业合作社联合社存在的主要问题

农民专业合作社联合社发展中最主要的问题是其法律地位尚不明确。现行《农民专业合作社法》未对农民专业合作社联合社作出明确规定，造成实践中对联合社的认识存在较大分歧。

在对北京一些地区有关农民专业合作社的调研中我们注意到，部分农村基层工作人员认为联合社的设立缺乏法律依据，由此带来一系列难以认定的问题。例如，如何看待联合社与基层社之间的关系？如何认定联合社与基层社社员之间的关系？国家对农民专业合作社的扶持政策是否当然适用于联合社？如果适

用，是否会造成联合社与其他不能获得政府此类支持的涉农企业的不公平竞争？联合社的发展目标是成为龙头企业，但龙头企业追求企业利润最大化，而合作社追求社员利益最大化。因此，发展联合社是否与《农民专业合作社法》的立法宗旨及发展专业合作社的基本原则相悖？

事实上，一些已经设立起来的联合社也并非真正意义上的具有独立法人地位及独立的利益和责任的市场主体。此类联合社设立的目的仅仅是为了降低经营成本，争取政府更多的支持。调查中，某联合社负责人坦言，他们所设立的联合社不是真正的联合社，因为他们并没有整合基层社的资产，只是建立了统一的销售平台，以节省销售成本。其一，可以较小的代价使基层社的农产品进入超市销售。通常，进入超市需缴纳十几万的入门费。联合社支付此项入门费后，可使得所有的基层社节省了入门成本；其二，依托联合社，对基层社的农产品实行统一品牌、统一包装、统一宣传、统一对外销售，降低了相关的费用。

此外，一个现实的问题是，联合社的资金来源单一，主要依靠外部的贷款和拆借等。[①] 实践中，鲜有基层社或其他投资主体对联合社的出资，使得联合社的发展受到资金缺乏的牵制。同时，资本的缺乏，也使得联合社缺乏对外承担财产责任的能力，因而难以获得市场上其他主体的认可。而这一问题的存在实质上也反映出对联合社性质和地位的认识的困惑。

（二）解决农民合作社联合社现存问题的思路

笔者认为，既然现实中已经充分显示出对农民专业合作社联合社的强烈的需求，立法中就应当对此作出相应的规定，而有关联合社的规定应当符合《农民专业合作社法》的宗旨和基本原则。

因此，笔者建议完善《农民专业合作社法》，从立法上对农民专业合作社联合社予以承认，并对其成立要件、责任方式、登记程序以及政府的扶持政策等不可回避的法律问题作出明确规定。

第六节　土地承包经营权入股农民专业合作社研究

土地承包经营权的作价出资入股作为土地承包经营权流转的一种方式，在

① 苑鹏：“农民专业合作社联合社发展的探析——以北京市密云县奶牛合作联社为例”，《中国农村经济》，2008 年第 8 期，第 48 页。

农村经济的发展和农民的增收等方面发挥了重大作用。以往，土地承包经营权入股的载体一般是土地股份合作社、有限责任公司等。《农民专业合作社法》确认了农民专业合作社的法人地位，从而为土地承包经营权的作价出资提供了又一组织形式。国家政策层面的动向也凸显了农村的两大经济助推力——“农民专业合作社”和“土地承包经营权”，这集中体现在2010年中央一号文件中。文件要求“加强土地承包经营权流转管理和服务、健全流转市场”，“大力发展农民专业合作社，深入推进示范社建设行动，对服务能力强、民主管理好的合作社给予补助……”可以预见，农民专业合作社作为土地承包经营权入股的新的载体和组织形式将更好地推进农村经济的发展和农民收入的增加，继而实现统筹城乡发展的目标。

但是在实际运作过程中，由于我国土地承包经营权流转制度本身的问题以及农民专业合作社作为一种新的商事主体的特殊性等，对土地承包经营权入股农民专业合作社在认识和操作上尚存在很多问题。

下文在厘清土地承包经营权和农民专业合作社的基本问题的基础上，以“三农”问题的政策为依托，分析土地承包经营权入股农民专业合作社的相关立法、实践经验、现存问题，提出完善相关制度的建议，以期推动这一方式的有效运作，为农民专业合作社的发展提供更大的平台，盘活在农村中最值得利用的资源——土地，为土地承包经营权的流转在组织形式方面探索一种新的载体，更好地促进土地经营权的流转，使其中的财产权益更多地回归于民。

一、土地承包经营权的基本问题

关于土地承包经营权的特性，除了从用益物权这一法律属性出发探讨外，在土地承包经营权形成的历史轨迹中，我们可以发现：1946～1952年的土地改革运动的精神是“耕者有其田”；其后进入“社会主义改造”时期，又相继经历了互助组、初级合作社、高级合作社的阶段。改革开放以来，开始创建与完善了土地承包经营制度。可以说，在一定程度上土地承包经营制度是“均分”思想和“市场化、私有化”相结合的产物，对此有学者将土地承包经营权更形象地形容为既含有“社会主义”的形态思想，也含有“资本主义”的形态思想。[①]“均分”和“市场化、私有化”共存的安排在一定程度上反映出对土地承包经营权的性质、流转方式、流转范围的探索。

1978年起实行的包产到户，确定了家庭联产承包责任制度，而近年来以土

① 黄宗智：《中国的隐性农业革命》，法律出版社，2010年，第74页。

地承包经营权入股的尝试则体现了农村土地制度改革的目的：在土地承包经营权的发展中，依法自愿有偿流转土地经营权，发展多种形式的规模经济。[①]

1. 土地承包经营权入股的主体

以土地承包经营权入股的主体为土地承包经营权人。

土地承包经营权的取得方式分为基于民事行为的取得和非基于民事行为的取得。基于民事行为而取得承包经营权的，包括创设取得和移转取得。土地承包经营权的创设取得，主要是指土地承包经营权人与发包人通过订立承包经营权合同而取得，分为家庭承包和以招标、拍卖、公开协商等方式进行的承包。土地承包经营权的移转取得，是指依照物权法和土地承包法的规定，依法将土地承包经营权以转包、互换、转让等流转方式实现的权利转移。非基于民事行为而取得土地承包经营权，主要是指以继承的方式取得土地承包经营权，如以家庭承包方式和以招标、拍卖、公开协商等方式设立的承包经营权，在承包人死亡后，其继承人可以在承包期内继续承包。据此，土地承包经营权人包括两类，即基于取得和移转取得土地的承包经营权承包人和因继承而取得农村土地承包经营权的承包人。

土地承包经营权人不包括以下主体：①农村的集体经济组织。虽然在实践中，由村委会、村民小组等主导完成土地承包经营权入股的运作的现象大量存在，但是实质上土地承包经营权入股的主体应为单个的隐藏于“村委会、村民小组”后面的土地承包权人——农户。②基层政府。无论依据哪种流转方式、出于何种目的，基层政府都不能成为土地承包经营权人。

2. 土地承包经营权入股的客体

土地承包经营权入股的客体为土地承包经营权。根据我国《宪法》的规定，我国实行土地国有和集体所有，农民对土地只有承包经营权而没有所有权。土地承包经营权是指承包人对所承包的土地在一定期限内的占有、使用、收益以及有限制的处分的权利。有限制的处分权利，包括以土地承包经营权入股等方式流转。

关于土地承包经营权的性质有多种学说，包括劳动关系说、多元说、物权说、物权化说等，一般以物权化说为通说。“物权化说”主张：土地承包经营权为一种物权化的权利，认为在土地承包经营权的发展中，越来越形成所有权、承包权和经营权互相分离却相得益彰的状态。[②] 例如，有学者认为：“这就在事实上造成了农地承包经营分离为承包权和经营权，从而实现了农地两权分离

---

① 2010年中央一号文件第18条：“加强土地承包经营权流转管理和服务，健全流转市场，在依法自愿有偿流转的基础上发展多种形式的适度规模经营。”

② 刘俊：《中国土地法理论研究》，法律出版社，2006年，第263、264页。

（所有权和承包经营权）向三权分离（所有权、承包权和经营权）的过渡。”①

有学者主张，农地的使用权可以在不改变农业用途的前提下自由进入市场。② 党的政策“稳制活田、三权分离、自主自愿”③ 也说明了土地承包经营权的性质，即农地的使用权可以独立于承包关系而存在，且可以自由流转。

因此，所有权关系、承包关系、经营关系的可分离性是土地承包经营权入股的前提和保障。确切地说，用于作价入股的是“土地经营权”，其中不包括土地承包权，土地承包权仍保留在农户手中。土地承包权的保留是农民最后的“社会保障线”，使农民依然能够享受国家基于承包关系给予农民种地、农机等的补贴补助政策。在农地所有权属于国家和集体的前提下，较之于依靠承包关系的国家对农民的补贴，最具有使用价值和实际意义的为土地的经营权，即作为用益物权通过入股等流转方式盘活土地承包经营权中的财产性权益。

3. 土地承包经营权入股的载体

（1）入股土地股份合作社。土地股份合作社是指以土地为合作基础所形成的经济组织，同时是建立在自然村或者一定区域自然村联合的范围内农民的社区组织④。在实践中的做法是：将农民的土地集中起来，按照一定的功能区进行划分，将集中起来的土地折价入股，交与股份合作社统一支配经营，农民和农村集体组织⑤按照股份进行分红，享有非农开发的收益。⑥ 例如，广东省南海市的农村股份合作社，1992 年在南海县罗村镇下柏管理区展开土地股份合作制试点，南海市委、市政府发布了《关于推进农村股份制的意见》。在南海市的试点中，土地股份合作社的发展实现了土地经营的规模效益，截至 2003 年，“形成农业种养大户 1.8 万多户，经营面积占全区耕地和鱼塘面积的 42%，实现产值 15 亿元，比分

---

① 黄祖辉：《转型、发展与制度变革：中国“三农”问题研究》，格致出版社、上海人民出版社，2008 年，第 165 页。

② 王卫国：《中国土地权利研究》，中国政法大学出版社，1997 年，第 184 页。

③ 中共在第十七届三中全会上指出：推进农村土地经营权流转，要以农业增收、农民增收和农村稳定为根本目标，按照“稳制活田，三权（所有权、承包权、经营权）分离、自主自愿，形式多样，市场契约，政府保障，加强管理，稳步推进”的方针，优化土地资源配置，实现规模化、集约化生产。

④ 社区组织的主要表现在：“农地股份合作社为了切实履行其社会管理职能，往往要扣除一部分合作社盈余以自筹社会管理所需的资金，股金收益因而不仅取决于农地股份合作社的经营管理水平，而且取决于社区的社会管理水平；成本扣除不仅要考虑农地股份合作社的经营成本，而且要考虑社区的社会管理成本。”参见钱忠好：“外部利润、效率损失与农地股份合作制制度创新”，《江海学刊》，2007 年第 1 期，第 88～92 页。

⑤ 在土地股份合作社中一般普遍存在村委会等的集体股，所以在其中农村集体组织也能按照股份分红。

⑥ “以土地入股为主的土地股份合作社的基本做法为：首先按照土地功能进行三区规划，全市把土地划分为农田保护区、经济发展区和商住区；然后把土地和其他集体财产折价入股，土地价值按照土地的农业收益或国家的征地价格（一般为 2 万元一亩）计算；制定股份合作社章程，实行民主管理……”参见宋洪远：《农村改革三十年》，中国农村出版社，2009 年，第 82 页。

散经营提高78%，农民人均股份分红4000多元，最高人均分红近万元"①。农村土地股份合作社将农民集中起来，提高了农民的谈判能力，也就节省了交易的成本。

土地股份合作社的发展是在村委会等的主导下实现土地的集中、规模经营，由于合作社成员中的村委会等组织与农民存在领导与被领导的关系，导致了土地股份合作社的经济自由受到威胁。而且在实际的运作中，为了保持土地股份合作社的稳定缺乏退出机制，即规定个人股权只是分红的依据，不能进行买卖、转让、继承等，严格地遵循农民社员的身份属性。所以，这在一定程度上制约了土地股份合作社的发展。

（2）入股有限责任公司。2007年6月重庆市工商管理局出台了《关于全面贯彻落实市第三次党代会精神服务重庆城乡统筹发展的实施意见》，其中明确规定了可以农村土地承包经营权作价出资入股有限责任公司。② 农民对此规定褒贬不一，但是重庆市探索农村发展的集约化和产业化规模的初衷是值得肯定的。后续的《关于以农村土地承包经营权入股设立公司工商登记的有关问题的通知》，限定了土地承包经营权入股的前提、经营范围等。将土地承包经营权入股有限责任公司，是土地流转改革的"大跃进"，但是具有农业经营能力的有限责任公司，需要在章程、治理结构、破产等方面进行特别规定，可能突破一般的公司法理论，因此其中很多问题有待进一步探讨。

（3）入股农民专业合作社。在农民专业合作社蓬勃发展③的同时，浙江省等地已经开始了土地承包经营权入股农民专业合作社的探索。目前浙江省的土地流转面积一直走在全国的前列④，其中包含了大量的以土地承包经营权作价入股的流转形式。依据《浙江省农村土地承包经营权作价出资农民专业合作社登记暂行办法》的规定，2009年3月27日浙江省首家以农村土地承包经营权作价出资的农民专业合作社——德清县新安镇共鸣牛蛙专业合作社在德清市成立，第一批共12家农民专业合作社落户浙江。依托于农村的农民专业合作社在土地承

① 余伟基："农村城镇化的载体——农村股份合作制"，《南方农村》，2003年第3期，第41页。

② 该文第16条规定："支持探索农村土地流转新模式。在农村土地承包期限内和不改变土地用途的前提下，允许以农村土地承包经营权出资入股设立农民专业合作社；经区县人民政府批准，在条件成熟的地区开展农村土地承包经营权出资入股设立有限责任公司和独资、合伙等企业的试点工作，积极推进土地集约、规模经营，提高农民组织化程度，加快发展现代农业。"

③ 向农业部申请获取的公开信息：农民专业合作社总量迅速增长，入社农户稳步扩大。到2010年上半年，全国在工商部门登记的农民专业合作社达到31.17万多家，实有入社农户2600万左右，约占全国农户总数的10%。农民专业合作社广泛分布在种植、畜牧、农机、渔业、林业、民间传统手工编织等各个产业，其中种植业占40.4%，畜牧业占30.9%。

④ 2008年年底全国土地承包经营权流转率8.8%，其中浙江省为27.61%，处于全国前列。参见丁关良、蒋莉："土地承包经营权入股农民专业合作社有关法律问题研究"，《山东农业大学学报（社会科学版）》，2010年第3期，第1页。

包经营权入股方面有了实践的证明和检验。

4. 土地承包经营权入股的原则

（1）土地承包经营权入股的一般原则主要包括自愿有偿原则和平等原则。自愿有偿原则指以土地承包经营权入股必须建立在农民自愿的基础之上，任何人和任何组织不得为了自己的利益侵犯农民的土地承包权，不得妨碍农民的自主经营权；农户有权按照入股后折合的相应权利获取相应的经济利益。平等原则指在以土地承包经营权入股的过程中，农户与其他入股者及与土地股份合作社、有限责任公司、农民专业合作社等组织之间为平等协商的关系，并且在入股后享有平等地参与自治管理的权利。

（2）以土地承包经营权入股农民专业合作社的特殊原则，是由农民专业合作社的特殊性所决定的，主要是利益保护倾斜性原则。农民专业合作社的产生背景和设立宗旨，决定了对农民利益实行倾斜性保护之必要。在农民专业合作社中，“服务于社员、为了社员利益”是第一位的，任何制度创设都不能背离农民专业合作社的这一宗旨。鉴于以土地承包经营权入股农民专业合作社仍在尝试、探索阶段，农民专业合作社这一特殊的企业法人必然要求进行一些特殊的制度设计，在制定土地承办经营权入股的规章、政策时应充分考虑其特殊性，以促进农民专业合作社的发展，最大限度地满足这一新型的土地流转方式的功能需要。

二、土地承包经营权入股农民专业合作社的可行性和必要性

（一）土地承包经营权入股农民专业合作社的可行性

土地承包经营权入股的可行性主要体现在有相关的法律、部门规章、政策文件作为依据，以及在实践中的有益探索获取了可供借鉴的经验。

1. 法律上的可行性分析

我国《物权法》第128条规定：“土地承包经营权人依照农村土地承包法的规定，有权将土地承包经营权采取转包、互换、转让等方式流转。流转的期限不得超过承包期的剩余期限。未经依法批准，不得将承包地用于非农建设。”据此，依法享有土地承包经营权的农民有权在法律规定的条件下实现承包地的有效流转。

此外，我国《农村土地承包法》第10条规定，“国家保护承包方依法、自愿、有偿地进行土地承包经营权流转”；第32条规定，“通过家庭承包取得的土地承包

经营权可以依法采取转包、出租、互换、转让或者其他方式流转”；第42条规定，“承包方之间为发展农业经济，可以自愿联合将土地承包经营权入股，从事农业合作生产”。这些规定为农村土地承包权作价入股提供了具体的法律依据。

《农村土地承包经营权流转管理办法》第16条规定：“承包方依法采取转包、出租、入股方式将农村土地承包经营权部分或者全部流转的，承包方与发包方的承包关系不变，双方享有的权利和承担的义务不变。”这一规定表明，承包关系的保留是土地承包经营权流转的前提。该管理办法第19条规定：“承包方之间可以自愿将承包土地入股发展农业合作生产，但股份合作解散时入股土地应当退回原承包农户。”这些规定反映出对土地承包经营权的社会保障性高度重视。由此也可能引发一些问题，下文将探讨此类问题。

综上所述，在当前的法律环境下，土地承包经营权入股农民专业合作社不存在根本性的法律障碍，具有法律上的可行性。

2. 政策上的可行性分析

我国中央政府和地方各级政府对于土地承包经营权入股都给予了一定的政策支持和引导。

《中共中央关于推进农村改革发展若干重大问题的决定》指出，“按照依法自愿有偿原则，允许农民以转包、出租、互换、转让、股份合作等形式流转土地承包经营权，发展多种形式的适度规模经营。有条件的地方可以发展专业大户、家庭农场、农民专业合作社等规模经营主体”。这在政策给予了土地承包经营权流转原则、方式等直接的肯定和指导。

此外，一些地方政策起到了先行推动作用。例如，在国家政策的引导下，2004年浙江省出台了《浙江省农民专业合作社条例》，鼓励农民积极探索农地依法流转，发展农村专业合作社，盘活农村经济。浙江省各级政府、相关行政部门也相继推出了扶助农业合作社发展的措施。以余杭市为例，余杭区政府、余杭工商分局积极研究适合地方的政策措施，发布了《余杭区农民专业合作社发展若干意见》，截至2010年3月，余杭市共有农民专业合作社181家，带动农户52 151人，促进土地承包经营权流转面积为22.2万亩。[①] 浙江省通过对政策的落实和细化促进了土地承包经营权入股农民专业合作社的发展。

3. 浙江省的实证经验

浙江省土地承包经营权入股农民专业合作社的蓬勃发展，从实证的角度肯定了土地承包经营权入股农民专业合作社的可行性。浙江省在实践中，形成了

---

① 参见“余杭立足五项职能出台《农合发展若干意见》”，浙江省工商管理行政局网，http://gsj.zj.gov.cn/zjaic/gzfw/fwsn/201012/t20101220_80287.htm，2011年3月26日。

以《浙江省农民专业合作社条例》、《浙江省农村土地承包经营权作价出资农民专业合作社登记暂行办法》、《浙江省农村土地承包经营权入股合同》为基础的对土地承包经营权入股农民专业合作社的法规和政策的引导。

(1) 依据相关的国家政策，确定土地承包经营权流转的目的："完善土地承包经营权的权能，依法保障农民对承包土地的占有、使用、收益等权利，搞好农村土地确权、登记、颁证工作。"

(2) 细化土地承包经营权入股农民专业合作社的原则："生产经营活动应当符合法律、法规的规定；应当保持土地肥力，不得使其荒芜，不得改变土地用途，不得进行掠夺性经营，给土地造成永久性损害。"

(3) 细化土地承包经营权入股的相关程序：约定了股份分红的支付方式和股权红利的支付时间，即以实物支付或者金钱支付，提前一年支付或者逐年支付或者一次性支付；约定了在入股期间因投入而提高土地生产能力的处理；在入股期间购建的地上附着物及相关设施的处理；合同到期土地恢复原状等事项的处理。

从土地承包经营权入股农民专业合作社带动的农村土地流转面积和比例来看，目前浙江省的农村土地流转走在全国的前列，"截至2006年6月底，浙江省的农户流出土地已占家庭经营总户数的20%和家庭承包经营土地总面积的17.9%"①。从浙江省在全国的比例看，"2008年年底全国土地承包经营权流转率8.8%，其中浙江省为27.61%，处于全国前列"②。在活跃的土地流转中，土地承包经营权入股农民专业合作社起到了极大的带动作用。

(二) 土地承包经营权入股农民专业合作社的必要性

土地承包经营权本身所存在的问题阻碍了农业的规模化发展，影响农民收入的提高。通过土地承包经营权入股等流转方式，才能使其财产权益在更大程度上显现出来，给农民带来更大的经济利益和社会效益。

1. 现阶段土地承包经营权存在的问题

现阶段土地承包经营权已不能适应农业大生产、规模化经营、产业化经营的趋势，一定程度上成为农村发展、农民增收的障碍，主要表现在：①小农经济形式的制约。家庭联产承包责任制将农村土地分包到户，使我国的农业经营

---

① 黄祖辉：《转型、发展与制度变革——中国"三农"问题研究》，格致出版社、上海人民出版社，2008年，第171页。

② 丁关良、蒋莉："土地承包经营权入股农民专业合作社有关法律问题研究"，《山东农业大学学报(社会科学版)》，2010年第3期，第1页。

方式停留在小农经济的水平上，实行粗放式的经营方式，耕作水平低下、生产力水平不高。这与我国所倡导的集约化经营、规模经济、农业产业化、社会化大生产是背道而驰的。②农地资源的浪费。随着我国工业化、城市化进程的加快，城市较之农村具有就业机会多、工资高、交通便捷等优势，加之在农业生产中，因为农业投入的上升、农资产品价格上升以及不确定的自然因素等，农民耕种土地所获收益微薄，难以吸引农民继续耕作，于是大量农民进城务工，客观上造成了已承包的土地被抛荒、撂荒。在东南沿海经济发达地区此种现象尤为明显，如浙江、江苏、广东等省份。③土地承包年限的不稳定。尽管《农村土地承包法》基于农村人口变动和调整农业生产关系的需要规定了耕地、草地、林地的承包年限分别为30年、30～50年、30～70年，且要求保持农地承包的稳定性，但是各地实践中"三年一调"、"五年一调"的现象依然存在。④农村土地流转不畅，主要是因为农村土地流转市场、土地流转中介组织尚不成熟。我国没有农村土地的流转市场和中介组织，实践中一般通过村委会、村民小组等来运作，但是群众性自治组织不能代替流转市场的职能、不能发挥中介组织的服务作用。

2. 土地承包经营权入股的意义

以土地承包经营权入股，在一定程度上可以解决上述土地承包经营制度本身的缺陷。土地承包经营权入股农民专业合作社的意义主要体现在两个方面：一方面是显性的经济效益，即盘活土地承包经营权中的财产权，优化农村的土地资源，建立以农民专业合作社为基础的农业现代生产模式；另一方面是隐性的社会效益，即通过土地承包经营权入股，农民获得了经济效益的同时又暂时脱离土地，使农民对土地的依附性心理在一定程度上得到改善。

在农民专业合作社的发展中，许多合作社遇到的最大问题是资金问题，解决资金匮乏之道需要多方着力，其中盘活农村的土地资源是解决该问题的可行之路。而土地承包经营权的入股为农民充分利用土地、流转激活静态资本、发展现代农业提供了资金上的保障。土地承包经营权中的财产权通过入股的形式分离出来，成为农村中的"富农资本"。

在家庭承包责任制度下，土地的分散性一定程度上阻碍了农业化大生产、农业产业化规模的发展。积极推动农民专业合作社的发展可以对症下药地解决这一问题。以浙江省为例，在2006～2009年不到3年的时间里，"浙江省已涌现出10 900多家合作社，在一些地区形成初具规模的产业带，如台州市由绿牧草鸡合作社带动而形成的温岭1000万羽草鸡产业带；由箬横西瓜合作社带动而形成的温岭东南沿海8万亩西瓜产业带；由上盘西兰花合作社带动而形成的临海

5.5万亩西兰花产业带等"①。产业带的形成说明在浙江省内已经一定程度上实现了土地资源的优化配置，形成了土地的小规模集中，优化了农村的土地资源。

农民专业合作社作为农民互助合作的组织形式，土地承包经营权入股后，以"土地"为纽带的合作较之其他形式的合作更为牢固，因为农作物的生产周期性较之资本等更具稳定性；土地的集中还一定程度上促成了规模经营的实现，克服了家庭承包经营制度所带来的小农经济的局限，有利于农业产业化经济的发展、有利于农业现代生产模式的形成。农民合作纽带的牢固性和土地集中形成的规模经营，建立了以农民专业合作社为基础的农业现代生产模式。

我国农民内心对土地的依附性是小农经济、粗放型生产模式的社会基础之一，土地承包经营权入股农民专业合作社后，农民与土地的经营关系被暂时隔断，潜在地对农民的心理形成了影响，客观上促使农民减弱对土地的过分依赖，转而寻求更多的内心支持，如发展个体经营、参加工作技能培训等，将有利于农村、农民的长远发展，"有利于城乡统一劳动力市场的形成，有利于城乡统一资本市场的形成，有利于缩短城郊农村和边远农村的差距"②。所以说，土地承包经营权入股后，具有减弱农民对土地依附性的潜在社会效益。

三、土地承包经营权入股农民专业合作社存在的问题及解决途径

（一）土地承包年限与农民专业合作社稳定性要求的矛盾

1. 土地承包年限和农民专业合作社稳定性要求的矛盾

组织稳定性是市场经济对包括法人组织在内的一切民事主体的内在要求，法人的信用力和对债权人的担保能力，都需要建立在独立财产和独立承担民事责任的能力基础上。以土地承包经营权作价出资，就可能出现土地承包年限与农民专业合作社稳定性要求的矛盾。

农民专业合作社的稳定性在以土地承包经营权出资的情形下受到很多挑战：一是农民专业合作社社员享有退社自由的权利，其抽回出资的行为不受类似于公司法人资本维持原则的制约，农民专业合作社资本维持的能力不足；二是土

① 吕律："一分活土孕育万亿富农资本"，浙江省工商行政管理局，http：//www.zjaic.gov.cn/zjaic/jrgs/gskx/200903/t20090316_69348.htm，2011年3月26日。

② 刘俊：《中国土地法理论研究》，法律出版社，2006年，第300页。

地承包经营权是有年限的。在现行土地调整政策仍不够稳定的情况下，这一不稳定因素的影响更加明显，以不稳定的财产权利对法人组织出资，法人稳定性必然难以得到保障。

土地承包权和土地经营权的分离，使土地承包经营权作价出资从制度设计上具有了可行性。但是依托于承包关系所享有的土地经营权，依然受到承包年限的制约。《农村土地承包法》第 20 条规定了耕地的承包期为 30 年，草地的承包期为 30～50 年，林地的承包期为 30～70 年，特殊林木的林地承包期，经国务院林业行政主管部门批准可以延长。《农村土地承包经营权流转管理办法》第 3 条规定："农村土地承包经营权流转不得改变承包土地的农业用途，流转期限不得超过承包期的剩余期限，不得损害利害关系人和农村集体经济组织的合法权益。"从两者的规定看，在承包期的剩余期限内土地承包经营权流转，不存在承包年限和维持农民专业合作社稳定性的矛盾，但是实践中存在的现实问题是：农地承包经营期到期，农民即丧失了对原有土地上的财产权利，农民专业合作社的存续基础不复存在，即使社员没有退出农民专业合作社的意愿，也必须强制性退出。这种退出机制违背了农民的自主意愿，显然不利于农民生产积极性，使农民专业合作社被强制性"减资"，也影响了农民专业合作社的稳定经营与持续发展。对此有学者认为："其限制或者剥夺了部分农民土地入股的权利。"①

对以上问题，有学者认为此矛盾在区域内很容易解决，因为其为"柔性冲突"："承包年限在一个自然村或乡镇中承包地的调整一般同步进行，所有剩余年限趋同；由于剩余年限所导致的经济效益的不同，在市场角度是正当的或是可以理解的。"② 但是笔者认为：基于当前国内土地承包多数由自然村规定土地承包经营权的调整时间及方法，小范围内的统一调整无法从根本上解决该问题。原因有二：第一，农民专业合作社的社员构成不能简单等同于一行政区域内农民的简单组合，尤其是大型的农民专业合作社联合社的社员构成往往超越地域的限制；第二，小范围统一调整也不能避免农民原土地承包经营权的变更，而变更所带来的经济成本、对外部债权人的影响及农民专业合作社稳定性的持续性影响都是不可避免的。

2. 解决途径

（1）保持农村土地承包关系的长期稳定、建立土地承包经营权的登记制度、

---

① 任江："农村土地承包经营权入股疑难问题刍议"，《重庆工商大学学报》，2008 年第 1 期，第 24～27 页。

② 王宗正："土地承包经营权出资入股的若干法律问题"，《法治研究》，2009 年第 10 期，第 15 页。

完善土地承包经营权的公示制度，是解决承包经营权承包期限所带来的问题的根本途径。应适当延长土地承包经营权期限，保持土地承包关系的相对稳定性，并且建立完善的土地承包经营权登记和公示制度，使相关市场主体可以预先了解用于出资的土地权利状况。同时，在现行法律制度下，严格执行现行《农村土地承包法》中关于承包年限的规定，有效控制农地承包经营权调整期限，非依法不得调整承包年限。

(2) 通过合作社章程稳定土地经营权出资。农民专业合作社的章程是所有社员在协商一致基础上的自治性文件，在不违反法律规定的前提下，可以通过完善农民专业合作社章程保障合作社的稳定性，在一定程度上化解土地承包经营权期限与合作社稳定性之间的矛盾。一般而言，在土地承包期满后，如果没有法定的收回情形，农民经过在发包方申请备案程序后可以实现土地承包经营权的自动延期。因此，可以在合作社章程中约定："在申请土地承包经营权备案期间，农民专业合作社保留其社员资格，仅对其在合伙社中享有的权利进行相应的限制。该社员获得土地承包经营权的续期后，自动恢复其社员资格。"

(二) 土地承包经营权作价出资比例及相关的最低注册资本制度

1. 土地承包经营权出资比例限制及相关的最低注册资本制度缺失

财产是法人成立的必要条件，也是对外开展经营活动的信用基础。有效的法定注册资本制度有利于保护债权人的利益，维护市场交易安全，防止出现法人滥设的局面。农民专业合作社作为特殊法人，是否也应当受最低注册资本制度的约束？《农民专业合作社法》对此问题无明确规定，而在《农民专业合作社登记管理条例》第8条规定了农民专业合作社的出资形式，"农民专业合作社成员可以用货币出资，也可以用实物、知识产权等能够用货币估价并可以依法转让的非货币财产作价出资"。

现行法律法规中均没有对土地承包经营权作价出资比例作出规定。但是在一些地方性的规定中对此问题略有涉及，如《浙江省农村土地承包经营权作价出资农民专业合作社登记暂行办法》第8条第5项规定，"载明成员的姓名或者名称、出资方式、出资额以及成员出资总额，并经全体出资成员签名、盖章予以确认的出资清单（明确记载成员出资总额中农村土地承包经营权作价出资的数额与比例）"，且在登记时提交的文件和营业执照中表明"农村土地承包经营权作价出资×××万元"，但是土地承包经营权作价出资入股的比例没有限制性规定。由此可见，现行法律法规并未提出土地承包经营权作价出资比例的强制性要求。

2. 解决途径

尽管农民专业合作社为特殊的企业法人，但农民专业合作社和公司毕竟同属经济组织、市场主体，因此关于出资、社员大会、董事、监事、破产、清算等制度，均可参照《公司法》关于有限责任公司的有关规定。①

关于最低注册资本及土地承包经营权出资的比例限制，笔者认为农民专业合作社作为特殊的企业法人，也是以合作社的财产对外承担有限债务。因此，为了保护交易安全、维护债权人的利益，可以而且有必要合理借鉴《公司法》中的最低注册资本制度。《公司法》第26条第2款规定："有限责任公司注册资本的最低限额为人民币三万元。法律、行政法规对有限责任公司注册资本的最低限额有较高规定的，从其规定。"鉴于我国农民专业合作社处于发展的初始阶段，应该规定一个较低的注册资本，具体数额的设置应当通过更多的实践进行考量。

法人的资产通常是流动资金、固定资产或财产权利等多种财产形式的组合。缺乏流动资金、经营场所的企业组织不仅难以经营，而且对外也难以承担偿债责任。因此农民专业合作社在设立时的出资不宜完全由土地承包经营权构成。我国《公司法》第27条第3款规定，"全体股东的货币出资金额不得低于有限责任公司注册资本的百分之三十"。基于农村的发展实际和农民专业合作社的经营需要，应当在规定最低资本制度的基础上，设定农民专业合作社货币资金出资比例及土地承包经营权作价出资的上限。

（三）农民专业合作社破产中的土地承包经营权的处置

1. 农民专业合作社破产中土地承包经营权处置的困境

与其他市场主体一样，农民专业合作社也面临着破产的风险。现行《农民专业合作社法》第48条规定农民专业合作社适用企业破产法的有关规定，因此，农民专业合作社在"不能偿债"或"资不抵债"时可由债权人或债务人诉请法院宣告破产并依破产程序偿还债务。农民专业合作社依照企业破产法规定的破产程序，以合作社所有的全部法定财产对外清偿债务。农民专业合作社的法定财产为破产宣告时属于破产人的一切财产，土地承包经营权入股后作为其法定财产，理应包括在内。

如果农民专业合作社以土地承包经营权作为破产财产对外清偿债务，对非

① 梁慧星："合作社的法人地位"，中国社会科学院网，http：//www.cass.net.cn/file/2005101847601.html，2010年3月29日。

从事农业生产经营的债权人来说，其所获得土地承包经营权的变现就成为一个难以解决的问题。尽管我国《农村土地承包法》规定农地可依法进行流转，但是受制于农村土地流转原则、农村土地流转市场不发达的现实情况，债权人所获得的清偿对其实现债权人保护的意义不大。根据《农村土地承包法》第33条的规定，土地承包经营权流转须遵循以下原则：不得改变土地所有权的性质和土地的农业用途；流转的期限不得超过承包期的剩余期限；受让方须有农业经营能力。据此，以入股的土地承包经营权作价清偿破产债务，债权人不能改变土地所有权的性质、农业的土地用途，只能通过土地承包经营权的依法流转或者是依照承包合同的约定在剩余承包期限内从事农地经营来获得土地的附加产值，从而获得清偿。

此外，以土地承包经营权作价清偿破产债务，还将影响到土地承包经营权的社会保障性功能的实现。我国尚未建立完善的农村社会保障体系，农地在农村“社会保障”和“经济保险”的作用目前仍无法替代。在农民专业合作社破产后，以入股的土地经营权对外清偿将使农民失去赖以生存的农地，给当前脆弱的农村社会保障体系带来巨大的压力，随之而来的社会问题是十分严重的。

2. 解决途径

从长远来看，国家应逐步建立完善的农村社会保障体系，包括医疗保险、养老保险、失业保险等，从根本上解决农民“靠地吃饭、靠地养老”的问题。在完善的农村社会保障体系建立之前，可尝试实行“人随地走”的方法，鼓励获得土地经营权的债权人优先雇佣（或者其他方式）原土地承包经营人从事农业生产，给予“失地”农民一定的保障。表面上看，“人随地走”的方法在一定程度上是对债权人取得土地经营权后的限制，但是基于土地承包经营权流转的强制要求——不得改变土地的农业用途，受让方须有农业经营能力等，该债权人若从事农业生产，鼓励其优先雇佣原土地承包人，既满足了农民社会保障的需要，也一定程度上缓解了债权人在获得土地承包经营权后的“变现难”的问题。

（四）土地承包经营权的评估作价

1. 农民专业合作社中土地承包经营权评估作价的问题

《农民专业合作社法》对农民以土地承包经营权作价出资入股农民专业合作社的评估作价问题并无具体的规定。一些地方性法规尝试性地对此作了简单规定，以《浙江省农村土地承包经营权作价出资农民专业合作社登记暂行办法》

为例，该办法第 7 条规定，“以农村土地承包经营权作价出资的，由全体社员评估作价”。此外，该法还规定“农村土地承包经营权作价出资的数额”应该反映在出资清单、工商登记提交的文件以及营业执照中，而土地承包经营权作价出资的比例只能在出资清单中反映。在实践中，农地作价出资评估一般由全体社员根据土地入股年限和土地级差情况①通过协商确定，登记时不需要进行验资。

由全体社员评估作价的方式主观性太强、科学性不高，不能排除管理层或者是一部分社员的道德风险而导致另一部分社员在评估作价上利益受损的可能，验资手续的缺乏致使合作社资产产生的对外的公信力也不足，难以有效保护交易安全和债权人的利益。

我国《公司法》对有限公司股东出资有规定：“对作为出资的非货币财产应当评估作价，核实财产，不得高估或者低估作价。法律、行政法规对评估作价有规定的，从其规定。”从两者的比较来看，《农民专业合作社法》和各地的登记暂行办法对用于出资的土地经营权的评估作价的规定过于粗糙。尽管在农民专业合作社中资本的性质和作用与公司有着较大的差别，但毕竟资本的多少与社员的利益有着密切的关系，因此也应当建立比较合理的评估制度。

2. 解决途径

从现实需要出发，要完善土地承包经营权的估价机制，建立一定市场区域内专业化的土地评估机构，由专业评级机构评定农地的市场价值。如果存在活跃市场，则以市场价格作为公允价值作价出资；如果不存在活跃市场，则以相关市场近似土地质量的交易价格作为参考价格反映其作价出资额。

从长远考虑，要建立完善土地承包经营权的流转市场。完善的土地流转市场有利于解决土地经营权流转不畅、评估作价难的问题。建立流转市场可以先在农村经济发达的地区试点推广，积极培育农村土地流转的服务组织。在土地流转市场发展较为成熟的地区，可以先行进行土地流转中介组织的培育和扶持，鼓励土地流转中介组织介入到农地的流转中，更好地为农村经济和农民专业合作社服务。

土地承包经营权入股农民专业合作社是一种制度创新，是农村经济组织方式的重大发展。当家庭承包经营制度越来越不适应现代农业大生产和产业化经

① 在农村土地的级差情况主要基于土地的肥力所划分为一级地、二级地、三级地等。因为土地肥力的不同一定程度上影响了农业产出。

营时，土地承包经营权入股流转具有很大的必要性。然而，在我国城乡二元的社会经济结构下，土地承包经营权具有特殊的财产属性和社会保障属性，使得土地承包经营权入股方式的流转应当遵循特殊的制度规范。笔者对上述问题的粗浅的研究和所提供的解决问题的途径，只是对相关实际问题的一种思考，为问题的解决提供一种思路。问题的最终解决亟待法律的积极回应及相关配套制度的建立。

第五章

农民专业合作社运作中政府的定位问题

从全国范围来看，目前绝大多数农民专业合作社仍处于发展的初级阶段，缺乏强大的市场竞争力，与帮助广大农民脱贫致富的目标尚存在较大差距，因此，来自政府方面的支持与扶持显得尤为重要。

从《农民专业合作社法》的相关规定中可以看出，立法上将政府角色定位为“指导”、“扶持”和“服务”。此后，连续三年的中央一号文件均号召“大力发展农民专业合作社”，中央和地方政府也陆续出台了促进农民专业合作社发展的多项政策举措，为进一步推动农民专业合作社的健康快速发展提供了制度保障。在这一时代背景下，如何深刻领会中央的政策精神，合理解读政府在农民专业合作社发展过程中应该扮演的角色，以促进我国农民专业合作社的长远发展，从理论和实践方面对这一问题进行深入探讨是必要且非常重要的。

第一节　政府角色定位模式的选择

世界上传统的农业合作社发展模式基本可以划分为市场推动模式和政府推动模式两种。① 两种模式发源的政治、经济和文化背景有所不同。随着经济全球化发展以及各个国家法制建设的交流借鉴，现在越来越多的国家在针对农业合作社立法时不再单纯地采取一种发展模式，而是试图将两种传统的发展模式进行融合、取长补短。但是，无论处于哪种发展模式之下，各国政府都无一例外地十分重视和支持农业合作社的发展，通过完善法律体系、保护农业合作社合法权益、给予农业合作社财政扶持和税收优惠等诸多措施，为其营造良好的外部环境，以此帮助农业合作社实现自身的发展。因此，我国各级政府也应该在中央“大力发展农民专业合作社”的宏观政策背景下，以《农民专业合作社法》的相关规定为依据，找准自身角色的合理定位。

一、政府角色定位的传统模式及其发展趋势

在不同的国家，农业合作社起源与发展的历史背景、社会经济制度、农业经济体制以及发展水平等诸多因素是存在差异的，因此，各国政府在农业合作社发展过程中角色的定位也就不完全相同。在传统意义上，依据农业合作社产生和发展的推动力量不同，农业合作社的发展可以划分为市场推动模式和政府推动模式。在这两种不同的发展模式下，政府所扮演的角色不同，政府行为的

① 王学忠：“国外金融支持合作组织的经验与借鉴”，《农村金融研究》，2009年第10期，第58页。

表现形式以及政府行为对农业合作社发展的影响也不尽相同。但是毋庸置疑，无论是在市场推动模式还是在政府推动模式下，政府角色都是不可或缺的，其对农业合作社的发展所起的作用也是至关重要的。

（一）市场推动模式——以美国为例

在市场推动模式之下，农业合作社是农业商品经济和市场经济发展到一定阶段，农民为了维护自身的利益而自发形成的一种联合，而不是由政府牵头成立的。对于农业合作社而言，政府扮演的并不是管理机关的角色，而只是对农业合作社的发展进行宏观的指导和服务。美国农业合作社的发展是市场推动模式的典型代表，政府仅对合作社的发展提供服务和指导，并给予一定的财税政策支持。

1. 宏观的服务和指导

美国政府高度重视农业合作社的发展，农业部多次把合作社的工作放在向国会提交的年度报告之首，还专门成立了农业合作社发展局处理与农业合作社相关的事务；各级政府每年都在合作社的调查、统计、研究和服务等工作上投入大量的人力和物力。但是，在美国，政府扮演的并不是管理者的角色，其对农业合作社的成立不加限制，甚至不要求到政府机关登记①，也没有专门的行政性公共机构管理合作社，充分尊重农业合作社的自主发展，不干涉合作社的内政。农业合作社坚持所有者控制原则，即合作社为全体成员所有，由全体成员民主管理和控制，一人一票，人人平等，合作社成员自己制定章程，合作社的内部组织机构、董事会成员选举和财务运作等事项都由合作社章程决定，只要章程符合合作社有关法律规定，政府无权干涉。

美国拥有高效的市场化的合作社服务机构体系，而这些机构以非政府服务机构为主。这些机构能够为农业合作社提供组建合作社、组织管理合作社、合作社合并、金融、保险、对外贸易、农业技术等多方面的专业服务。政府所要做的是向农业合作社提供这些非政府机构所不能提供的服务：通过立法，规定农业合作社发展局每年对全国农业合作社的情况进行统计，并收集存在的主要问题和预测发展前景；根据合作社的发展要求，组织研究出版包括服务、信息、研究等有关合作社基本知识的书籍，内容涉及新建立合作社、组织管理合作社、处理财务问题、合作社的优劣势、发展时机等多个方面，并在互联网上免费提供这些资料和以极低的价格出售这些书籍，为农业合作社知识在农民中的普及

① 何琳："美国农业合作社发展过程中政府工作定位及其启示"，《农业经济》，2005 年第 2 期，第 59~61 页。

起到极大的推动作用。此外，政府还资助出版双月刊《农业合作社》，提供最新信息，共同探讨合作社面临的问题等。根据形势发展的需要，政府会出资成立一些服务机构，提供非政府机构难以提供的服务，当非政府机构（如美国农村信用系统等模式的机构）能够提供该服务时，政府退出此类服务。政府提供了大量非政府机构不能提供的服务，基本满足了合作社的发展要求，从而保证了多年来美国农业合作社总体的健康发展。①

2. 财政、税收等政策扶持

由于农业合作社是处于弱势地位的群体的联合组织，因此，即使是在市场推动模式下的国家，其政府也都无一例外地非常重视农业合作社的发展，大多数国家每年都要从财政经费中拨出一定经费，通过相关的财政、税收等优惠政策鼓励和扶持农业合作社的发展。

在美国，根据《联邦公司所得税法》的相关规定，农业合作社享有两种特殊的税收优惠：首先，合作社都可以享受国内所得税第 T 章给予合作社的特殊税收待遇。根据第 T 章的规定，如果一个农业合作社将当年的盈利作为红利以现金的形式分配给社员，这部分盈利可以免纳公司所得税，而取得红利的社员只需按照相关税率对该笔收入缴纳个人所得税。这实际上免除了农业合作社的双重纳税义务，使其税负大大低于一般公司；其次，只要它们再满足其他一些要求，农业营销合作社还可以适应第 521 条规定的特殊豁免条款。因此，与其他企业相比，农业合作社赋税较低，以至于美国农业合作社平均只有工商企业纳税的 1/3 左右。②

（二）政府推动模式——以日本为例③

与美国不同，在以日本为典型代表的政府推动模式下，农业合作社——农协并非是农民自发的联合，而是在特殊的历史背景下，政府出于一定的政治经济原因牵头并扶持建立的。政府扮演着农协管理机关的角色，同时农协也一般承担着协助政府贯彻国家农业政策和计划的责任。因此，农协运营过程中不可避免地会受到政府较多的干预，其独立性不如在市场推动模式下发展的农业合作社。

1. 发动农协的建立

日本的农协与美国的农业合作社存在明显的不同，它并不是农业商品经济

① 何琳："美国农业合作社发展过程中政府工作定位及其启示"，《农业经济》，2005 年第 2 期，第 59～62 页。

② 欧阳仁根、陈岷等：《合作社主体法律制度研究》，人民出版社，2008 年，第 143 页。

③ 欧阳仁根、陈岷等：《合作社主体法律制度研究》，人民出版社，2008 年，第 137、138 页。

发展到一定高度的产物，而是在特殊的历史背景下，由日本政府自上而下倡导、扶持和推行的结果。与美国农业合作社起源的历史背景恰好相反，19 世纪末的日本农业落后、商品经济不发达，完全不具备农户自发联合形成合作社的客观条件。然而，为了摆脱窘境，日本政府借鉴西欧合作社的理论和实践经验，在日本广泛建立农民合作组织，并从上到下形成了全国性的组织系统。第二次世界大战期间，农协几乎吸纳了所有农户参加，并逐渐演变成政府的御用机构。第二次世界大战之后，发展农协成为日本政府为应对灾荒而采取的三项农业措施之一，并且还广泛地掀起了"农民入股运动"、"农业计划运动"、"购买和贩卖事业组织化"等一系列运动，日本政府一直介入农协的整个发展过程，并在财政税收上给予了农协大量的扶持和帮助。通过这一系列的运动，日本政府成功地在全国范围内建立了官办色彩极浓的"农业协同组合"，这一组织囊括了日本高达 99% 的农户。

2. 对合作社进行管理

在政府推动型的发展模式之下，合作组织必须接受政府的管理和监督。在日本，依据《农业协同组织法》的规定，农协成立时要经行政主管部门批准，并办理登记手续，还必须每年向行政厅报告运营情况。并且，日本政府在农林水产厅以及地方政府的农林水产局均设立了"农业协同组织科"，专门从事对农协的行政管理和指导。若发现农协的财产状况、信托业务、国内汇兑交易、会计工作不符合法律规定或者违背行政厅公布的有关措施，行政厅有权命令农协停止全部或一部分经营业务活动。政府责成主管农林的行政厅审批支持农业的补助金、审查免税文件、起草有关农协法律政策，使农协始终处于国家的保护和监督之中。一方面，农协如果违反法律或超越各自的章程行事，政府要追究农协理事的法律责任；另一方面，农协作出解散的协议也要由行政厅认可。

3. 进行政策性扶持

在日本，农协进行的获得政府同意的农产品加工项目的厂房、设备所需的投资，50% 由政府提供补贴，并减免税费 10% 左右。同时，日本政府为了确保农业的发展和农协组织的有效运行，国家政府每年拨款 10 亿日元补贴农协中央会，各道、府、县的农协中央会也从当地政府得到补贴。此外，政府对农协有很多的税收优惠和扶持政策。如合作社缴纳法人税的基本税率适用于减税税率，即合作社与公益法人一样，缴纳法人税税率为 27%，一般公司为 37.5%，出于其他政策目的的考虑，在实际中还有不同的减税情况。农协中央会因其公益性较强，免纳法人税、印花税。

4. 借助农协推行农业政策

在日本，农协具有双重的身份，一方面具有民间性，是农民联合的经济组织，属于弱势群体的联合，受到国家财政的多方扶持和帮助；另一方面又具有很强的官办色彩，兼具一定的政治性，承担着协助政府推行农村基本经济政策的重任，即政府通过农协这种组织形式将分散的农户组织起来，并将他们置于国家的管理和影响之下。例如，日本政府的限制大米生产、鼓励水田旱作的计划，以及对农业生产的保护措施、对先进农业生产技术的推广等都是通过农协完成的。

（三）发展趋势

通过前文的介绍可以看出，在两种模式下，政府在农业合作社的发展过程中所扮演的角色都是不可或缺的。两种模式的根本区别在于，农业合作社发展过程中政府的介入程度不尽相同：在市场推动模式下，市场对农业合作社的发展起主导作用，政府扮演的是对市场进行补充的配角；而在政府推动模式下，政府则是绝对的主角，多方面介入农业合作社的发展。对于这两种传统的发展模式，很难笼统地评价孰优孰劣，因为它们都是在特定的经济、历史背景下形成的，在各自适宜的土壤适应本国农业合作社的发展需要，在一定的历史时期内为农业合作社的发展壮大起到了极其重要的推动作用。

然而，根据上述分析可以看出，随着农业合作社在全球范围内的不断发展，人们已经普遍意识到两种模式各有利弊。

在市场推动模式下，政府有明确的角色定位，一方面，协助并促进建立高效的市场化的非政府服务机构体系，为农业合作社的运作和发展提供全面系统的服务；另一方面，为农业合作社提供非政府服务机构所不能提供的服务，制定完善的政策法规引导和扶持合作社的发展，为其创造良好的外部环境。在这种模式下，政府尊重农业合作社的自治，一般不干涉其内部事务。因此，农业合作社的独立性较强，不会对政府产生过分的依赖。但同时，在市场推动模式下，由于不存在专门的农业合作社管理机关，政府监管不足，可能会导致合作组织被部分大股东操控，滥用政府的优惠政策，谋取个人私利，偏离为农民服务的宗旨。

在政府推动模式下，政府担任农业合作社管理者的角色，政府有关部门能够很便利地对合作组织的运营和发展进行管理和监督，有利于促进合作社内部制度的完善，使其成为真正为农民服务的经济组织。同时，农业合作社也能够成为国家推行农业政策的平台，政府利用合作组织将单个分散的农户联合起来，能够更好地将政府的农业政策落实到每个农户。然而，政府推动模式也存在着一定的弊端。政府过分介入合作组织成立和发展的整个过程，使其缺乏宽松和广阔的发展空间，欠缺独立性，导致合作组织过分依赖政府的扶持和帮助，不利于其增强自身实力和提高市场竞争力。

从目前的国际发展趋势来看，世界上采取纯粹的市场推动模式或者政府推动模式的国家已占少数，大多数国家农业合作社的发展模式都介于市场推动和政府推动两种模式之间，只是根据自身的具体情况将这两种模式进行了不同程度的融合。即使是过去采用市场推动模式的国家也开始注重对农业合作社的监督和约束，过去采取政府推动模式的国家也意识到要在一定程度上减少对农业合作社发展的介入。

二、我国政府的角色定位

比较各国农业合作社的发展情况，政府在合作社发展过程中的角色定位是否合理，政府行为介入的程度是否适度，对合作社的健康发展有着至关重要的影响。在我国，中央已明确地把农民专业合作社作为实施“三农”政策的重要组织载体，要大力发展农民专业合作社。因此，各级政府也面临如何明确自己的角色定位，支持农民专业合作社的健康发展的问题。

（一）农民专业合作社发展的模式选择

《农民专业合作社法》是我国第一部规范农民专业合作社的法律，在一定程度上解决了我国长期以来有关农民专业合作社相关问题无法可依的局面，因此，这部法律对我国农民专业合作社的发展和完善有着重大的意义。其中，该法也涉及农民专业合作社发展过程中政府角色的定位问题，为正确处理政府和农民专业合作社关系提供了法律依据。该法第 1 条规定，“为了支持、引导农民专业合作社的发展，规范农民专业合作社的组织和行为，保护农民专业合作社及其成员的合法权益，促进农业和农村经济的发展，制定本法”，开宗明义地将国家对农民专业合作社的态度作了基本的定位，即国家对合作社的发展是进行支持和引导。该法第 8 条规定，“国家通过财政支持、税收优惠和金融、科技、人才的扶持以及产业政策引导等措施，促进农民专业合作社的发展”，“国家鼓励和支持社会各方面力量为农民专业合作社提供服务”；第 9 条规定，“县级以上各级人民政府应当组织农业行政主管部门和其他有关部门及有关组织，依照本法规定，依据各自职责，对农民专业合作社的建设和发展给予指导、扶持和服务”，该法第七章中专章规定了国家对农民专业合作社的扶持政策。以上这一系列的规定从法律层面明确了政府的角色定位及其在农民专业合作社发展过程中的作用，即依据各自职责，对农民专业合作社的建设和发展给予指导、扶持和服务；鼓励农民专业合作社的发展，从技术、金融和税收等各个方面给予政策扶持，为其发展创造良好的外部环境。

在《农民专业合作社法》颁布实施以后，为了充分贯彻该法的立法精神和理念，支持农民专业合作社的发展，2008 年财政部与国家税务总局发布了《关于农民专业合作社有关税收政策的通知》，将国家对农民专业合作社的税收优惠进行了具体的规定，以使税收优惠落到实处。2009 年中国银行业监督管理委员会（以下简称银监会）发布了《关于做好农民专业合作社金融服务工作的意见》，对支持农民专业合作社加快发展、进一步加强和改进农民专业合作社的金融服务工作提出了意见。

2010 年中央在一号文件《中共中央国务院关于加大统筹城乡发展力度进一步夯实农业农村发展基础的若干意见》中明确提出了“大力发展农民专业合作社”，为进一步推动农民专业合作社健康快速发展指明了方向。通过加大财政、金融、税收等方面的扶持力度，全面提升农民专业合作社带动农民增收致富的能力。具体措施主要包括：新增农业补贴适当向农民专业合作社倾斜；深入推进示范社建设行动，对服务能力强、民主管理好的合作社给予财政补助；各级政府扶持的贷款担保公司要把农民专业合作社纳入服务范围，支持有条件的合作社兴办农村资金互助社；扶持农民专业合作社自办农产品加工企业；全面推进“农超对接”，减少流通环节，降低流通成本。

从以上《农民专业合作社法》以及政府出台的相关政策举措中可以看出，在我国农民专业合作社的发展过程中，政府扮演的并不是单一的管理者或者服务者的角色，而是集引导、扶持和帮助多种职权于一身的综合角色。农民专业合作社是一类独立的商事主体，独立经营，实行成员民主管理，不能过分依赖政府，政府也不应该过分干预合作社的运营和发展。政府以法律保障为基础，从财政、税收、信贷等多个方面给予农民专业合作社政策扶持，同时推进民主管理，完善对农民专业合作社的监督体系，促进农民专业合作组织健康发展。①

因此，我国对农民专业合作社发展模式的选择，顺应了目前国际上的发展趋势，并没有单纯地采取市场推动模式或政府推动模式，而是将两种模式进行了有机融合。笔者认为，这种融合的发展模式符合我国目前市场经济的客观情况以及农民专业合作社发展的需要。现阶段，我国缺乏像日本政府一样在全国范围内推行农业协同组织的历史契机，同时也不具备如美国那样自由和发达的市场经济条件，能够在市场的推动下自发形成能够为农民专业合作社发展提供全面服务的高效非政府组织体系。因此，我国农民专业合作社的发展需要在不

---

① 苑鹏：“农民专业合作社法——关于政府与合作社关系的立法定位”，《青岛农业大学学报（社会科学版）》，2008 年第 3 期，第 13～16 页。

丧失其自身发展独立性的前提下，由政府积极发挥作用为合作社发展创造良好的外部经济条件：一方面，由于目前我国农民专业合作社仍处于发展的起步阶段，内部运营和管理机制不健全，自身经济实力薄弱，市场竞争力不强，因此，不仅需要政府给予帮助和支持，也需要政府加强监管，促进合作社的健康发展；另一方面，农民专业合作社作为具有独立的商事主体资格的市场主体，不应该过分依赖于政府，从而丧失自身发展的独立性，也不应该因为政府过多的参与而对其他商事主体产生不良影响，扭曲市场经济的公平竞争。

（二）政府角色定位的具体体现

如上所述，我国农民专业合作社发展模式兼具了市场推动模式与政府推动模式的优势，政府合理适度地介入但又不过分干预合作社的发展。政府角色主要体现在对农民专业合作社的发展进行指导、扶持和服务。

1. 宏观与具体相结合，指导合作社健康发展

政府对于农民专业合作社的指导主要是从外部引导合作社的健康发展，从而使其能够不偏离“为农民服务”的宗旨，更好地改善农民的弱势经济地位，提高农民的生活水平。政府的指导既包括宏观方面的指导，也包括对农民专业合作社具体的指导。

政府对农民专业合作社宏观方面的指导主要是通过完善相关的政策法规以及制度建设，引导农民专业合作社健全内部管理和财务制度，从而提高自身实力。例如，农业部和财政部分别依据《农民专业合作社法》制定了《农民专业合作社示范章程》和《农民专业合作社财务会计制度（试行）》，对《农民专业合作社法》中关于合作社的内部运作与管理的法律规范进行了细化，从宏观上为农民专业合作社朝着规范化方向发展提供更明确的指导。

同时，政府对农民专业合作社也提供具体的指导，其中最主要的途径是开展农民专业合作社的定点示范基地，引导农民专业合作社完善内部运行机制，增强内部活力和发展后劲。2010 年中央一号文件提出了要“深入推进示范社建设行动，对服务能力强、民主管理好的合作社给予补助”，表明要通过示范社建设行动，引导和促进农民专业合作社又好又快发展。2010 年 9 月，农业部与国家发展和改革委员会、财政部等 11 部门联合印发《关于开展农民专业合作社示范社建设行动的意见》，启动了示范社建设行动。农业部将按照示范社建设行动意见的要求，指导农民专业合作社建立、健全各项内部管理制度，提高管理规范化水平；引导农民专业合作社建立、健全生产记录制度，加强农产品质量安全管理，提高生产标准化水平；开展农民专业合作社示范社认定工作，对服务能力强、民主管理好的合作社给予补助，引导扶持农民专业合作社规范、快速

发展，增强合作社示范带动能力。[①]

2. 多管齐下扶持合作社发展

在我国，农民处于社会经济的较低层，改善农民生活水平、解决“三农”问题一直是党和国家的工作重点。农民专业合作社是农民自愿联合的经济组织，代表农民自身的经济利益，其本身为国家贯彻支农政策提供了一个很好的平台，扶持农民专业合作社的发展实质上就是间接帮助农民改善生活水平。此外，目前我国的农民专业合作社尚处于初级发展阶段，绝大多数合作社规模小、经济实力差，不具有良好的市场竞争力。因此，需要政府多管齐下扶持农民专业合作社的健康发展，提高农民专业合作社的市场竞争力。

根据《农民专业合作社法》的相关规定，各级政府应该依据各自职责，对农民专业合作社的发展进行扶持，保证合作社的健康长远发展。政府对农民专业合作社的扶持主要体现在利用业务机会扶持、财政补贴、金融支持、税收优惠等各种政策工具上，为农民专业合作社发展提供良好的外部市场环境，提高农民专业合作社的市场竞争力。

财政部、国家税务总局和银监会分别于2008年和2009年发布了《关于农民专业合作社有关税收政策的通知》以及《关于做好农民专业合作社金融服务工作的意见》，细化了《农民专业合作社法》中对合作社税收优惠和金融支持的规定。

此外，2010年中央一号文件也提出了多项政策措施扶持农民专业合作社的发展：①在财政政策方面，提出按照存量不动、增量倾斜的原则，新增农业补贴适当向农民专业合作社倾斜。②在金融政策方面，提出各级政府扶持的贷款担保公司要把农民专业合作社纳入服务范围。③在流通政策方面，提出全面推进双百市场工程和农超对接，重点扶持农产品生产基地与大型连锁超市、学校及大企业等产销对接，减少流通环节，降低流通成本。④在产业政策方面，提出扶持农民专业合作社自办农产品加工企业。⑤在加强和改进农村基层党的建设方面，提出推广在农民专业合作社、专业协会建立党组织的做法。[②]

综上所述，在我国农民专业合作社发展过程中，政府提供的服务范围广泛，涵盖合作社从成立到运营的各个阶段，既从宏观上给予规范性引导，又在具体制度上给予各种优惠和扶持，为农民专业合作社的健康发展创造了良好的外部环境，同时引导其加强其内部自身运营和管理，提高合作社的市场竞争力，使

---

① 孙中华：“今年中央一号文件解读：要大力发展农民专业合作社”，郴州市政府门户网站，http：//www. czs. gov. cn/sitepublish/site200/dtxx/zwdt/bmdt/content_ 97344. html，2011年6月29日。

② 郑有贵：“发展壮大合作社促进“两个转变”——关于2010年中央一号文件中合作社政策的认识“，《中国农民合作社》，2010年第2期，第14、15页。

其真正实现促进农业生产力的提高、增加农民收入、发展农村经济的目的。

第二节　政府对农民专业合作社的金融扶持政策

如前文所述，多管齐下扶持农民专业合作社的发展是我国政府角色定位的重要体现之一。目前，我国农民专业合作社的总体发展水平不高，存在着多方面的制约因素，其中资金短缺、贷款困难的问题尤为突出，成为一直阻碍农民专业合作社发展的主要因素之一。因此，为了保证农民专业合作社的可持续发展，政府需要制定积极的金融扶持政策解决合作社贷款难的困境。

一、农民专业合作社贷款难的成因分析

农民专业合作社的发展离不开资金的支持，然而，目前我国大多数农民专业合作社的资金主要来源是社员自筹，另一部分则来自于政府的财政补贴，但这些途径尚不能满足农民专业合作社的资金需求。而银行在一般情况下并不愿意将贷款发放给农民专业合作社，这便导致了农民专业合作社缺乏资金，却又很难从银行获取贷款的困境。

（一）农民专业合作社自身的原因

1. 产权制度特殊

依据《农民专业合作社法》第 4 条第 1 款的规定，农民专业合作社应该依法登记取得法人的资格。因此，农民专业合作社应享有法人的独立财产权。但是，正如本书前面部分所述，农民专业合作社的产权制度具有一定的特殊性，其所享有的法人财产权与公司不同，它不像公司那样有一系列的资本制度来保证独立财产的充实，也缺乏完善的资本公示制度，这些都使得农民专业合作社独立财产的真实、充实与否受到质疑，因而其信用能力备受质疑。

2. 缺乏完善的内部管理制度和财务管理制度

依据《农民专业合作社法》的相关规定①，农民专业合作社应该依法制定章程，组建成员大会、理事会、监事会等组织机构，实行民主管理，各机构依法

① 参见《农民专业合作社法》第 12 条、第 22～33 条的规定。

履行职责。但是在实践中，大多数农民专业合作社规模较小，一方面缺乏民主管理，理事会中的个别理事独揽决策大权，未能充分发挥成员大会应有的作用；另一方面又缺乏健全的财务会计制度，没有依法聘请专门的财务人员，也没有设立会计账簿，存在着原始凭证采集不齐全、账簿设置不规范、会计核算不及时等问题。由于农民专业合作社缺乏完善的内部管理制度，财务管理透明度低，致使银行对贷款风险难以进行客观的评估，所以不敢轻易发放贷款。

总之，我国的农民专业合作社尚处于发展的初级阶段，鲜少形成较大规模，因此，金融机构所面临的是相对分散、经营规模狭小、财务管理制度不健全、对单独贷款额度相对较小而又总体数量庞大的农民专业合作社。这些因素均使得金融机构贷款给农民专业合作社的交易成本高、风险大，因而金融机构对于给农民专业合作社发放贷款十分谨慎。

（二）金融机构自身的原因

1. 提供贷款的金融机构单一

我国涉农金融机构主要有农村合作金融机构（农村信用社、农村合作银行）、农业银行、农业发展银行、邮政储蓄银行等，其中真正能为农民专业合作社开展金融服务的只有农村合作金融机构，单一的农村金融融资渠道满足不了农民专业合作社对资金的需求。[①]

2. 农业资本流向非农部门

农村金融机构为了追求资本利益的最大化，逐渐将资金投向非农部门。农民专业合作社固定资产较少，农业生产周期较长，资金周转缓慢；并且，农产品在国内国外市场的竞争日益加剧，生产又受自然因素影响巨大。因此，从事农业生产合作的农民专业合作社，其资金需求与其他生产部门相比，存在着借贷期限较长、投资风险较大的特点。农村金融机构为追求利润的最大化，将贷款更多地投放在资金回收速度较快和风险相对较小的城市金融市场和工商业部门，从而挤占了对农民专业合作社的贷款投放，造成农民专业合作社的贷款需求得不到满足的现状。

（三）贷款风险分担机制不健全

农民专业合作社的生产经营活动受自然风险的影响较大，然而我国尚未建立健全有效的风险分担机制，农业合作社的贷款风险得不到合理有效的转化，

① 韩冰："农民专业合作社金融支持研究"，中国农业科学院2008年硕士学位论文，第26、27页。

具体表现如下。

1. 缺乏贷款担保

为了保证贷款资金的安全性，目前银行一般都只对提供抵押或担保的借款人贷款，借款人所能提供的抵押品价值或担保额度，直接决定了其能否获得贷款以及贷款额度的大小。衡量一个企业提供抵押的能力，企业的资产特别是固定资产或实物资产是一个常用的选择。然而，现阶段我国农民专业合作社大多具备较少的固定资产，不具有专门的办公营业场所，即使有专门的办公营业场所也是通过租借而来；农产品、牲畜以及林木等虽然具有一定价值，但是流动性太强，并且其价值受自然灾害和市场因素影响较大，故一般不宜作为贷款的抵押担保。其次，根据我国的现行法律规定，农民自建房屋的土地属于集体所有，因而不能成为银行贷款的担保。根据《物权法》和《担保法》的相关规定，农民拥有的农村土地承包经营权①、宅基地使用权也不能设立担保。最后，由于自身资信条件不足，农民专业合作社很难得到专业担保机构的担保。我国目前又尚未设立健全的专门针对农民专业合作社的政策性担保机构。

2. 农业保险发展滞后

政策性保险仅仅在个别农业合作社较为发达的地方进行试点。例如，北京市从2007年开始，建立了政策性农业保险制度，采取政府推动、政策支持、市场运作、农民参与的方式，对果品、蔬菜、粮食、肉禽、奶牛五类生产开展政策性农业保险业务，市财政给参保农民50%的保费补贴，同时，市财政每年按照上年农业增加值的1‰，预提农业巨灾风险准备金。按照确定的险种，委托商业保险公司经营管理，财政给予50%的经营管理费用补贴。在这一制度框架内，农民专业合作社作为实施单位优先安排，在参保费用、经管管理费上享受相应的补贴。

由于农业生产受自然灾害的影响很大，健全农业保险制度对资金的需求也十分庞大。目前，造成农业保险险种少、开展难的原因，一是农业保付率过高、风险过大，影响商业保险经营的积极性；二是农业收益率偏低，影响了农民参保的积极性；三是缺乏相关政策的扶持，如政策性保险机构的欠缺、农业保费的补偿等，影响了农业保险业务的发展。②

二、外国政府对农民专业合作社金融扶持的实践

资金不足是农业合作社发展中普遍存在的问题。为了保证合作社的健康持

① 根据《物权法》第180条的规定，以招标、拍卖、公开协商等方式取得的荒地等土地承包经营权可以抵押，但我国农村广大农民的土地承包经营权并非以这种方式获得。

② 韩冰：“农民专业合作社金融支持研究”，中国农业科学院2008年硕士学位论文，第35页。

续发展，各国政府均采取一定的措施，给予合作社金融方面的扶持。

（一）政策性金融机构与商业性金融机构协作

农民专业合作社虽然可以通过正常的途径向商业性金融机构申请贷款，但一般不能完全满足其资金需求，因此，多数国家采取政策性金融机构与商业性金融机构相互协作的模式，拓宽合作社贷款渠道。

美国农业合作社里的成员绝大多数都是农场主，农业合作社一般规模较大、实力雄厚，因此通过正常途径提供抵押向商业性银行获取贷款一般不存在问题。即便如此，仍有专门的合作社银行负责向农民合作社进行融资服务。合作社银行由联邦政府提供创始资本，在全国12个农业信贷区各设1个合作社银行，在丹佛设中央银行。[①] 这13家银行以全国约6000家农村合作社为贷款对象，是合作社资金的主要提供者。合作社银行的贷款分为设备贷款、经营贷款、商品贷款。合作社向合作社银行的借款能够享受低于市场的利率，但具体的利率也因贷款的种类、期限等因素而不同。此外，还有一些其他专门机构也能为特定的农民合作社提供贷款。例如，农村电话合作社可以取得农村电气化局的贷款，农村电力局也在为建立和扩大农村电力合作社提供资金方面发挥重要作用，农场信贷局也向合作社金融机构提供一系列广泛支持。

法德两国着力从完善农业保险和社会保障方面分散农业专业合作社的经营风险。一是法德两国的农业保险起步较早，它们把农业作为一个系统进行承保，范围由种养业保险、财产保险等逐步扩大至人身保险，有效降低了农业生产经营风险和相应信贷风险。二是健全农村社会保障制度，确保农民在抵押财产甚至住房被处置后仍能维持基本生活。三是鼓励农民专业合作社根据本社的会费额度和相应社员的诚信状况以及生产情况，提供有偿贷款担保服务，但前提是贷款社员务必提供财产抵押，合作社只对抵押财产处置后还款不足部分承担清偿责任。四是鼓励由各类农业协会、银行业协会等出资组建担保银行。[②]

日本农协贷款资金来源也是兼有政策性金融机构和商业性金融机构。除向商业性金融机构申请贷款以及农协内部的相互援助外，还有由政府出资设立的农林渔业金融公库（简称“农林公库”）向基层农协发放委托贷款。农林公库是日本唯一一家支持农、林、渔业发展的农业政策性金融机构，能够对商

① 冯静生：“农民专业合作社：金融支持的国际经验与借鉴”，《中国发展观察》，2010年第6期，第48页。

② 冯静生：“农民专业合作社：金融支持的国际经验与借鉴”，《中国发展观察》，2010年第6期，第49页。

业性金融机构和农协金融体系起到一定的补充作用；也可以通过向基层农协发放委托贷款，以便农协能够降低针对农户的贷款利率，实现国家的农业政策。①

（二）农民专业组织相互援助制度

日本的农协由最基层的农业协同组织、中间一层的信用农业协同组合联合会（简称信农联）和最高一层在全国范围内成立的农林中央金库（简称农林中金）三级构成，集生产合作和信用合作为一体。系统内部存在相互援助制度，是农协系统为强化信用业务而自主设立，能够在农协经营发生困难时，维持其正常业务和信用。援助的内容为系统内低利的相互援助贷款，分为紧急贷款和配套贷款两类：由信农联提供的期限为 1 年以内的资金为紧急贷款，接受了紧急贷款的农协制订适当的重建计划（由信农、农林中金作出判断）；为实施其计划所需的资金叫做配套贷款，期限为 5 年，实际上是用长期贷款的形式代替了短期的紧急贷款，由农林中央金库为债务债务提供保证。②

（三）协助合作社增强担保能力

担保难是合作社贷款困难的重要原因之一，因此各国政府也纷纷采取扶持专门的担保公司、设立担保基金等方式，为合作社的贷款提供担保。

在美国，政府建立专门的政府基金为合作社进行贷款担保，最高担保额占合作社贷款的 80%。该贷款的适用范围十分广泛，只要用于合作社成员发展业务即可，因此对农民非常有吸引力。此外政府还设立联邦农业抵押公司（简称“农民·麦克”），农民合作社符合条件的贷款能够获得其支持。③

欧盟国家政府也都鼓励农民专业合作社根据合作社自身的资产状况以及社员的诚信状况，提供有偿担保，鼓励各类农业协会、银行协会等共同出资组建专门的担保银行，为农民专业合作社提供贷款担保。④

在日本，政府建立了专门的农业信用保证制度，包括债务保证和损失补偿两个方面。一方面，国家出资组建专门的保证机关，专门从事农业借款保证业

---

① 王学忠：“国外金融支持农村合作组织的经验与借鉴”，《农村金融研究》，2009 年第 10 期，第 56～60 页。

② 王学忠：“国外金融支持农村合作组织的经验与借鉴”，《农村金融研究》，2009 年第 10 期，第 56～60 页。

③ 王学忠：“国外金融支持农村合作组织的经验与借鉴”，《农村金融研究》，2009 年第 10 期，第 56～60 页。

④ 李瑞红：“金融支持农民专业合作社发展探析”，《三农金融》，2010 年第 6 期，第 7～10 页。

务；另一方面一般由国家作为保证方为农协的贷款提供担保，当农协不能还款时由国家负责对债权人的损失进行赔偿。①

印度政府为合作社向银行申请的贷款提供担保，但是，由政府作为保证人向银行申请到的贷款，合作社必须接受政府的监督和考核，确保合作社按计划使用贷款。并且，政府为了保证贷款的安全，一般也会给予合作社一些辅导，使其业务经营和内部管理逐渐健全。②

（四）设立专门储备金或基金

日本相互援助制度中的援助资金来源有两部分：相互援助储备金和相互援助基金。信农联由基层农协入股参建，并在各个基层农协之间搭建起了一个资金融通机制，基层农协结余资金的一定比例应该上存信农联，同时信农联也要把自己剩余的资金存入农林中金。相互援助储备金即为农协在信农联中存入的一定款项和信农联再存入农林中金的款项。相互援助基金主要是为弥补援助贷款的损失，由信农联、农林中金设立的专项基金。③

印度政府建立了相应级别的国家基金，为农业合作社的发展提供资金支持。首先，在印度储备银行一级，建立全国农业信贷基金，向各个邦政府提供信贷，使其能够参与合作社的股份资本，便能够增强合作社的信用能力；向农业提供中期贷款，向合作社农业和农村发展银行提供资金，支持它们发行债券；向各个邦银行提供中期贷款，以帮助合作社银行在合作社成员遇到干旱等自然灾害时，将合作社成员的短期贷款转为中期贷款。其次，在印度政府一级，建立全国合作社发展基金、全国仓储设备发展基金，以及农业救济和保障基金，帮助农业合作社扩大农产品的储备能力，抵御饥荒、洪水等自然灾害，以此促进农业合作社的发展。④

三、我国中央和地方政府对农民专业合作社的金融扶持政策

（一）中央的金融扶持政策

《农民专业合作社法》规定：国家通过财政支持、税收优惠和金融、科技、

① 王学忠："国外金融支持农村合作组织的经验与借鉴"，《农村金融研究》，2009年第10期，第56～60页。

② 王文献："我国新型农民专业合作社融资问题研究"，西南财经大学2006年博士学位论文。

③ 韩冰："农民专业合作社金融支持研究"，中国农业科学院2008年硕士学位论文，第42页。

④ 欧阳仁根、陈岷等：《合作社主体法律制度研究》，人民出版社，2008年，第142页。

人才的扶持以及产业政策的引导等措施，促进农民专业合作社的发展；国家政策性金融机构应当采取多种形式，为农民专业合作社提供多渠道的资金支持，具体支持政策由国家国务院规定；国家鼓励商业性金融机构采取多种形式，为农民专业合作社提供金融服务。依据《农民专业合作社法》的上述规定的精神，中央政府及其相关工作部门积极探索，制定和实施了一系列切实有效的政策措施，给予农民专业合作社发展所需要的金融扶持。

1. 农业部《全国优势农产品区域布局规划（2008—2015 年）》①

农业部在总结前期规划实施情况后，发布了《全国优势农产品区域布局规划（2008—2015 年）》，提出目前我国农业发展区域布局仍不尽合理，基础设施薄弱、社会化服务相对滞后、产业化组织化水平不高等问题在优势区域依然突出。这些问题是由多种原因引起的，其中一个重要原因就在于目前的金融扶持政策尚不完善。现有投向优势区域的支农资金总量仍然不足，而且缺少支持优势农产品产业带建设的专项投资，难以满足发展需要。优势区域产业发展的政策性金融支持力度不够，合作金融、民间金融发展滞后，农村金融体系功能不健全、服务不到位；农业政策性保险制度还不完善，农业风险分担机制尚未完全建立。政府引导、农民主体、多方参与的优势农产品产业带建设长效机制尚未形成。

该规划将“坚持产业整体构建、着力培育专业合作组织”作为落实新时期优势农产品区域布局规划的基本原则之一。同时，在今后政府的主要政策措施中明确提出：一方面，要加快优势区域内农民专业合作组织和产业化经营发展步伐，提高农业组织化程度，扶持发展以专业合作组织为主体的互助服务，积极倡导以社会化中介组织为主体的市场服务。认真贯彻落实《农民专业合作社法》，制定财政扶持政策，在优势区域，重点鼓励、引导和支持一批农民专业合作组织发展，激发农民发展优势产业的积极性和创造力。支持农民专业合作组织承担国家有关涉农项目，鼓励其兴办农产品加工业或参股龙头企业。另一方面，要巩固、完善、强化强农惠农政策体系，加大优势区域扶持力度，地方政府也要根据当地实际情况，确定地方性补贴品种，增加补贴额度，研究和制定扶持农业发展的信贷政策，加大对优势区域农民专业合作组织及农户等经营主体生产性贷款的金融扶持力度；鼓励有条件的地方，建立担保基金、担保公司，为优势区域龙头企业融资提供服务。

2. 中央一号文件

《农民专业合作社法》颁布后连续三年的中央一号文件均包含金融扶持农民

① 参见《全国优势农产品区域布局规划（2008—2015 年）》，中国农业部官方网站，http://www.moa.gov.cn/zwllm/zwdt/200809/t20080912_1132619.htm，2011 年 6 月 29 日。

专业合作社发展的相关内容。

2008年中央一号文件提出：积极发展农民专业合作社和农村服务组织。全面贯彻落实农民专业合作社法，抓紧出台配套法规政策，尽快制定税收优惠办法。各级财政要继续加大对农民专业合作社的扶持，农民专业合作社可以申请承担国家的有关涉农项目。支持发展农业生产经营服务组织，为农民提供代耕代种、用水管理和仓储运输等服务。同时，政府应加快农村金融体制改革和创新，加快推进调整放宽农村地区银行业金融机构准入政策试点工作，加大农业发展银行支持“三农”的力度。鼓励发展信用贷款和联保贷款，通过批发或转贷等方式，解决部分农村信用社及新型农村金融机构资金来源不足的问题。加快落实县域内银行业金融机构将一定比例新增存款投放当地的政策。推进农村担保方式创新，扩大有效抵押品范围，探索建立政府支持、企业和银行多方参与的农村信贷担保机制。制定符合农村信贷业务特点的监管制度。加强财税、货币政策的协调和支持，引导各类金融机构到农村开展业务。完善政策性农业保险经营机制和发展模式。建立健全农业再保险体系，逐步形成农业巨灾风险转移分担机制。①

2009年中央一号文件进一步提出：要扶持农民专业合作社发展，各级财政给予经费支持。尽快制定金融支持合作社、有条件的合作社承担国家涉农项目的具体办法。扶持农业产业化经营，鼓励发展农产品加工，让农民更多分享加工流通增值收益，增强农村金融服务能力。抓紧制定鼓励县域内银行业金融机构新吸收的存款主要用于当地发放贷款的实施办法，建立独立考核机制。在加强监管、防范风险的前提下，加快发展多种形式新型农村金融组织和以服务农村为主的地区性中小银行。鼓励和支持金融机构创新农村金融产品和金融服务，大力发展小额信贷和微型金融服务，农村微小型金融组织可通过多种方式从金融机构融入资金。积极扩大农村消费信贷市场。依法开展权属清晰、风险可控的大型农用生产设备、林权、四荒地使用权等抵押贷款和应收账款、仓单、可转让股权、专利权、商标专用权等权利质押贷款。抓紧出台对涉农贷款定向实行税收减免和费用补贴、政策性金融对农业中长期信贷支持、农民专业合作社开展信用合作试点的具体办法。放宽金融机构对涉农贷款的呆账核销条件。加快发展政策性农业保险，扩大试点范围、增加险种，加大中央财政对中西部地区保费补贴力度，加快建立农业再保险体系和财政支持的巨灾风险分散机制，

① 参见2008年《中共中央国务院关于切实加强农业基础建设进一步促进农业发展农民增收的若干意见》，中国农业部官方网站，http：//www.moa.gov.cn/zwllm/zwdt/200801/t20080131_964863.htm，2011年6月29日。

鼓励在农村发展互助合作保险和商业保险业务。探索建立农村信贷与农业保险相结合的银保互动机制。①

2010年中央一号文件再一次重申：应该着力提高农业生产经营组织化程度，推动统一经营向发展农户联合与合作，壮大农村集体经济组织实力，为农民提供多种有效服务。大力发展农民专业合作社，深入推进示范社建设行动，对服务能力强、民主管理好的合作社给予补助。各级政府扶持的贷款担保公司要把农民专业合作社纳入服务范围，支持有条件的合作社兴办农村资金互助社。扶持农民专业合作社自办农产品加工企业。同时提高农村金融服务质量和水平。加强财税政策与农村金融政策的有效衔接，引导更多信贷资金投向“三农”，切实解决农村融资难问题。②

3. 其他金融扶持的政策措施

（1）《2007年分支行信贷政策工作指引》。③ 中国人民银行发布《2007年分支行信贷政策工作指引》，要求各分支行要引导和支持各金融机构根据农民专业合作社的经营特点，积极探索和完善多种担保形式的贷款产品，加大对农民专业合作社的信贷支持，切实加强和改进对农民专业合作组织的金融服务工作，促进农民专业合作社的健康发展。

（2）《关于做好农民专业合作社金融服务工作的意见》。④ 2009年银监会和农业部联合出台了《关于做好农民专业合作社金融服务工作的意见》，规定了一系列服务农民专业合作社的鼓励性政策和措施：一是农村金融机构与农村经营管理部门要积极对辖内农民专业合作社逐一建立信用档案，加快建立和完善符合农民专业合作社特点的信用评价体系；二是对于获得县级以上“农民专业合作社示范社”称号或受到地方政府奖励以及投保农业保险的农民专业合作社，要在评级、授信、用信等方面给予适当优惠；三是鼓励有条件的农民专业合作社发展信用合作、组建农村资金互助社，允许符合条件的农村资金互助社按商业原则从银行融入资金；四是鼓励发展具有担保功能的农民专业合作社，运用联保、担保基金和风险保证金等联合增信方式，以及借助担保公司、农业产业

① 参见2009年《中共中央国务院关于2009年促进农业稳定发展农民持续增收的若干意见》，中国农业部官方网站，http：//www. moa. gov. cn/zwllm/zwdt/200902/t20090202_ 1210254. htm，2011年6月29日。

② 参见2010年《中共中央国务院关于加大统筹城乡发展力度进一步夯实农业农村发展基础的若干意见》，中国农业部官方网站，http：//www. moa. gov. cn/zwllm/zwdt/201002/t20100201_ 1425496. htm，2011年6月29日。

③ 参见中国人民银行网站，http：//www. pbc. gov. cn/，2011年6月29日。

④ 参见中国银监会网站，http：//www. cbrc. gov. cn/chinese/home/jsp/index. jsp，2011年6月29日。

化龙头企业等相关农村市场主体作用，扩大成员融资的担保范围和融资渠道，提高融资效率；五是要尽快制定农民专业合作社贷款等金融服务管理办法，抓紧建立健全科学的激励约束机制以及对农民专业合作社不良信用记录的惩戒机制，加强贷款风险的全程跟踪与管理，积极采取有效的风险防范和缓释措施降低贷款风险。

（二）地方上的相关扶持政策

近年来，依据《农民专业合作社法》的规定，一些地方政府和农村合作金融机构积极响应中央支持农民专业合作社发展的政策思想，按照银监会统一部署，积极探索加强和改进农民专业合作社金融服务的有效途径，受到了农民专业合作社的广泛欢迎，取得了积极成效。

1. 浙江省的举措

浙江省是我国经济较为发达的省份，其农民专业合作社的发展水平也处于我国领先的地位。这与浙江省各级政府对农民专业合作社的金融支持是密不可分的。

（1）响应中央政策号召，因地制宜制定扶持政策。在2007年《农民专业合作社法》颁布实施之前，浙江省农村信用社联合社早在2006年就颁布了《农民专业合作社贷款管理办法》，针对农民专业合作社率先提出了“宜社则社，宜人则人”的贷款模式，大力支持农民专业合作社的发展，并从信贷原则、贷款条件和利率定价等方面对农村信用社信贷支持农民专业合作社的行为进行了规范，提供了制度保障。① 同年，农村信用社联合社又联合省农业厅下发《关于做好农民专业合作社金融服务工作的通知》，不仅明确提出要把做好农民专业合作社信贷服务工作作为农村合作金融机构信贷支农工作的重点之一，还提出了具体的金融服务措施（如帮助农民专业合作社及其社员合理选择信用、抵押、质押、第三方保证担保等贷款方式、实行授信额度、建立健全信贷档案、积极建立农民专业合作社贷款风险补偿基金等）②。2010年当地又出台了《土地承包经营权流转贷款管理办法》。2010年《浙江省人民政府关于促进农民专业合作社提升发展的意见》③ 中再次强调各级银行业金融机构要制定支持农民专业合作社发展

---

① 参见浙江省《农民专业合作社贷款管理办法》，浙江省人民政府网，http：//www. zj. gov. cn/gb/zjnew/index. html，2011年6月29日。

② 参见浙江省农业厅《关于做好农民专业合作社金融服务工作的通知》，浙江省人民政府网，http://www. zj. gov. cn/gb/zjnew/index. html，2011年6月29日。

③ 参见2010年《浙江省人民政府关于促进农民专业合作社提升发展的意见》，浙江省人民政府网，http：//www. zhejiang. gov. cn/gb/zjnew/node3/node22/node167/node360/node368/userobject9ai119664. html，2011年6月29日。

的信贷扶持政策，进一步加大对农民专业合作社及其社员的信贷支持力度，以优化对农民专业合作社的金融信贷服务。

（2）进行农民专业合作社信用工程建设，实行授信评级制度。政府引导金融机构积极开展对农民专业合作社授信的探索，将对农民专业合作社的金融支持与农民专业合作社的信用工程建设相结合；搜集农民专业合作社的信息，然后建立档案，根据合作社经营状况、内部管理规范化程度以及现有规模的因素评定信用等级，实行授信评级制度。

（3）积极开发创新金融产品，满足农民专业合作社的特殊需求。为了满足不同农民专业合作社以及同一合作社在不同发展阶段的资金需求，政府引导农村合作金融机构根据本省的具体情况，积极开发新的金融产品，取得了不错的成效：一是推出“丰收小额贷款卡”。该卡具有一次授信、循环使用、方便快捷、功能齐全等特点，十分符合农民专业合作社社员的金融需求，有效解决了“贷款难”的问题，方便了农户，节约了成本。到2009年9月末，已有42家机构开始发卡，共发卡47 332张，贷款余额20.21亿元。二是推出“支农授信卡”。该卡是农民专业合作社、信用合作社、供销合作社“三位一体”的联结纽带。农村信用社向农民专业合作社或社员发放“支农授信卡”，农户凭“支农授信卡”和本人身份证，可直接到供销社特约直销点购买农用生产资料，较好地满足农民专业合作社及社员的金融服务需求。三是相继推出了“农户+专业合作社”、“农户+专业合作社+龙头企业（公司）”等基于产业链的多种创新信贷模式。如通过对台州翼龙绿色农产品有限公司等农业龙头企业的信贷支持，促使西兰花产业的结构调整，从传统的保鲜加工深化到脱水加工的多样化发展，对该产业的可持续发展起到了积极的推动作用，“翼龙牌”西兰花获“中国国际农博会名牌产品”称号。[①]

（4）积极解决农民专业合作社贷款担保难问题。首先，针对农民专业合作社注册资金较少、可抵押财产不多的现状，浙江省先后推出了农民住房抵押、林权抵押、海域使用权抵押、仓单抵押等担保方式，在一定程度上解决了农民专业合作社贷款担保难的问题。其次，浙江省各级政府还积极推动成立农业担保公司，例如，2007年7月台州市椒江区财政出资成立了台州市第一家农信担保有限公司，通过引入担保公司、政策性保险等途径，解决了制约金融支农的抵押担保难题。

---

① 参见浙江在线新闻，http：//biz. zjol. com. cn/05biz/system/2010/07/27/016797371. shtml，2011年6月29日。

2. 山西省的举措

(1)《农民专业合作社法》出台后，山西省农业厅联合省农村信用社联合社下发了《山西省农业厅山西省农村信用社联合社关于做好农民专业合作社金融服务工作的通知》[①] 以及《山西省农村信用社农民专业合作社贷款指引》[②]。前者明确要求“把做好农民专业合作社信贷服务工作作为农村合作金融机构信贷支农工作的重点之一”，后者则具体规定了农民专业合作社贷款的条件、方式、额度与利率。

(2) 在贷款利率方面给予农民专业合作社一定的优惠。

(3) 开展授信评级制度。根据《指引》的相关规定，在贷款条件相同的情况下，对不同信用等级的合作社应当设定有差别的利率优惠政策，并且对评定的省级示范性农民专业合作社，在授信额度和贷款利率上予以适当优惠。

(4) 允许农民专业合作社以自有资产抵押或者以合作社社员联保形式办理贷款手续，支持农民专业合作经济组织建设标准化生产基地，兴办仓储设施和加工企业，购置农产品运销设备等。[③]

3. 湖南省的举措

(1) 湖南省颁布了《实施〈中华人民共和国农民专业合作社法〉办法》[④]，其中第18条明确规定，国家政策性金融机构应当采取多种形式为农民专业合作社提供多渠道的资金支持。鼓励商业性金融机构采取多种形式为农民专业合作社提供金融服务。农村信用合作金融机构及其他涉农金融机构应当将农民专业合作社纳入农村信用评级授信范围，为农民专业合作社提供信贷便利和优惠。各级人民政府投资设立的涉农担保机构依法为农民专业合作社提供融资担保服务。鼓励其他担保机构为农民专业合作社提供融资担保服务。鼓励有条件的农民专业合作社按照国家规定发展信用合作。

(2) 促使农村金融部门以及其他商业银行把扶持农民专业合作社作为信贷支农的重点，每年安排一定额度的贷款，在政策允许的范围内降低信贷条件，试行联合共保机制，简化贷款手续，切实解决农民专业合作社生产经营所需的资金。

---

① 参见中国农民专业合作社网，http：//www. cfc. agri. gov. cn/cfc/html/81/2008/20080727132430718941887/20080727132430718941887_ . html，2011年6月29日。

② 参见中国农民专业合作社网，http：//www. cfc. agri. gov. cn/cfc/html/81/2008/20080727132430718941887/20080727132430718941887_ . html，2011年6月29日。

③ 曾宪久：《农民专业合作社与金融服务开发》，中国金融出版社，2009年，第157页。

④ 2009年11月27日经湖南省第十一届人民代表大会常务委员会第十一次会议通过，自2010年1月1日起施行。参见湖南省农经网，http：//www. cnhnjg. com/list. asp？id=495，2011年6月29日。

(3) 开展农民专业合作社的信用等级评定工作，对具备企业法人资格的营利性农民专业合作社授予一定的信用额度，在各种贴息贷款项目和小额贷款上向农民专业合作社倾斜。

(4) 鼓励农民专业合作社与农产品加工企业联合建立信用联保中介机构，设立担保基金，解决生产资金贷款难的问题。①

(5) 给予贷款汇率优惠。湖南省浏阳市人民政府办公室关于印发《浏阳市农民专业合作社贷款管理暂行办法》的通知中，要求“农民专业合作社贷款利率按中国人民银行利率政策执行，涉农金融机构对合作社贷款利率给予5%~10%的优惠”。

四、进一步完善金融扶持政策的建议

目前资金不足是我国农民专业合作社发展道路上的主要障碍，国家要大力发展农民专业合作社，就要切实为其提供优质的金融服务，从根本上解决合作社贷款困难的问题。目前，我国中央和各地政府也都对相应的金融扶持政策举措进行了一系列积极的探索，虽然初见成效，但仍存在有待完善之处。下面笔者将在客观审视我国现存金融扶持政策的基础上，对今后政府及其职能部门的工作提出自己的完善建议，以期能对我国农民专业合作社的长远发展有所助益。

（一）建立完善的金融扶持政策体系

政府的金融扶持政策和举措对解决农民专业合作社贷款难问题意义重大，《农民专业合作社法》中对合作社提供金融扶持的规定相对原则性，需要各级政府和相关行政部门因地制宜、因时制宜，出台具体的扶持措施，细化金融扶持的具体方式、内容、义务和责任。这不仅能够弥补法律保障机制的不足，也更能灵活地适应合作社发展过程中不断变化的资金需求。但是，目前我国金融扶持政策举措的体系性和完备性尚不足，还不能完全满足农民专业合作社的金融需求。因此，中央和各地政府应该继续进行积极的探索，建立完善的扶持政策体系。

（二）推进农村金融整体改革，建立多方协作的农村金融体系

农民专业合作社的贷款存在着自身的一些特殊性，贷款风险大、成本高、收益低，故一般不为商业性金融机构所青睐。因此，可以在中央号召农村金融

① 曾宪久：《农民专业合作社与金融服务开发》，中国金融出版社，2009年，第154~157页。

改革的时代背景下，制定农村金融整体改革方案，努力形成商业金融、合作金融、政策性金融和小额贷款组织互为补充、功能齐备的农村金融体系，多管齐下，可以极大地缓解我国农民专业合作社的融资难问题，进一步推动农民专业合作社的可持续发展。

1. 发挥政策性金融的引导作用

农业发展银行是我国的农业政策性银行，而农民专业合作社是政府贯彻支农政策的重要平台，政府应该加大农业发展银行支持“三农”、扶持农民专业合作社的力度，推动农业发展银行扩大业务范围、增设服务网点，切实发挥好政策性银行的重要作用，为农民专业合作社的发展提供优质的金融服务。

(1) 扩大业务范围。[①] 目前，农业发展银行的贷款对象范围包括粮食储备企业、国有粮食企业、棉花收购和储备企业等，近年来又增加了对农业产业化龙头企业和农业小企业的贷款，但是并未明确将农民专业合作社作为政策性贷款支持的对象。因此，为了推动农民专业合作社的发展，落实国家对农民专业合作社金融支持的方针政策，应将农民专业合作社贷款列为农业发展银行政策性业务范围，由农业发展银行将国家对农民专业合作社的金融支持政策进行具体的贯彻和落实。农业发展银行应该根据《农民专业合作社法》和国务院出台的《关于做好农民专业合作社金融服务工作的意见》的相关规定，研发、制定扶持农民专业合作社发展的具体配套措施，创新金融服务的产品，满足农民专业合作社不同发展阶段的具体需求；为农民专业合作社提供优质的信贷服务，充分发挥农业发展银行在支持农民专业合作社中的支柱、骨干作用。并且，农业发展银行要真正办理政策性业务，而不仅是简单地提供流动资金。其业务范围应该是那些按商业原则运行能收回本金但回报率低或回收时间特别长或回收风险较大的项目，提高对农业和农村经济的支持力度，农民专业合作社的贷款应该在此列。农业发展银行承接国家财政职能，并充分利用这些资金支持农民专业合作社的发展应当成为一个重要内容，这项改革可以为农业发展银行改革找到出路。

(2) 增设网点。目前我国农业发展银行的分支机构仅仅设立到县一级，因此，难免对农民专业合作社的发展运营情况不了解，存在严重的信息不对称，影响银行对合作社贷款的发放。为了改善这个局面，充分发挥政策性金融机构在支持农民专业合作社方面的支柱作用，一方面，农业发展银行可以在农民专业合作社数量较多的乡镇设立营业机构；另一方面，对于没有设立营业机构的

① 王文献：“我国新型农民专业合作社融资问题研究”，西南财经大学 2007 年博士学位论文，第 111～113 页。

乡镇，农业发展银行可以和当地的农村信用社建立合作关系，通过向农村信用社发放贷款而间接对农民专业合作社提供金融支持。

但是，农业发展银行也要理智地对待针对农民专业合作社提供贷款支持的问题，正确处理好政策支持和遵循市场规律之间的关系。要从整体上给予政策支持，但是又要在每个具体的融资项目上按市场规则严格把关。在我国，政策性信贷是支持农民专业合作社的一个重要思路，但是并不意味着政策性银行应无条件满足其融资要求。从整体上给予支持，是因为农民专业合作社是特殊企业类型，在融资方面困难较多，只有实行扶持性政策，才能使其得到更多的发展机会。政策性金融机构主要对农民专业合作社资金使用期限较长、风险较大、难以从商业银行得到贷款的项目进行支持，在融资以后则保持利率的稳定，这体现了从整体上支持的精神；在向每个具体项目融资时按市场规则处理，严格把关。农民专业合作社作为弱势群体的集合需要支持，但是同样必须参与市场竞争，优胜劣汰是必然现象，对它们的融资支持是帮助优者去取胜，而不是保护劣者免遭淘汰。申请者中最终谁能得到贷款，则要看项目本身的可行性、对贷款的偿还能力和担保条件，这体现了按市场规则处理的精神。

2. 鼓励商业银行为农民专业合作社提供金融服务

如前所述，出于多方原因，农民专业合作社一般很难符合商业银行的贷款要求，如果强制商业银行向高风险、低回报的农民专业合作社贷款是违背市场经济发展规律的。因此，国家可以引导商业银行向农民专业合作社贷款。

（1）制定鼓励县域内银行业金融机构新吸收的存款主要用于当地发放贷款的实施办法，建立独立考核机制。

（2）税收优惠。为了鼓励商业银行向农民专业合作社提供贷款，国家可以实行“税收–贷款挂钩”的政策，将商业银行向农民专业合作社贷款的数额与银行营业税的减免比例联系起来，引导商业机构的资金流向农民专业合作社。

（3）财政贴息。商业银行不愿意向农民专业合作社提供贷款的根本原因在于其风险大，但是回报率低，因此大量商业银行的贷款都提供给了风险相对较小、回报率较高的城市工商业部门。针对这种现状，国家和政府可以拨出资金对为农民专业合作社发放贷款的商业银行进行财政贴息，使商业银行给农民专业合作社发放的贷款仍然能够获得收益，这样就能够在一定程度上调动商业机构金融扶持农民专业合作社的积极性。

（4）利率优惠。对积极支持农民专业合作社发展、经营状况良好且确有资金需求的商业金融机构，人民银行应在再贷款方面予以支持，支持票据贴现业务的发展，通过实行再贴现与支持农民专业合作社贷款比例挂钩、多贷多贴的方式，增加再贴现数额，以帮助商业银行培育新的优良客户群体。在继续加大对办理农民专业合作社贷款业务的商业银行再贷款、再贴现支持力度的同时，运用选择性的货币政策工具和其他手段对其实行重点扶持，从利率、业务范围、调控层面等方面给予适度优惠与倾斜，提高其生存能力和持续发展能力。①

3. 开展金融合作

鼓励有条件的农民专业合作社发展信用合作，优先选择在农民专业合作社基础上开展组建农村资金互助社的试点工作。以专业合作社为基础发展金融合作，一方面可以促进专业合作社的发展，另一方面也可以弥补现有农村金融的不足，为现代农业的发展提供支持。

4. 发展小额贷款组织

鼓励发展农村小额信贷和小额金融服务机构，加快培育能够满足农村信贷需求的村镇银行、贷款公司和农村资金互助社，推广农村小额贷款组织。

（三）建立多种形式的贷款担保机制

由于先天不足、自身发展水平不高等多方面的原因，农民专业合作社在向银行申请贷款时，无法提供满足银行贷款条件的抵押担保，故银行为了防范贷款不能回收的风险，一般对其贷款的发放持十分谨慎的态度。因此，探讨多种形式的担保机制是缓解农民专业合作社贷款难困境的有效途径之一。

1. 政府建立政策性担保基金，扶持贷款担保公司

农民专业合作社规模小、自身资产条件不足以提供担保，所以信用基础薄弱，而信用基础薄弱导致其向外部融资困难，又严重制约了农民专业合作社的发展。为了打破这个恶性循环，农民专业合作社的信用缺口可以通过引入第三方信用来加以弥补，即借助于政策信用资源来打破信用与交易恶性循环的“陷阱”，使有发展潜力的农民专业合作社得到发展所需的资源，并得以积累自己的信用资源。②

政府可以通过多种方式帮助农民专业合作社引入第三方信用作为担保，而最直接的方式就是设立国家政策性担保基金为农民专业合作社提供贷款担保。但是由于我国各地的农民专业合作社分布不均并且发展水平相差较大，因此不宜设立全国性的政策性担保基金，而是应该由地方政府根据当地的农民专业合作社发展和资金需求的具体情况而定。地方政府可以借鉴美、日等国家的做法，

---

① 王文献：“我国新型农民专业合作社融资问题研究”，西南财经大学2007年博士学位论文，第110页。

② 王文献：“我国新型农民专业合作社融资问题研究”，西南财经大学2007年博士学位论文，第118页。

直接用担保基金为一些具有发展潜力和支农政策意义的合作社提供贷款担保；也可以通过财政预留政策性担保基金，对一些贷款担保公司进行扶持，然后要求这些贷款担保公司将农民专业合作社纳入服务范围。

2. 扩大物保的范围

2009年中央一号文件要求依法开展权属清晰、风险可控的大型农用生产设备、林权、四荒地使用权等抵押贷款和应收账款、仓单、可转让股权、专利权、商标专用权等权利质押贷款。2010年中央一号文件再次提出“规范集体林权流转，支持发展林农专业合作社。完善林权抵押贷款办法，建立森林资源资产评估制度和评估师制度”。因此，应该根据农民专业合作社的特点和需求，在法律允许的范围内，灵活地发展多种贷款担保方式。

我国的农民专业合作社尚处于发展的初级阶段，规模小、所拥有的不动产较少，具有物保价值的资产也就十分欠缺。政府可以根据农民专业合作社自身的特点，开发灵活多样的贷款担保方式，扩大农民专业合作社向银行借款物保的范围，只要是法律法规没有禁止，并且产权清晰、能够合理估价的各种资产都可以被纳入物保的范围：首先，允许农民专业合作社将合作社自身或者社员所拥有的农村不动产物权进行抵押，将土地承包经营权、林权、水域滩涂、荒山、荒坡使用权、农民住房、温室大棚等纳入可抵押的范围；其次，积极开展库存商品、车辆、生产设备等动产抵押贷款；最后，大力开发应收账款、仓单、专利、农产品订单、保单质押贷款。

3. 政府推动建立多种联合增信方式

（1）合作社与自然人联保制度。目前，我国的农民专业合作社存在着产权不清晰、内部财务运作不规范等弊端，为了防范农民专业合作社还贷时经常引发的道德风险问题，银行可以在对农民专业合作社发放贷款时，以农民专业合作社的主要社员的个人财产为抵押，这种方式可以在一定程度上解决农民专业合作社因抵押品不足而贷款困难的问题。

（2）合作社与龙头企业联保制度。一般地方龙头企业的规模都比较大，并且具有一定经济实力，得到国家政策支持，部分发展较好的企业甚至成为股市的佼佼者。农民专业合作社的初级农产品为龙头企业提供生产的原材料，是企业的原材料生产基地；而龙头企业对农民专业合作社产品的收购又解决了合作社农产品的销路问题，因此，地方龙头企业与农民专业合作社有千丝万缕的生产联系，农民专业合作社的良好发展状况也有利于龙头企业生产的连续性；而农民专业合作社资金缺乏影响其自身的壮大，对龙头企业的发展也是不利的。

因此，可以推动建立龙头企业与农民专业合作社贷款联合保证制度，这也与中央一号文件中“支持龙头企业提高辐射带动能力”的政策精神是一致的。

由龙头企业为其生产上游的农民专业合作社的银行贷款提供担保，银行将资金贷给龙头企业，由龙头企业发放给农民专业合作社，农民专业合作社可以用社员每年上交的原材料逐年向龙头企业返还贷款。这样，银行或信用社、龙头企业、农民专业合作社三方就组成一个信用结构网络，龙头企业起着担保的中介作用。龙头企业的担保有利于降低贷款的风险，增大了银行对农民专业合作社还款的信心。①

（3）合作社之间的联合担保制度。我国农民专业合作社凝聚力不强，各自为政，缺乏相互联系和扶持，是制约合作社发展的一个因素。要使农民专业合作社蓬勃发展，成立农民专业合作社联合社是有必要的。农民专业合作社联合社可以在一定程度上起到协调单个的农民专业合作社的资金周转需求，并且同一个联社的各个农民专业合作社之间可以通过互相帮助和扶持来增加贷款信用。例如，发展水平较高、经济实力雄厚、规模相对较大的农民专业合作社，可以为同一个联社中的其他相对较弱的合作社提供贷款担保，合作社联合社也可以以联合社的名义向属于其成员的农民专业合作社提供贷款担保，为其申请贷款提供便利。

（四）建立贷款风险补偿基金

地方政府还可以以财政资金作为支持农民专业合作社发展的风险补偿基金，建立对金融机构和担保公司的风险补偿机制。对于为农民专业合作社提供长期、较大数额贷款的金融机构以及为农民专业合作社贷款提供担保的担保公司，当遇到重大自然灾害时，金融机构和担保公司可能就会面临巨额的亏损。为了分散因自然灾害给金融和担保机构带来的风险，间接保证农民专业合作社的稳定贷款来源，地方政府可用风险补偿基金给予相关的金融机构和保险公司一定比例的补偿，支持金融机构和担保公司的可持续发展。

（五）发挥政府引导功能，加强合作社自身建设

1. 增强农民专业合作社自身经济实力

政府应该有针对性地为农民专业合作社开展信息、培训、信用评级、法律援助等多方面的服务，并且支持农民专业合作社开展农产品质量标准与认证、农业生产基础设施建设、市场营销和技术推广，帮助农民专业合作社不断地做强做大，增强合作社自身的经济实力，从而也增强金融机构对农民专业合作社的信心，降低金融机构的贷款风险。

---

① 王文献：《我国新型农民专业合作社融资问题研究》，西南财经大学2007年博士学位论文，第116、117页。

2. 规范农民专业合作社内部管理

政府应该加强对农民专业合作社的管理工作，引导合作社完善内部法人治理结构，健全成员大会、理事会、监事会制度，加强社务管理的民主决策；建立成员账户制度，明晰成员在合作社中的经济权益。同时也要监督农民专业合作社建立清晰的财务制度和会计制度，规范财务管理，建立独立账簿体系，进行会计核算，定期向社员公布财务状况，增强合作社财务运作的透明度；规范利益分配制度，完善按交易额分配为主的分配方式，形成“利益共享、风险共担”的责任机制，协调好利润分配中分红与积累的关系，以此提高金融机构对农民专业合作社财务的信任度。

第三节　政府对农民专业合作社的财税政策

政府对农民专业合作社提供必要的财政支持，是其引导、支持、推动农民专业合作社的重要手段；而税收政策作为政府对市场经济实施宏观调控的重要经济杠杆，能够有效地降低农民专业合作社的交易成本，也对发展农民专业合作社具有十分重要的作用。

一、对国外农民专业合作社财税政策的考察

中国农民专业合作社的发展与壮大，离不开对外国百余年以来的实践经验的借鉴。历史证明，通过政府财政税收政策的调整，能够增强农民专业合作社在市场中的竞争力，提升其竞争实力。因此，各国都采用减税、低税或免税的税收优惠政策及政府补贴等财政措施来支持合作社的发展。

（一）对农民专业合作社的财政支持

1. 美国

美国的合作社组织大都接受总统基金会、农业部的一些项目支持，通过这些政策性项目，合作社才得以巩固和发展。许多合作社领导人的主要任务之一，就是游说州、联邦政府相关部门，争取承担一些来自政府的项目，争取有利于它们生存发展的相关法规、制度的出台。每个州都有农业服务局和农业发展中心这样的部门，负责为农业发放大量补贴，也有数目不少的农村发展项目基金（如健康社区项目、处理污染项目）。如果一个大学教师到乡下去挂职搞合作社，可以到农业部申请这方面的基金。如果合作社哪个农业项目失败了，可以到农

业服务局去申请补贴。例如，面对美国的低收入者住房较差、买不起房、贷不起款的现实问题，政府的农村发展部门会将改善低收入者住房条件作为一个项目，设立一套规则，通过合作社，对低收入者进行资助和补贴。①

2. 法国

20 世纪 60 年代，法国政府为了调整农业产业结构，对大面积标准化生产的大农场给予优惠政策，优先给予他们低息的国家贷款、补贴。这使得肉类加工、水果蔬菜等组织性较弱的部门开始建立起一些强有力的农业合作社。之后法国又鼓励将已经合并的农场进一步改造，建立起集生产、加工、贸易于一体的农工合作社。② 这些政策措施都加速了农业人口的非农业化，提高了农业生产效率，增加了新的就业机会。③ 法国政府在财政政策方面，对农业合作组织启动成立、运营、扩大规模方面提供优惠贷款，并通过发放补助金的方式对合作组织进行技术、研究等方面的支持。农业合作组织在创办之初可以从政府获得国家津贴，可以从农业信贷银行获得低息贷款，进行生产投资可以获得国家补助。例如，居马（共同使用农业机械合作社）成立之初，“政府根据会员人数的多少给予 2.4 万～3 万法郎的启动费”④，在居马购买机械时，根据购买机械类型的合同，政府提供相当于机械购买价值 15%～25% 的无偿援助；农业合作社在为扩大生产规模而购买土地时，可以从农业信贷银行获得年利 3% 的低息长期贷款，在搞农田基本建设工程时可得 10%～20% 的国家补贴金。法国政府采用“技术咨询补贴”的方式鼓励农村合作经济组织接受技术咨询，其补贴额度相当于企业咨询费的 30%。法国政府还创立了研究人员补贴制度，适用对象是 10 人以下的农村合作经济组织，政府补贴额相当于一个研究人员第一年研究经费的 20%。对研究人员到农村合作经济组织任职 1 超 10 年者，还可获得红利补贴。⑤

3. 德国

德国在法律中明确规定了“促进合作制”、“支持合作自助”的方针，并把这种促进和支持作为“优先目标”。长期以来，政府鼓励农民走联合发展之路，保障合作社的合法权益，促进合作社的健康发展。德国对农村合作经济组织的财政补

① 庄祖业：“美国农产品质量标准的建立以及合作社的发展对我国合作社的启示”，《广东合作经济》，2009 年第 3 期，第 49 页。

② 杨永磊，高毅：“国外促进合作社发展法律制度比较研究”，《甘肃农业》，2009 年第 11 期，第 69 页。

③ 吕青芹等：《国外的农业合作社》，中国社会出版社，2006 年，第 112 页。

④ 李霞、高海：“农民合作社税收优惠之探讨”，《北方经贸》，2006 年第 8 期，第 28 页。

⑤ 全国人大农业与农村委员会代表团：“法国农业合作社及对我国的启示”，《农村经营管理》，2005 年第 4 期，第 45、46 页。

贴占到全部财政补贴额的12%。联邦财政部通过“东部地区合同研究开发计划”，向东部农村合作经济组织提供资助，资助额占项目费用的1/4。① 其方式包括限制农村贷款特别是农村种养企业贷款的最高利率上限、降低贷款利息率、由政府政策性金融机构直接安排低息贷款。财政补贴范围较广，主要包括中小型企业的增资扩股、内陆水域治理、互助组织、牛奶加工作坊、土地归整、促进新企业的诞生、农民培育等。另外，德国政府规定，新成立的农业合作社5年内可享受创业资助，包括人工费用、办公设备和咨询费，最初资助比例为60%，然后逐年减少；7年内可享受投资资助，如对于采购、加工、销售、仓储、包装等经营性投资，资助额最高为投资总额的35%，但不超过其销售收入的3%。

4. 西班牙

西班牙政府用财政适当资助引导合作社的联合与合并。西班牙的农业合作社不是按行政区域设置的，只要农民自愿，可跨行政区域成立合作社，完全按照经济原则成立。为了提高农民抗风险的能力，政府鼓励合作社之间合并，如瓦伦西亚目前有多个农民合作社，按照瓦伦西亚大区农业部门的设想，最理想的目标是将这多个农业合作社整合为一个合作社，这样合作社才更有竞争力。为支持这一目标的实现，政府对进行合并和联合的合作社给予资金补助和扶持，按照西班牙农业部和全国农业合作社联合会达成的协议，农民每自愿合并成立一个联合合作社，最初的1～5年，农业部给予最高不超过60万欧元的资金支持，分年拨付，主要用于支付联合合作社成立后的办公场所的租金、办公设备、人员开支、法律登记等费用。②

5. 意大利

在意大利，一般企业必须向国家银行缴存相当于资本总额30%的储备金，合作社可以免缴。此外，国有能源部门向合作社提供的农业用油价格比城市低50%，农业用电价格比非农业用电低1/3。③

6. 韩国

韩国政府为了有效地扶持农村合作经济组织，给予其强有力的财政补贴政策支持。例如，在农村合作经济组织开发新产品和改进现有产品方面给予财政援助，

---

① 杨永磊、高毅：“国外促进合作社发展法律制度比较研究”，《甘肃农业》，2009年第11期，第69页。

② 宗合：“西班牙农业合作社特点及发展措施”，中国农业全搜索网，http：//www. zgnyqss. com/ztzw/2010/0914/40831. html，2010年9月14日。

③ 黄步军：“意大利合作社坚持合作制原则”，《中华合作时报》，http：//www. zh-hz. com/dz/html/2009-07/17/content_ 26105. htm，2009年7月17日。

援助农村合作经济组织的开发成本。如果农村合作经济组织的受助项目取得成功，则要偿还部分的政府资金。另外，政府还鼓励农村合作经济组织与学术界和公立研究所共同进行研究开发，政府可为合作研究方提供财政补贴。联合体的研究开发活动由中央政府、相关地方政府和参与的农村合作经济组织共同出资，地方政府需要向进行合作研究开发活动的农村合作经济组织提供配套的资金。①

7. 印度

印度建立了各种国家基金，为农业合作社的发展提供资金支持。在印度储备银行一级，建立全国农业信贷基金，向各个邦政府提供信贷，使他们能够参与合作社的股份资本；向农业提供中期贷款；向合作社农业和农村发展银行提供资金，支持其发行债券；向各个邦合作社银行提供中期贷款，以帮助合作社银行在合作社成员遇到干旱等自然灾害时，将合作社成员的短期贷款转为中期贷款。在印度政府一级，建立全国合作社发展基金、全国仓储设备发展基金，以及农业救济和保障基金，帮助农业合作社扩大农产品的储备能力，抗御饥荒、洪水等自然灾害，以促进农业合作社的发展。②

（二）对农民专业合作社的税收优惠

1. 美国

19 世纪末，美国政府就豁免了农民专业合作社的全部税赋，仅对社员的分配所得直接征收个人所得税并将此政策保持了半个世纪之久。其后随着各种农民专业合作社经济实力的不断壮大，美国政府修订了此项针对农民专业合作社的赋税豁免政策，规定只有取得税法免税资格的农民专业合作社才具有赋税减免待遇。③ 1954 年修订后的美国税法《国内收入法典》第 521 条具体规定了农民合作社应给予免税的适用规则，第 522 条则规定农业合作社的所得税不予豁免，但计税时除了同股份公司一样扣除应扣除的项目外，还应扣除另外两项免税开支：按股金分配的利润额、分配给惠顾者的惠顾偿还金和分配给社员的来自非惠顾活动的收入。④ 另外，1990 年通过的《合作税则》，对农业合作社的净收入按照单一税则原则征税，或对农业合作社，或对农户征税，而不实行双重

---

① 杨永磊、高毅：“国外促进合作社发展法律制度比较研究”，《甘肃农业》，2009 年第 11 期，第 69 页。

② 杨永磊、高毅：“国外促进合作社发展法律制度比较研究”，《甘肃农业》，2009 年第 11 期，第 69 页。

③ 汪雷、胡志红：“促进农村合作经济组织发展的财税政策之国际比较及借鉴”，《铜陵学院学报》，2007 年第 12 期，第 12 页。

④ 李霞、高海：“农民合作社税收优惠之探讨”，《北方经贸》，2006 年第 8 期，第 28 页。

征税。同时，为了吸引合作金融组织对农业经济的支持，美国《联邦信用社法案》规定，农村信用社享受免征联邦收入所得税的待遇，从而增强了美国信用社发放贷款、增加农业投入的能力。美国《联邦农作物保险法》明确规定，联邦政府、州政府及其他地方政府对农作物保险免征一切税赋。[①] 另外，美国还对农业、化肥和保险费免征普遍销售税。[②] 可见，美国对合作社的税收优惠不仅涉及种类多，而且优惠幅度是很大的。

2. 法国

与一般企业相比，法国对合作社有两项税收优惠政策：一是免公司税（根据经营利润多少征收，相当于我国的企业所得税）；二是减半征收营业税（根据不动产总额征收）。[③] 如果农业合作组织只与合作组织的会员发生业务交往，并为会员服务且遵循“一人一票”和合作社分红原则，那么农业合作组织可以免税；如果农业合作组织与非合作组织会员有业务往来，因此形成的盈余则不能按照合作原则进行返还，往来部分按法国企业通行的33%税率纳税，其余部分免税[④]，但如果与非会员的交易超过20%，则要对合作社的全部盈余征收公司税。农业合作组织免缴地产税，农业合作社免缴生产净值35%～38%的营业税。谷物合作社及其联盟免缴一切登记和印花税；牲畜人工授精和农业物资合作社及其联盟免缴注册税；不动产税和按行业征收的产品税，对合作社免征50%。[⑤] 另外，法国政府对所有农业保险部门都实行对其资本、存款、收入和财产免征一切税赋的政策。[⑥]

3. 保加利亚

根据保加利亚的相关法律规定，对农业合作社来源于非加工农业生产的收入免征所得税，而且农业合作社如将税后利润继续用于非加工农业生产的，还可以享受再投资退税的待遇。[⑦]

---

① 钟广池：“农民专业合作社税收优惠法律制度研究”，《华南农业大学学报（社会科学版）》，2010年第2期，第137页。

② 陈永良：《外国税制》，暨南大学出版社，2004年，第131页。

③ 全国人大农委法案室：“全国人大农业与农村委员会代表团关于法国农业合作社的考察报告”，《中国人大》，2006年第21期，第20页。

④ 乐波：“法国农业合作组织及其对中国的启示”，《社会主义研究》，2005年第5期，第70页。

⑤ 白立忱、刘坚等：“关于法国、荷兰农业合作社的考察报告”，《学习与研究》，2003年第10期，第59页。

⑥ 钟广池：“农民专业合作社税收优惠法律制度研究”，《华南农业大学学报（社会科学版）》，2010年第2期，第137页。

⑦ 财政部财政科学研究所：《热点与对策：2006—2007年度财政研究报告（上）》，中国财政经济出版社，2008年，第600页。

4. 马来西亚

马来西亚合作社的利润免征所得税，合作社购买不动产，免交印花税。[①]

5. 越南

越南政府规定，农业合作社可以免税使用土地到2010年；对刚转为或刚成立的农、林、盐业合作社，在一定时间内，免征企业所得税。[②]

二、目前我国农民专业合作社的财税政策现状

（一）财政扶持

《农民专业合作社法》第50条规定，各级政府应该采取多种有效方式对农民专业合作社进行财政扶持："中央和地方财政应当分别安排资金，支持农民专业合作社开展信息、培训、农产品质量标准与认证、农业生产基础设施建设、市场营销和技术推广等服务。对民族地区、边远地区和贫困地区的农民专业合作社和生产国家与社会急需的重要农产品的农民专业合作社给予优先扶持。"

不仅如此，在《农民专业合作社法》出台后，中央和地方各级政府对农民专业合作社的发展问题给予了高度重视，积极出台相应的政策举措，为农民专业合作社的健康发展提供多种形式的财政扶持。这主要包括以下几个方面。

1. 设立专项资金

（1）中央关于设立专项基金的政策。早在《农民专业合作社法》出台前，《中共中央国务院关于促进农民增加收入若干政策的意见》（中发〔2004〕1号）即规定：中央和地方要安排专门资金，支持农民专业合作组织开展信息、技术、培训、质量标准与认证、市场营销等服务。有关金融机构支持农民专业合作组织建设标准化生产基地、兴办仓储设施和加工企业、购置农产品运销设备，财政可适当给予贴息。为了实现财政支农的有效性，财政部在2004年下发了《中央财政农民专业合作组织发展资金管理暂行办法》，界定了中央和省财政资金支持的农民专业合作社的标准及资金投向。

《农民专业合作社法》出台后，连续三年的中央一号文件（2008～2010年）均提出要继续加大国家对农业、农村的投入力度，确保财政支出优先支持农业、农村发展。在中央重点扶持农业发展这个大的政策背景下，2008年的中央一号

① 袁以星：《上海"三农"决策咨询研究——2005年度上海市科技兴农软课题研究成果汇编》，上海财经大学出版社，2006年，第304页。

② 钟广池："农民专业合作社税收优惠法律制度研究"，《华南农业大学学报（社会科学版）》，2010年第2期，第148页。

文件明确提出，“各级财政要继续加大对农民专业合作社的扶持，农民专业合作社可以申请承担国家的有关涉农项目”；2009 年和 2010 年中央一号文件连续重申“中央和地方财政增加农业产业化专项资金规模”。

（2）地方关于设立专项基金的政策。财政部专门设立专项基金扶持农民专业合作社的发展，各省在财政部的引导下纷纷选择一些有发展潜力、条件较好、组织规范、带动力强的合作社，通过项目的方式进行专项扶持。河北省从 2004 年起每年在省财政中安排一定的专项扶持资金，各市、县也要参照省里的做法，列出专项资金，用于资助重点农产品行业协会和农民专业合作经济组织。① 陕西省政府规定要增加对农民专业合作经济组织的资金扶持。按照中央一号文件精神要求，从 2005 年起，各地每年要在各级财政中安排一定数量的专项资金，用于支持农民专业合作经济组织开展信息、技术、产品认证、市场营销服务和质量标准制定、会员培训等工作；有关金融机构要重点支持农民专业合作经济组织建设标准化生产基地、兴办仓储设施和加工企业；各级农业部门在标准化生产、无公害基地建设、农产品市场营销、农业产业化及引进新品种、新技术等专项资金中，要重点扶持农民专业合作经济组织；各级农业综合开发等部门在项目安排上，也要向运转规范、管理严格的农民专业合作经济组织倾斜；对农民专业合作经济组织从事的科技开发和科技推广项目，经过论证和筛选，凡符合条件的，各级科技部门要列入科技专项资金支持范围予以扶持。② 山东省财政厅于 2003 年、2004 年、2005 年分别安排 1000 万元、1000 万元、2000 万元专项资金支持农民专业合作社的发展。③ 德州市 2005 年安排专项扶持资金 245 万元对 10 家带动性强、组织规范、管理科学的农民专业合作社进行重点扶持。④ 浙江省政府于 2002 年、2003 年分别拨出 500 万元、800 万元专项经费扶持省级专业合作社示范点，各市对列入示范性专业合作组织的也给予 2 万～10 万元的扶持起步基金。⑤

2. 提供贴息贷款

（1）中央关于贴息贷款的政策。除对特定项目进行专项扶持之外，政府通过政策规定可以对农民专业合作社提供财政贴息贷款，由财政部下发的《2007 年国家农业综合开发产业化经营项目申报指南》规定：申请贴息资金的项目限

① 参见《中共河北省委办公厅河北省人民政府办公厅关于鼓励支持农民专业合作经济组织加快发展的若干意见》（冀办字〔2003〕58 号）。

② 参见《陕西省人民政府关于加快发展农民专业合作经济组织的意见》（陕政发〔2004〕47 号）。

③ 曾宪久：《农民专业合作社与金融服务开发》，中国金融出版社，2009 年，第 148 页。

④ 曾宪久：《农民专业合作社与金融服务开发》，中国金融出版社，2009 年，第 148 页。

⑤ 曾宪久：《农民专业合作社与金融服务开发》，中国金融出版社，2009 年，第 148 页。

于固定资产贷款项目，并于2006年落实银行贷款1000万元（含）以上。中央财政对落实银行贷款5000万元（含）以下的部分予以贴息，贴息期限原则上为1年，贴息比率为人民银行当年公布的同档次正常贷款基准利率。

（2）地方关于贴息贷款的政策。湖南省于2006年下发的《湖南省人民政府关于加快发展农民专业合作组织的意见》，要求省、市、县财政每年要安排一定数量的资金作为贷款贴息，扶持农民专业合作经济组织的发展。有关金融机构要支持农民专业合作组织建设标准化生产基地、兴办仓储设施和加工企业、购买农产品运销设备，财政可适当给予贴息。[①] 山西省政府于2005年出台《山西省政府办公厅关于进一步鼓励和支持农民专业合作经济组织发展的若干意见》，要求对农民专业合作经济组织的贷款利息各级财政可适当给予贴息。[②]

（二）税收优惠

《农民专业合作社法》第52条规定了政府通过税收杠杆对农民专业合作社的扶持：农民专业合作社享受国家规定的对农业生产、加工、流通、服务和其他涉农经济活动相应的税收优惠；支持农民专业合作社发展的其他税收优惠政策，由国务院规定。据此，北京市、湖北省、湖南省和陕西省等地陆续根据各地的特殊状况以地方性法规的方式制定了实施办法。

1. 所得税

（1）中央的所得税政策。在税收优惠方面，《财政部、国家税务总局关于企业所得税若干优惠政策的通知》（财税字〔1994〕001号）规定：对农村的为农业生产的产前、产中、产后服务的行业，即乡、村的农技推广站、植保站、水管站、林业站、畜牧兽医站、水产站、种子站、农机站、气象站，以及农民专业技术协会、专业合作社，对其提供的技术服务或劳务所取得的收入，以及城镇其他各类事业单位开展上述技术服务或劳务所取得的收入暂免征收所得税。

（2）地方的所得税政策。多省市在促进专业合作组织发展的专项文件中又对其进行说明。例如，吉林省规定，对农村新办的独立核算的专业合作组织从事咨询业、信息业、技术服务业的，自开业之日起，第1年到第2年免征所得税。江苏省规定，专业合作经济组织兴办第三产业的，按规定在一定期限内减征或免征所得税，按企业应缴所得税额减征10%，用于补助专业合作组织开展为农服务等社会性支出。浙江省规定，专业合作经济组织兴办的第三产业，按

① 参见《湖南省人民政府关于加快发展农民专业合作组织的意见》（湘政发〔2006〕1号）。

② 参见《山西省政府办公厅关于进一步鼓励和支持农民专业合作经济组织发展的若干意见》（晋政办发〔2005〕87号）。

规定在一定期限内减征或免征所得税，按企业应交所得税额减征 10%，用于补助专业合作组织开展为农服务等社会性支出。河北省规定，在国家确定的革命老区、少数民族地区、边远地区、贫困地区，农民专业合作经济组织新办的企业，经税务主管部门批准，可减征或免征企业所得税三年。①

2. 营业税

（1）中央的营业税政策。我国在《营业税暂行条例》中为农民专业合作社减免营业税提供了依据：对农业机耕、排灌、农田病虫害防治、植保、农牧保险以及相关的技术培训业务，家禽、牲畜、水生动物的配种和疾病防治，免收营业税。

（2）地方的营业税政策

陕西省、山西省、湖南省等引用这一规定，将其列为对农民专业合作组织的优惠政策。个别地区则提供了更优惠的政策，如山东省莱阳市规定对农民专业合作组织免征营业税。②

3. 增值税、印花税

（1）中央的印花税政策。国家数年来持续关注并促进农民专业合作社的发展，《农民专业合作社法》出台后，中央一号文件亦是一再强调全面贯彻落实该法，抓紧出台配套法规政策，尽快制定税收优惠办法，清理取消不合理收费。

2008 年财政部国家税务总局发出了《关于农民专业合作社有关税收政策的通知》，出台了国家对于农民专业合作社在增值税、印花税上的一些优惠措施，明确规定：①对农民专业合作社销售本社成员生产的农业产品，视同农业生产者销售自产农业产品免征增值税；②增值税一般纳税人从农民专业合作社购进的免税农业产品，可按 13% 的扣除率计算抵扣增值税进项税额；③对农民专业合作社向本社成员销售的农膜、种子、种苗、化肥、农药、农机，免征增值税；④对农民专业合作社与本社成员签订的农业产品和农业生产资料购销合同，免征印花税。

（2）地方的印花税政策。各省均在省内转发《关于农民专业合作社有关税收政策的通知》，如河南省国家税务局《关于转发〈财政部、国家税务总局关于农民专业合作社有关税收政策的通知〉的通知》要求各县国税局提高认识，广泛宣传，加强省内农民间的合作，提高农民组织化程度和农产品流通效率，创新省内农业

① 曾宪久：《农民专业合作社与金融服务开发》，中国金融出版社，2009 年，第 154 页。

② 参见“我国农民专业合作组织的现状及分析”，新浪网，http://blog.sina.com.cn/s/blog_597abb690100a6ax.html，2011 年 6 月 29 日。

经营体制，加快传统农业向现代农业转变，以促进省内农业增效、产业发展。①

三、对现行政策举措的评价

（一）积极意义

上述政策举措的出台为农民专业合作社健康快速发展营造了良好的政策和法制环境，并有助于解决农民专业合作社最大的瓶颈——资金匮乏问题。目前，各级财政扶持资金规模逐年加大，2003～2009 年，中央财政累计安排专项资金 13.75 亿元，各省级财政安排专项扶持资金 18.2 亿元②，推动了农民专业合作社的发展，促进农民增收，农民专业合作社成员收入普遍比当地未入社农户收入高出 20% 以上，有的甚至高出一倍以上。③

政府的财政扶持政策提高了农户和农民的组织化程度，使得其能够适应千变万化的市场，同时降低了生产经营成本，解决了农民分散经营效益低下的问题，在农民专业合作社发展的初期以至于最终形成规模化经营起到至关重要的作用。以下实例可以在一定程度上反映出财政扶持政策的作用：政府为了扶持分布在各乡镇的养鹅农户，对吉林省大安市白鹅集团公司在创建之初提供了 50 万元财政扶持资金和 20 多万元财政担保贷款。这些财政扶持资金主要用于为农户建养鹅棚舍、孵化鹅雏和打放养井，以及提供养鹅技术指导、卫生防疫和运输销售等。经过几年的发展，这个以白鹅养殖为主的农民合作经济组织组建了白鹅养殖专业协会 10 个、专业村屯 80 个、养殖户 18 000 多户，白鹅饲养量达 200 万只，已有 10 000 多个养鹅户实现了脱贫，形成了集生产、屠宰、冷冻、加工、销售、服务等多功能为一体的白鹅产业链条。④

（二）不足之处

现行政府财税扶持法律制度对我国农民专业合作社的发展确有其积极意义，但同时，其制度本身存在的缺失和不足也逐渐显现出来。自《农民专业合作社

① 参见河南省国家税务局关于转发《财政部、国家税务总局关于农民专业合作社有关税收政策的通知》的通知（豫国税函〔2008〕311 号）

② 孙中华：“2010 年 1 号文件解读”，全国农民专业合作社公益联盟信息网，http://fcuayike.w59.idccenter.net/news/2010/0226/71.html，2010 年 2 月 26 日。

③ 农业部：“全国已有 2800 万农户加入农民专业合作社”，《中国农民合作社》，2011 年第 2 期，第 37 页。

④ 刘丽娟：“财政扶持农村合作经济组织的个案研究与对策分析”，《农村经济》，2006 年第 6 期，第 115 页。

法》颁布以来，多个省份出台了实施办法。中央和各地方政府虽对合作社政策扶持有众多创新之处，但政策本身任意性较大，而且因制定机关等级不同，互相之间容易出现不一致。此外总体而言，与外国相比，由于农民专业合作社的发展超出政府的预期，所以在财税政策的扶持方面力度往往不够，这就使得农民专业合作社的优势无法充分发挥。以下具体从财政扶持法律政策和税收扶持法律政策两个方面来分析目前我国在财税扶持方面的问题。

1. 财政扶持法律政策存在的主要问题

（1）在财政扶持法律法规方面，《农民专业合作社法》第50条的规定和各省的相关规定，大多都属于原则性规定，如《北京市实施〈中华人民共和国农民专业合作社法〉办法》[①] 第34条规定，市和区、县人民政府应当安排资金，重点用于扶持农民专业合作社的下列项目：①农业标准化生产基地建设；②农产品加工、仓储、销售设施建设；③农产品质量标准与认证、产品包装、品牌建设和市场营销；④农业机械、农产品运输设备购置；⑤信息服务、科技推广、人才引进和培训；⑥其他重点扶持项目。该条规定了财政资金扶持的重点，但并没有建立完整的财政扶持资金管理制度，如没有说明财政资金扶持的方式、标准、办法以及扶持的具体实现形式，这就使得财政部门的财政扶持具体如何实施没有法律法规的引导，执行中随意性较大。事实上，在该法规颁行前，北京市曾于2006年发布实施了《关于促进农民专业合作组织发展的政策意见》[②]，其中确定了对农民专业合作社的扶持条件和扶持内容，但在实施过程中仍反映出相关扶持政策不够具体，操作中难以避免随意性的问题。此外，由于我国财政扶持的政策往往是暂时性的，没有一个长期的确定的标准，且各省市的规定又存在自主性，使得政策处于随时变动的状态，使合作社对财政扶持缺乏预见性，同时也造成财政扶持的任意性。实践中，财政部门在观念上还是认为农民专业合作社是农民的自主行为，扶持与否是次要的，造成许多符合扶持条件并需要扶持的合作社无法得到财政扶持，出现了问题也无法得到救济。

（2）就地方政府而言，各省各地区财政数额差别较大，各地农民专业合作社发展所受扶持待遇悬殊，有些地方无法拿出足够的资金对农民专业合作社进行扶持。

---

① 2009年11月20日北京市第十三届人民代表大会常务委员会第十四次会议通过，自2010年3月1日起施行。

② 北京市农村工作委员会、北京市发展和改革委员会、北京市科学技术委员会、北京市财政局、北京市民政局、北京农村商业银行于2006年11月23日联合发布。

2. 税收扶持法律政策存在的主要问题

目前，我国关于税收扶持的政策主要有《营业税暂行条例》和财政部、国家税务总局制定的通知，分散在诸多文件中，不够系统，实用性不强，且并没有针对农民专业合作社的专门税收优惠的立法。

（1）2008 年，财政部、国家税务总局《关于农民专业合作社有关税收政策的通知》（以下简称《通知》），仅涉及增值税和印花税减免的规定，而且就仅规定的两个税种而言也有不足之处。首先，就《通知》中的农业产品而言，其指的是种植业、养殖业、林业、牧业、水产业生产的各种植物、动物的初级产品。但世界普遍采用的农产品概念是不仅包括初级产品，还包括以农产品为原料的加工品，如啤酒、葡萄酒、淀粉、奶粉、白糖等。所以，我国农产品范围小于普遍适用的农产品范围，只是其中的一部分。也就是说，税收优惠只限于农产品初加工，对农产品的深加工没有优惠政策，免征增值税的效果未能充分体现。其次，增值税只对个人有起征点的规定，而我国目前许多农民专业合作社的规模较小，这使得农民加入合作社后税收负担可能更重。① 再次，由于《通知》对增值税减免方面规定的过于简略和不明晰，对农民专业合作社的具体经营活动产生消极影响。例如，《通知》给一些农民和基层税务部门造成了“已获减免税收的合作社不需要办理税务登记”的错觉。在我国，未办理税务登记的主体没有直接开出发票的资格，而不能开出发票又会阻碍正常经营活动的顺利进行。最后，《通知》中有诸多优惠措施的限制条款，使得税收管理成本和执法风险加大，也造成税收优惠的力度不够，如“对农民专业合作社销售本社成员生产的农业产品，视同农业生产者销售自产农业产品免征增值税”，其条件是农业产品必须是“本社成员生产的”，其他农业产品或商品则必须按照现行政策规定计算抵扣，因此，对农民专业合作社销售给增值税一般纳税人的其他农业产品则要考虑税收征缴问题；“对农民专业合作社向本社成员销售的农膜、种子、种苗、化肥、农药、农机，免征增值税”，这里规定的是“向本社成员”销售上述六种商品，才可以享受免征增值税，否则不能享受免征优惠，因此，在实际经营中农民专业合作社很难把握好销售对象和规定的商品品目。② 以上问题都会造成税务机关管理成本的增加，《通知》对商品品目等的限制也造成税收优惠的力度不大。

（2）除增值税外，所得税减免的政策也存在问题。农民专业合作社依据《农民

---

① 钟广池：“农民专业合作社税收优惠法律制度研究”，《华南农业大学学报（社会科学版）》，2010 年第 2 期，第 138 页。

② 邵凌云：“农民专业合作社税收优惠现状分析与改进对策”，《安徽经济报》，2010 年 7 月 20 日，003。

专业合作社法》取得了法人资格，应按照《企业所得税法》及其实施条例缴纳企业所得税。《企业所得税法》第 27 条规定企业从事农、林、牧、渔业项目的所得，可以免征、减征企业所得税。《企业所得税法实施条例》第 86 条规定，企业从事农、林、牧、渔业项目的所得，可以免征、减征企业所得税。但在实践中，某些农民专业合作社并不从事这些活动，农民专业合作社负责或帮助成员销售这部分产品，其实质相当于农业经纪人，收入要按规定缴纳企业所得税，给刚起步的专业合作社的发展造成一定的制约，同时所得税税率过高，也使得农民加入合作社的热情大大降低。同时，农民专业合作社成员还面临着一个问题——个人所得税。合作社分红是合作社良好经营态势的一个最直接体现，对于合作社的长期稳定发展、提高农民参加合作社的积极性具有明显积极影响。对其进行征税可能会影响专业合作社社员参加这个组织的积极性和专业合作社发展的根基。

四、完善农民专业合作社财税扶持政策的建议

通过以上对我国现行财税扶持法律制度的分析以及其他国家在财税扶持方面的经验的介绍，笔者认为有必要进一步完善我国相关的财税法律制度。

（一）财政扶持政策

1. 完善财政扶持方面的立法

通过对国外财政扶持制度的分析不难看出，各国大都通过立法来规定政府对农民专业合作社的财政扶持，因为将其提高到法律高度，有以下优点：①以法律的形式进行规定，使得各部门之间建立了一种沟通协调的长效机制。②通过制定比较完善的有关农民专业合作社的条例和规范章程，也使得中央和各省财政扶持政策中具有创新性的优秀经验在全国范围内得到有效的推广，如四川省[①]、山西省[②]实施的提供财政贴息贷款政策，即对农民因业务发生的贷款实施财政贴息，这种扶持方式与直接补贴相比节省政府财政资金，使得财政资金能够充分利用，也使得合作社债务负担和资金紧张状况得到有效缓解，最终可以让不同情况的农民专业合作社在短期内步入正轨，实现跨越式发展。③以法律法规的方式对财政扶持进行规定，使得财政扶持真正成为政府的职责，起到明确政府责任的作用。

① 参见《中共四川省委四川省人民政府关于做好2004 年农业和农村工作促进农民增加收入的意见》（川委发〔2004〕6 号）。

② 参见《山西省政府办公厅关于进一步鼓励和支持农民专业合作经济组织发展的若干意见》（晋办发〔2005〕87 号）。

2. 政府应扩大财政投入，优化财政支出结构①

如前所述，目前制约农民专业合作社发展的最大瓶颈是资金不足问题，尤其是在合作社发展的初期，对资金的需求量较大，因此，政府为促进农民专业合作社的发展，应以直接补贴为主，根据其规模、成员出资状况以及他人捐赠的情况予以补贴，即应扩大资金投入，在坚持集中财力、保证重点原则的基础上，扩大财政支持范围、支持对象范围，提高支持力度。② 同时，由于农民专业合作社是新兴的市场经济主体，政府对其扶持没有理论指导和政策支持，所以对其扶持的力度远没有发展农村基础设施建设、农民义务教育、农村基本医疗那么多，出现了许多真正需要扶持的农民专业合作社没有得到扶持的现象，所以中央和地方政府应当优化其财政扶持结构，将农民专业合作社的扶持资金列入预算范围，根据每财政年度财政收入的变化和发展的实际情况调整其规模和比例。财政支出结构的优化还存在另一个问题，就是中央和地方、各地方之间财政收入差距较大，分税制改革以来，中央的财权地位上升，但事权却没有随之上升，各地方由于经济发展存在差异，财政收入存在较大差距，因此，中央政府在对农民专业合作社进行扶持方面应起到更突出的作用，同时要侧重对中西部地区农民专业合作社的扶持。

3. 灵活运用各种手段，扩大财政扶持的融资渠道

对农民专业合作社的财政扶持，要灵活运用资金、人员培训、信息服务等多种手段，同时扩大财政扶持的融资渠道。前面提到，地方政府往往没有足够的资金对农民专业合作社进行扶持，但其具有信息方面的优势，可以在对农民专业合作社进行人员培训和信息服务，来促进农民专业合作社的发展。针对财政资金有限的问题，可以通过财政扶持的引导，调动社会投资的积极性，拓宽财政扶持的融资渠道。

4. 明确财政扶持的重点、标准和扶持内容

面对农民专业合作社分布广，资金、技术、信息相对缺乏等问题，财政投入应该发挥其乘数效应，讲求投入产出效益③，即应选定那些有市场潜力或符合国家产业政策的项目集中进行扶持，培养一批能适应市场需求的合作社。具体而言，就是对带动农户作用强、农民增收幅度大、各项规章制度健全的农民专

① 罗鸣令、陈玉琢："扶持农民专业合作社发展的财税政策研究"，《经济与管理》，2009 年第 2 期，第 80~83 页。

② 刘丽霞："对农民专业合作经济组织建设面临的约束及扶持政策的探讨"，《税务与经济》，2008 年第 1 期，第 36 页。

③ 刘丽娟："财政扶持农村合作经济组织的个案研究与对策分析"，《农村经济》，2006 年第 6 期，第 116、117 页。

业合作社进行扶持①，对于由农村经纪能人创办和领办的组织制度严密、专业性强、影响力大的个体合作经济组织进行重点扶持，对发展前景好、具备市场潜力的新办合作经济组织进行重点扶持。② 可以采取一些较为量化的标准来对重点扶持的对象进行明确，防止扶持的任意性，如《北京市农村工作委员会关于扶持和鼓励发展农民专业合作经济组织的意见》即规定：对出资型农民专业合作社，凡是入社农户在20户以上，农户增收水平高于本地区10%以上，给予一定的资金奖励，扶持资金主要用于农产品加工、销售等环节。在明确扶持重点和扶持标准的同时也应明确扶持的内容，《中央财政对农民专业合作组织发展资金的管理办法》则规定了中央财政农民专业合作组织发展资金重点支持的范围，有些省份也出台了相关的办法。③ 总的来说，扶持内容应包括：在生产环节为农民专业合作社及其成员的生产性基础设施建设和设备购置进行扶持，在供应环节为种苗、农资、农机、贴息进行扶持，在销售环节对产后处理系统机械配置进行扶持，以及包装补助、出口补助等，另外，对农民专业合作社的生产经营和科技推广项目，经论证筛选后，可纳入政府开发和科技开发项目，实行专项扶持。

5. 改革资金分配方法，提高财政的透明度

应采取资金分配与项目效益及资金管理情况挂钩的办法，使财政支持的项目切实在农民专业组织的基础性、关键性环节上落实并取得效益④，同时应当注意加强对财政扶持的监督，提高财政的透明度，如前所述，将对农民专业合作社的财政扶持加入预算，由人大审批；在财政扶持资金的分配过程中，对专项资金的具体用途、使用范围，以及扶持重点、补助环节、分配办法、运作程序和监督管理等，都要作出明确的规定。⑤

6. 制定专门的财务管理制度

《农民专业合作社法》第32条明确规定："国务院财政部门依照国家有关法律、行政法规，制定农民专业合作社财务会计制度。"健全的财务管理制度是进行完整会计核算和实行有效财务监督的前提条件。当前许多地区农民专业合作社的财务管理基本上没有建立起与其业务相关的财务资料，或者按照企业财务

---

① 参见《北京市农村工作委员会关于扶持和鼓励发展农民专业合作经济组织的意见》。

② 邵延学、周丽俭："浅谈黑龙江省农村合作经济组织发展的财税政策支持"，《哈尔滨商业大学学报（社会科学版）》，2009年第5期，第63页。

③ 参见《安徽省农村合作经济组织建设项目及资金管理办法（试行）》，安徽省农业委员会、安徽省财政厅2006年3月13日印发。

④ 刘丽霞："对农民专业合作经济组织建设面临的约束及扶持政策的探讨"，《税务与经济》，2008年第1期，第36页。

⑤ 刘丽娟："财政扶持农村合作经济组织的个案研究与对策分析"，《农村经济》，2006年第6期，第116、117页。

管理制度建立少量的财务资料，总体上呈现一种无序状态。所以，财政部门应加快制定适应农民专业合作社发展的专门财务管理制度，使当前农民专业合作社杂乱无序的财务管理现状得以及时纠正。①

（二）税收优惠政策

农民专业合作社作为一个新的商事主体，其建立、发展和有效运转都离不开政府的扶持和保护。虽然各国经济发展水平存在很大差异，各国根据自身的不同情况制定了不同的农业经济组织发展模式，但不论是哪一种发展模式，税收政策都是调整农业合作经济组织的重要措施。按照国际通行的原则，改善政府的税收制度环境，不仅能够降低农民合作经济组织的交易成本，而且也可以降低农业合作经济组织的组织成本。因此，对农村合作经济组织实行税收优惠无疑是帮助农民节约交易费用的重要手段。通过对各国农业经济组织的考察以及同我国现状的比较，国外的农业合作社的成功经验给我们进一步发展农业合作社提供了诸多启示。

1. 将政策法律化，完善对农民专业合作社的税收立法

由于《农民专业合作社法》颁布时间不长，现行的相关法律法规政策还存在着立法层次较低、体系性不强的问题。这一问题不但可能造成农民直接经济利益受损，还可能在实质上阻碍农民专业合作社的发展。因此，将现行一系列税收政策体系化、法律化，刻不容缓。应提高立法权限，制定农民专业合作社税收方面的专门法，将散见在税法以及其他行政法规中的政策措施系统化、体系化。同时，可以借鉴制定采取合作社法和税法相结合的立法体例，即在合作社法中概括地规定政府对各类合作社给予的税收优惠，而在税法中以具体条款的形式，规定税收优惠的具体内容、实施方案等，以达到两种法律效果的实现。因为，合作社法侧重于合作社的组织建设，而合作社的税收优惠则不仅涉及所得税、增值税、营业税等多种税种，而且各税种的税基计算方法、适用税率、扣除项目等又各不相同，特别是在各税种尚且分别立法的情况下，采取合作社法和税法相结合的方式，既符合国外立法潮流，又有利于两者分工协作。②

2. 消除重复征税、加大减免力度，扩大税种覆盖面，调整税制结构，减轻农民负担

目前同国外大多数国家相比，我国对农民专业合作社的税收扶持力度并不算大。作为一个以农业为基础、农民占绝大多数人口的国家，通过税收政策来

① 罗鸣令、陈玉琢：“扶持农民专业合作社发展的财税政策研究”，《经济与管理》，2009年第2期，第80~83页。

② 李霞、高海：“农民合作社税收优惠之探讨”，《北方经贸》，2006年第8期，第28、29页。

扶持、巩固农业合作社发展不仅是国家惠民方针的体现，更是农业现代化、产业化的重要途径。根据对国外体例的考察，国外对合作经济组织及其社员的税收征用存在不同程度的减免，并避免重复征税对农民造成的经济利益影响。

（1）在增值税方面，同我国现状相比，外国增值税、销售税的免税范围比较广。虽然《财政部国家税务总局关于农民专业合作社有关税收政策的通知》已经对农民专业合作社免征增值税的条件和范围作出规定，但从我国国情出发，应选择适当的方案，进一步减轻社员的负担，使农民专业合作社真正发挥惠农功用。笔者以为可在以下方面进一步作出规定：一是扩大免征增值税的农产品初加工范围。对一些没有纳入农产品初加工范围的初加工项目或不合理的项目重新进行界定。技术含量较少的各类加工农产品应认定为初级农产品，由国税部门出具免税单，为合作社产品进超市提供便利。二是对合作社组织收购的农副产品增值税进项税额与销售产品实行同率抵扣。三是对深加工采取一定的优惠政策。对从事农产品深加工的合作社，建议免征一定年限的增值税，免税期满执行农产品加工业有关的税收优惠政策。四是考虑到现有的农民专业合作社规模都比较小，需要政策的支持，可以按照月销售额确定一个起征点，对于月销售额低于起征点的免征增值税。① 在出口环节上，可以依照 WTO 规则和国际惯例许可的全额退税原则，恢复实现增值税条例规定的出口产品零税率，即允许出口产品在产销全过程所缴纳的增值税都给予退税，扩大增值税的征收范围，彻底排除“多征少退”的现象，增强我国农产品国际竞争力，使我国农产品走向世界。

（2）在所得税减免方面，针对这个领域内存在的问题，可以对专业合作社销售本社成员生产的农产品视同自身从事农产品的种植、采集或养殖、捕捞，享受所得税的税收优惠。应当按照规定征收个人所得税，但考虑到现有的农业合作社规模还小，对农民的吸引和带动作用还不强，可以考虑设置起征点或免征额，对于发放的股利、红利和盈余返还低于起征点的暂免征收个人所得税。对农民专业合作社取得的社会力量捐赠、收入、政府资助给予免税。计算企业所得税时，与其他纳税人相比，增加为了保护农业或者增加农业收入而发生的一些资本性开支的扣除项目。还可以借鉴其他国家的做法，对新成立的合作社给予 3～5 年的企业所得税减免，以帮助其发展壮大。对农民专业合作社为其成员提供农业生产的产前、产中、产后技术服务和劳务所得的收入界定免税收入。同时应明确，对于合

① 钟广池：“农民专业合作社税收优惠法律制度研究”，《华南农业大学学报（社会科学版）》，2010 年第 2 期，第 138 页。

作社从事的与农、林、牧、渔生产无关的收入应当照章征收企业所得税。①

（3）其他税种方面，除了所得税与增值税之外，影响农民专业合作社成本的还存在着如营业税、车辆购置税等其他税种，而这些税收也是构成地方政府取得财政收入的重要渠道。根据对外国税收政策的考察，德国等国家已经将营业税、机动车辆税涵盖在免税的范围之内，以实现最大限度减免农业合作经济组织的作用。我国在制定新税收政策时，可以参考外国经验，对营业税等其他税种加以减免。农民专业合作社的主要业务范围是提供农业生产资料的购买，农产品的销售、加工、运输、储藏以及与农业生产经营有关的技术、信息等方面，所以农民专业合作社在生产经营过程中难免会有房产税和车船税税收事项发生。因此，对因农民专业合作社经办属于其章程载明的业务范围内的业务而产生的房产税和车船税可以实施减免，其他的房产税和车船税则照章征收，不予以优惠。对从事农业技术、信息、仓储、运输和培训等服务的合作社征收营业税问题，应当区别情况分别对待：对于农民合作社向合作社内部成员以及合作社之间相互提供应税劳务的应当免征营业税；对于向其他经营性单位或个人提供应税劳务，对属于营业税暂行条例规定农机作业、排灌、病虫害防治、植保、农牧保险以及相关技术培训业务和家禽、牲畜、动物配种、疾病防治的收入免征营业税并对应免征相关的附加税，提供其他服务取得收入的应当照章征收营业税。另外，对合作社用于与农、林、牧、渔生产有直接关系的土地和房产、直接从事农产品运输的车船，应当免征房产税、城镇土地使用税和车船税。用于其他用途的，照章计算缴纳房产税、城镇土地使用税和车船税。②

3. *严格执行税务登记制度，加强部门联动*

税务机关应该严格执行税务登记制度，强化对农民专业合作社的登记管理，给需要登记的合作社及时办理登记。同时，加强与工商、民政、农业、经管、供销等部门的沟通与联系，积极创造条件，充分利用互联网实现信息交换和共享，形成部门联动，步调一致，无缝隙链接。③ 针对合作社自身长期存在的一些问题，如农民专业合作社财务不健全、核算不规范的问题，也可以通过加强税务机关的纳税服务来改善。而因为农民专业合作社在技术、资金、人力资源等方面还有困难，各级部门应该给予重视和支持，帮助合作社提升管理水平，在资源方面给予大力支持，帮助合作社不断扩大经营规模。

---

① 张永胜、李卫平、贾焱："关于我省农民专业合作社有关税收政策问题的调查报告"，《山西财税》，2007 年第 10 期，第 20 页。

② 钟广池："农民专业合作社税收优惠法律制度研究"，《华南农业大学学报（社会科学版）》，2010 年第 2 期，第 136 页。

③ 罗正学："合作社税收面临的难题及对策建议"，《中国农民合作社》，2010 年第 9 期，第 20 页。

致谢

衷心感谢华夏英才基金和中国政法大学给予的研究经费支持，使我能够完成实地调研和基础研究工作，并出版研究成果。

衷心感谢北京市人大常委会机关的工作人员对我调研工作的支持和帮助，使得我的研究能够紧密联系实际。

衷心感谢我的2008级、2009级、2010级研究生们，特别是杜鹃、司文洁、王楠等，她们在资料检索和整理以及书稿的排版、校对等方面给予了支持，让我能够在承担繁重的教学、科研工作和大量的社会工作的同时，完成与本书相关课题的研究及本书的写作。

王玉梅

2011年8月12日